CHARLES SIVERSTEIN & FELICE PICANO

Die neuen Freuden der Schwulen

EIN HANDBUCH
ZUM LEBEN
& LIEBEN

BRUNO
GMÜNDER
TASCHENBUCH

Bruno Gmünder Taschenbuch BGT 1

Aus dem Amerikanischen von Stefan Troßbach

Leuschnerdamm 31, 10999 Berlin

Originaltitel: The New Joy of Gay Sex

Covergestaltung: Rudolf Haas
Foto: Howard Roffman

Druck: Nørhaven, Viborg, Dänemark

ISBN 3-86187-301-X

INHALT

Für William (noch einmal) von Charles
Für Will, David und die jüngere Generation von Felice.

DANKSAGUNG

BEI der Zusammenstellung dieses Buches hatten wir viele Helfer: Danny Neudell, ein langjähriger Freund, schrieb eine Handvoll Beiträge. Fachlichen Rat bezüglich Geschlechtskrankheiten und HIV gab uns Dr. med. Dan William; in juristischen und versicherungsrechtlichen Belangen Carol Buell, Esq., Mark Scherzer, Esq., und Wendy Frank; im Buchführungswesen Buddy Dikman, amtlich zugelassener Wirtschaftsprüfer; und in Suchtfragen Dr. med. Mel Poll, John Ferrari, Gene Mendez, Al Sbordone, M.S.W., Ellen Ratner, M.S., Michael Shernoff, M.S.W., sowie Richard Walker. Weiteren Rat und Auskünfte gaben uns Bree Scott-Hartland und Mitglieder der *People with AIDS Coalition*, das Aufklärungskomitee der *Gay Men's Health Crisis*, sowie *House of Africa* (Tracy Norman, Eddie Smith und „Big" Kevin). Das fertige Manuskript der amerikanischen Originalausgabe wurde redigiert von David Drane, Terry Helbing, Keith Kahla, Keith McDermott, Will Meyerhofer, Meyer Morgenstern, Virginia Record, Mark Robinson und David Sloan, die alle versucht haben, unsere Sprachoppulenz zu verringern und unsere Bildungslücken zu schließen. Unser besonderer Dank gilt William Bory für seine Hilfe.

VORWORT

DIE Originalausgabe *The Joy of Gay Sex* (dt. Titel: *Die Freuden der Schwulen*) war eine Auftragsarbeit, das heißt, der Verlag erstellte das Konzept, suchte Autoren und Illustratoren dafür aus und gab ihnen schrittweise Anweisung bei der Erarbeitung des gewünschten Konzepts. Dieses Verfahren ähnelt ein bißchen dem alten Produktionssystem von Hollywood, wo man Autoren engagierte, die „geistiges Eigentum" in Drehbücher umsetzen sollten. Ich selbst war einer von gut 20 Schriftstellern, die gebeten wurden, „Probe-Artikel" an den englischen Verlag zu senden, der mit dem Buch *The Joy of Sex* ein Vermögen gescheffelt hatte und hoffte, seinen Erfolg mit Begleitbänden für Lesben und Schwule zu wiederholen.

Da ich damals den Lebensunterhalt meines Neffen mitfinanzierte und bis zum Hals verschuldet war, widmete ich mich meinen Artikeln über Küssen, Faustfick und Schwanzgröße mit Leib und Seele. Man stelle sich mein Erstaunen vor, als ich erfuhr, daß ich der Auserwählte sei und mit Dr. Charles Silverstein, einem jahrelangen Freund, ein Team bilden würde.

Wir mußten das Buch sehr schnell fertigstellen – ich glaube, binnen drei Monaten im unschuldigen Lenz des Jahres 1977. Tag und Nacht schrieb ich über Wichsen, Blasen und Arschlecken, aber auch wenn ich noch so geil wurde, konnte ich die Zeit zu richtigem, handfestem Sex nicht erübrigen. Meine Lage schien Tantalus ähnlich – verdammt, zu schildern, was man viel lieber *getan* hätte.

Ich möchte meinen, Charles und ich bildeten eine gute Mannschaft. Weil er sein Coming-out ziemlich spät gehabt und sich fast auf der Stelle fest befreundet hatte, blieb es mir überlassen, die Partnersuche in Bars und Saunen zu schildern. Er dagegen hatte sich eingehend mit Psychotherapie und sexuellen Funktionsstörungen befaßt; *er* kannte die empfehlenswerten Techniken im Umgang mit

Impotenz oder Ejakulationsproblemen. Wir standen beide auf Männer, aber er war eher sanft und sinnlich, ich ein etwas härterer Typ.

Dauernd fragte ich mich, ob ich mit meinem richtigen Namen für das Buch geradestehen solle, aber natürlich konnte ich nicht mit einem Pseudonym für etwas zeichnen, das zu rückhaltloser Ehrlichkeit aufrief. Ja, ich stellte sogar fest, daß meine Signatur unter dieses Buch der befreiendste Akt meines Lebens war – das erste Mal, daß ich mich als „stolzer" Homosexueller identifizierte. Damals war es für mich noch wie das Pfeifen im Walde, aber ich selbst ließ mich als erster von dem fröhlichen, zuversichtlichen Tonfall unserer Worte überzeugen.

Wir beide, Charles und ich, bekamen ein paar bewegende Leserzuschriften – und auch ein paar herzzerreißende. Die beste, die ich erhielt, begann mit den Zeilen: „Sehr geehrter Herr, ich bin ein Homosexueller von der Sorte, die Sie ablehnen, denn ich lebe immer noch ‚versteckt'. Ich bin zwölf Jahre."

Natürlich wollten sowohl Charles als auch ich nach 1981, daß das Buch aktualisiert und um Informationen über AIDS bereichert werden sollte, aber der ursprüngliche Verlag war inzwischen verkauft und der Text an mehrere Konzessionäre gegangen; niemand antwortete auf unsere Anfragen.*) Als das Buch schließlich nicht mehr nachgedruckt wurde, gingen die Rechte an uns zurück, und Charles beschloß, eine Neuausgabe zu veröffentlichen, teilweise auch als Reaktion auf die Berichte schwuler Buchläden, kein vergriffener Titel werde so oft verlangt.

Ich stand gerade für ein anderes Buch unter Vertrag, war aber hocherfreut, als Charles sich mit Felice Picano zusammentat, einem alten Freund, einem hervorragenden Schriftsteller und, als Verleger der SeaHorse Press, einer der Pioniere schwulen Verlagswesens. Er hat seinen bodenständigen, vor nichts zurückschreckenden Humor, seine stilistische Eleganz und seine ungeheure Erfahrung in Leben und Lieben der Schwulen in diese Neuausgabe miteingebracht. „Saunen", „Coming-out" und „Anmache&Aufriß" sind nur einige der Eintragungen, die aktualisiert und weitgehend umgeschrieben wurden, während „Positiv-Negativ-Paare", „Piercing" und „Telefonsex" zu den nagelneuen Stichworten gehören.

In den letzten Jahren schrieb ich immer, wenn Freunde mich baten, ihr Exemplar von *Joy of Gay Sex* zu signieren: „Benutzt es zum Vergnügen – und bei guter Gesundheit." Das wünsche ich auch jedem neuen Leser.

Edmund White
Paris, Frankreich
Dezember 1991

*) Die deutschsprachige Ausgabe, *Die Freuden der Schwulen*, wurde 1989 im Hinblick auf AIDS, HIV und Safer Sex erweitert und völlig überarbeitet und war bis Ende 1993 erhältlich (*Anm. des Verlags*).

EINLEITUNG

EIN Sechzehnjähriger betrat den *Greyhound*-Busbahnhof in Boston. Er hatte gehört, daß sich dort schwule Männer treffen würden, und wollte einen kennenlernen, um zu erfahren, wie man schwulen Sex macht. Er war ein Anfänger in Sachen Anmache und Aufriß, aber er lernte sehr rasch, und innerhalb weniger Stunden lag er neben einem Mann in einem Hotelbett, nachdem er zum erstenmal im Leben Sex gehabt hatte. „Dieser Mann war wunderbar", sagte er viele Jahre später. „Er hat soviel Geduld mit mir gehabt."

Beim Abschied gab der Mann dem Jungen ein bißchen Geld. Der Junge verstand nicht, wieso – er war sogar ziemlich aus der Fassung.

Er hatte Angst, seine Eltern könnten es entdecken und ihm peinliche Fragen stellen. Deshalb beschloß er, das Geld in ein Kuvert zu stecken und an das Bostoner Museum für Schöne Künste zu schicken. Damit wäre er es los.

Eine Woche später ging er erneut zum Busbahnhof, und am Abend schickte er dem Museum wieder einen Umschlag. Genauso am nächsten, am übernächsten und am überübernächsten Tag. Es ging immer so weiter, und die Museumsverwaltung wußte nie, wer ihnen all diese anonymen Spenden schickte.

Jahre später saßen Ed White und Charles Silverstein, die Autoren der Erstausgabe dieses Buches, abends um den Eßtisch und hörten zu, während ihnen ein Freund diese Geschichte erzählte. Anschließend diskutierten sie über ihre eigenen Jugendängste und -sehnsüchte.

Die Verfasser der Erstausgabe waren sich darin einig, daß *Die Freuden der Schwulen* ein Buch werden sollte, wie es unser Freund in jüngeren Jahren gebraucht hätte: der perfekte Begleiter – einer, der nicht nur Auskünfte und seinen Segen dazu gab, sondern auch Sex so akkurat wie möglich beschrieb. Es war klar, daß man über Coming-out und Partnerschaft würde sprechen müssen, aber auch über andere Beziehungsformen, über schwule Gleichberechtigung, über Abfuhren, über Einsamkeit, Depression und Geschlechtskrankheiten. Zum Schluß enthielt das Buch mehr Artikel, die sich nicht mit Sex befaßten, als spezifisch sexuelle und hätte eher *Freud und Leid schwulen Lebens* heißen können.

1977 war die Hetero-Welt noch nicht soweit, daß sie ein unverhohlenes Loblied auf schwulen Sex akzeptiert hätte, und das Buch begegnete sex- und schwulenfeindlichem Widerstand. Der französische Zoll ließ es einstampfen; die Briten verbrannten es. Obwohl ins Französische übersetzt und in Quebec auch verkauft, kursierten in Paris nur ein paar eingeschmuggelte, unter der Hand verbreitete Exemplare. Kein englischer Verlag hatte den Mut, es im Vereinigten Königreich herauszubringen.

Es gab zahlreiche Bemühungen, den Verkauf des Buch zu unterbinden. Die Polizei von Winnipeg unternahm bei einem dortigen Buchhändler eine Haussuchung, weil eine Frau sich beschwert hatte, sie habe versehentlich *Die Freuden der Schwulen* anstatt *Freude am Kochen* erwischt. Sie erklärte sich für schockiert durch die Illustrationen. Diese Sache war offensichtlich inszeniert, und die Anzeige gegen den Buchhändler wurde fallengelassen, nachdem eine – größtenteils aus College-Studenten bestehende – Widerstandsgruppe das Vorgehen der Polizei publikgemacht hatte.

In Hamilton, Ontario, wurde das Buch aufgrund der Beschwerde eines Anthropologieprofessors aus der McMaster-Universitätsbuchhandlung entfernt und in die medizinische Buchhandlung verlegt. Der Professor sagte über die Illustrationen: „Ich habe noch nie etwas Vergleichbares gesehen. Es ist definitiv das Ekelhafteste, was ich je irgendwo ausliegen sah."

Dieser Vorfall löste eine hitzige Kontroverse über das Recht auf freie Meinungsäußerung und über Zensur aus. Der Universitätspräsident schritt ein. Er erklärte, die Umstellung des Buches sei „ein Schlag gegen die ureigenste Natur der Universität als Zentrum für freie Forschungsarbeit". Dann gab er Anweisung, das Werk in der *medizinischen* Buchhandlung zu belassen.

Der kanadische Zoll hatte eine Lieferung von *The Joy of Gay Sex* wegen der darin enthaltenen Bilder und der Beschreibungen von Analverkehr beschlagnahmt. Bei dem Prozeß in Toronto sagte Silverstein als Zeuge für den Beklagten aus, die Glad Day Bookshops. Der Zollbeamte Ihrer Majestät behauptete, die Bilder oder Beschreibungen vom Analverkehr seien gesetzeswidrig. Im Kreuzverhör machte er geltend, der künstlerische und kulturelle Bildungs- oder Aufklärungswert eines Buches „geht mich nichts an".

Am 20. März 1987 erließ Richter Ronald Hawkins das Urteil: „Über homosexuelle Praktiken zu schreiben, ohne sich mit Analverkehr zu befassen, wäre das Gleiche, als schriebe man eine Geschichte der Musik und ließe dabei Mozart aus."

Trotz Richter Hawkins' Beschluß wurden die Glad Day Bookshops weiter von der Zollbehörde schikaniert. Jerald Moldenhauer, Besitzer der Glad Day Bookshops in Toronto und Boston, war und ist einer der unbekannten Helden im Kampf gegen die Zensur. Ohne allzuviel finanzielle Mittel stand er allein gegen die Macht des Kanadischen Staates.

In den USA sorgte das Werk für einen Sturm der Entrüstung. Damals wütete gerade Anita Bryant gegen die Homosexualität. Viele Buchhandlungen hielten das Buch aus Angst, ihre Kunden vor den Kopf zu stoßen, außer Sichtweite. Wer es kaufen wollte, der mußte eigens danach fragen. Manche Buchhandlungen aber führten es trotzdem und stellten es unerschrocken aus.

Die homosexuelle Gemeinschaft reagierte auf *Die Freuden der Schwulen* wie elektrisiert. Die Auskünfte waren sachlich, der Tonfall gerade richtig und die Illustrationen nicht nur sexy, sondern auch künstlerisch gut. Wäre das Buch nichts als ein Porno gewesen, dann wäre es dem Auge des Zensors wahrscheinlich genauso entgangen wie zahllose andere: Es hätte nur die vorherrschende heterosexuelle Überzeugung bestärkt, das schwule Leben bestünde nur aus Sex, doch fehlten ihm Liebe, Zärtlichkeit und der Wunsch nach Aufbau einer fürsorglichen Gemeinschaft. Die *Freuden der Schwulen* haben geholfen, der schwulen Welt Stolz einzuflößen und zu schwuler Gemeinschaft zu ermuntern.

Vor knapp über einem Jahr wandte sich der Inhaber einer Buchhandlung in Pacific Northwest an uns. Er hatte sich um einige Exemplare von *Joy of Gay Sex* bemüht und zu seinem Erstaunen festgestellt, daß das Buch vergriffen war. Bestürzt schrieb er: „Dieses Buch sollte neu aufgelegt werden. Es haben dauernd Menschen ihr Coming-out. Und gerade jetzt herrscht danach eine größere Nachfrage denn je."

Größer denn je. Seit der Erstauflage der *Freuden* ist Aids zu einem erschreckenden Tatbestand im Leben aller geworden. Wir haben so viele Freunde und Kollegen an dieser furchtbaren Seuche sterben sehen, daß wir uns fragten, ob die Schwulen wirklich eine Überarbeitung des Buches brauchten oder ob es nur an die Trauer und Schwermut erinnern würde, unter denen die schwule Gemeinschaft seit Anfang der Achtziger zu leiden hat. Die Worte unseres Freundes Edmund White fielen uns wieder ein: „Es ist genau wie im Mittelalter; jedesmal, wenn man sich von einem Freund verabschiedet, hat man Angst, es könne das letzte Mal sein."

Allerdings sahen wir ein, daß junge Schwule aktuelle Informationen über Safer Sex brauchen – zumal die ursprüngliche Version des Buches 1977 herauskam, in einer Zeit, als unverblümte und detaillierte Schilderungen von Sexualpraktiken selten waren, schwere gesundheitliche Probleme sogar noch seltener.

Die jetzigen Autoren (Silverstein und Picano) haben diese Neufassung mit sehr vielen Leuten erörtert – Schriftstellern, Verlegern, Ärzten, aber auch Männern aus der schwulen Allgemeinheit – und deren Ansichten dann kritisch beurteilt. Dabei rechneten wir mit einer breiten Vielzahl von Reaktionen, von starker Ermunterung bis zu glatter Ablehnung. Überrascht stellten wir fest, wie viele Leute uns begeistert zur Erarbeitung einer Neuausgabe drängten und neue Stichworte vorschlugen. Einer unserer Berater machte uns klar, daß es seit der vergriffenen Erstausgabe der *Freuden* kein leichtverständliches, zuverlässiges Handbuch für das schwule Leben mehr gab.

Andere wiesen darauf hin, wie sehr sich das schwule Leben seit 1977 verändert hatte: das Aufkommen eines neuen politischen Aktivismus, Jack-off-Parties, Kontaktanzeigen und das erstaunliche Wachstum im Geschäft mit dem Telefonsex. Natürlich zwang Aids die Autoren, viele Themen zu erörtern, die früher relativ unbedeutend waren: das Aufsetzen eines Testaments, Versicherungsabschlüsse, HIV-Tests und das Gespräch mit den Eltern über eine tödliche Erkrankung. Unsere Neufassung konnte diese zusätzlichen Informationen und mehr zusammenstellen.

Bei erneuter Lektüre der Erstausgabe fanden wir hier und da eine Einstellung zum Sex – ja, zum schwulen Leben an sich –, die heute überaus schwärmerisch, sogar wie propagandistisches Blabla klingt. Natürlich sahen wir ein, daß es 1977 einer ultra-positiven Einstellung bedurfte; damals war ja selbst für reife, erfahrene Schwule so viel am schwulen Leben unbekanntes Terrain, von den jungen, die gerade ihr Coming-out hatten, ganz zu schweigen. Es war damals ein bewußter politischer Akt von uns, die Sonnen- gegenüber den Schattenseiten hervorzukehren. Die Neuausgabe sollte deshalb nicht nur nüchterner und sachlicher sein, sondern auch Artikel über einige unerfreuliche Seiten des Lebens enthalten, wie etwa Rassismus, Vergewaltigung und Gewalt innerhalb der Partnerschaft. Außerdem haben wir den Beitrag über „riskanten Sex" erweitert. Im neuen Eintrag „Eltern" spiegelt sich die Erfahrung vieler Homosexueller, daß Eltern für ihre schwulen Söhne entweder eine Stütze oder die Vernichtung sein können. Safer-Sex-Richtlinien werden den ganzen Text hindurch betont. Und wir haben uns bemüht, mit weniger ernsten Themen auf mitunter humorvolle Art umzugehen. Die Einträge „Traumtypen" und „Neues Macho-Image" z.B. geben Einblick in vorherrschende schwule Denkweisen und versuchen, das schwule Leben so zu zeigen, wie es tatsächlich existiert.

Manche Menschen, ob schwul oder hetero, fühlen sich bei dem sexuell freizügigen Ton dieses Buches vielleicht unwohl. Es schildert und veranschaulicht ein breites Spektrum von Praktiken, vom „Soft- bis zum „Schmuddelsex". Einige dieser Artikel werden unweigerlich Anstoß erregen. „Das ist ja pervers!" hören wir Schwule über manches am Sexualleben eines anderen sagen –, aber nie über ihr eigenes. „Seid ihr Typen denn überhaupt gegen was?" könnte eine der Reaktionen auf dieses Buch lauten. Beantworten wir solche Kritik hier und jetzt, damit wir sie vom Tisch haben. Erstens sind wir entschieden gegen jede Art von Zensur. Nach unserer Überzeugung richtet Heimlichtuerei mehr Schaden an als die Verbreitung von Informationen, selbst wenn diese den „ausgefalleneren" Seiten des Liebeslebens gelten. Außerdem sind wir strikt gegen jede Art von Sex, die nicht in beiderseitigem Einvernehmen geschieht. Und drittens endet unsere Freizügigkeit bei allen riskanten oder lebensgefährlichen Formen des Sexualverhaltens. Wir nennen diese Gefahren beim Namen und hoffen, daß jeder einzelne reife Entscheidungen treffen wird. Wir glauben fest an die Safer-Sex-Richtlinien und geben den ganzen Text hindurch Informationen dazu. Mit Ausnahme dieser drei Einschränkungen lehnen wir es ab, Menschen ihre sexuellen Phantasien und Verhaltensweisen vorzuwerfen. Das geschieht jetzt schon viel zuviel. Gleichzeitig raten wir zu keinerlei spezifischem Sexualverhalten. Wie sagte doch schon Virgil? *„Trahit sua quemque voluptas"* („Jedem Tierchen sein Pläsierchen").

VORWORT ZUR DEUTSCHEN AUSGABE

ANDERS als im Fall von *The Joy of Gay Sex*, der englischsprachigen Originalausgabe von „Die Freuden der Schwulen", die irgendwann vergriffen war, stand für den Bruno Gmünder Verlag fest, daß dieses Handbuch des schwulen Lebensstils so lange wie möglich erhältlich sein müßte. Allein schon deshalb, weil man nicht die mit bestimmten Sexualpraktiken verbundenen Gesundheitsrisiken vermeidet, indem man das Thema Sex einfach ausklammert. Sexualität ist ein viel zu wichtiger Bestandteil menschlichen Lebens, den es *gerade wegen Aids* nicht zu tabuisieren gilt. Es war uns als Verleger also klar, daß die ursprüngliche Version im Hinblick auf Aids, HIV und Safer Sex einer intensiven Bearbeitung bedurfte, und wir setzten uns daher mit dem englischen Verleger und den Autoren in Verbindung.

Gut Ding will Weile haben. Das traf auch auf die überarbeitete Fassung von „Die Freuden der Schwulen" zu, die 1989 erscheinen konnte und bis Ende 1993 erhältlich war.

Als wir dann 1991 von *The New Joy of Gay Sex* erfuhren, fragten wir uns, ob es sich lohnen würde, die neue Amerikanische Ausgabe der Autoren Charles Silverstein und Felice Picano ins Deutsche zu übersetzen, oder ob wir nicht ganz einfach die von uns bearbeiteten „Freuden der Schwulen" weiterhin an den Mann bringen sollten.

Nach Überprüfung des neuen Werks stand für uns die Übersetzung von *The New Joy of Gay Sex* fest. Warum? Nun, *Die neuen Freunden der Schwulen* wurden in den 90er Jahren geschrieben, sind also von einem ganz anderen Zeitgeist durchdrungen als *Die Freuden der Schwulen.* Wen wundert's: jene Fassung entstand noch in der guten, alten Zeit vor Aids – in den 70er Jahren. Seit damals hat sich aber am schwulen Lebensstil so manches verändert, was selbst in der bearbeiteten deutschen Fassung noch nicht berücksichtigt werden konnte. Hier sei nur das Stichwort „Telefonsex" erwähnt. Wer hätte Ende der 80er Jahre geglaubt, daß diese Praktik zu einem solch kommerziellen Erfolg führen würde? Grund genug für uns, auf erneut veränderte Bedingungen zu reagieren.

Wir sind der Ansicht, daß *Die neuen Freuden der Schwulen* ein ebensolcher Meilenstein werden wird wie die „alten" *Freuden*, und sind uns sicher, daß dir dieses Handbuch wertvolle Dienste leisten wird.

Bruno Gmünder Verlag

DIE NEUEN FREUDEN DER SCHWULEN

ABFUHREN

Wenn du von irgendeinem Typen in irgendeinem Lokal, donnerstagabend um halbzwölf, einen Korb bekommst, dann ist damit noch nicht das letzte Wort über deine Attraktivität gesprochen. Sieh den Vorfall nüchtern und mit Distanz. Frage dich, was der Grund sein mag. Vielleicht war dein Traumtyp ja müde, erkältet oder hat einen festen Freund, der daheim auf ihn wartet. Vielleicht hatte er gerade erst Sex gehabt, oder er steht nicht auf dich, weil du einen Bart trägst (bzw. *keinen*). Die Motive des anderen kannst du unmöglich ergründen, aber du kannst dir klarmachen, daß sie gar nicht unbedingt etwas mit dir zu tun haben müssen (☛ *Traumtypen*). Versuch dich an all die zu erinnern, bei denen du im Laufe der Jahre Erfolg hattest, auch mit deinen persönlichen oder beruflichen Leistungen.

Wie solltest du mit deinen verletzten Gefühlen umgehen, wenn dir jemand eine Abfuhr erteilt? Da man sich an Abfuhren nie gewöhnt, dürfte ein momentaner Schock eintreten.

Drei Reaktionen solltest du vermeiden:

❶ Finde nicht sofort etwas an dem auszusetzen, der dir den Korb gegeben hat („So toll ist er nun auch wieder nicht" oder „Ich wette, seine Bräune kommt aus der Tube"). Durch Boshaftigkeit und Trotz behältst du nur eine Abfuhr im Kopf, die du am besten vergessen solltest.

❷ Teile nicht deinerseits Körbe an andere aus. Nachdem du abgeblitzt bist, beschließt du, selbst ein paar Typen zu erobern, nur um sie zu frustrieren. Erst machst du jemanden an, bis er den Mut aufbringt, dich nach Hause einzuladen, und dann hast du das (vollkommen blödsinnige) Vergnügen, ihn sitzenzulassen.

Aber die schlimmste Reaktion ist:

❸ Niedergeschlagenheit. Du zerfließt in Selbstmitleid. Du kommst zu dem Schluß, daß deine Person langweilig ist, dein Äußeres abstoßend und dein Leben sinnlos. Du trinkst noch ein paar

Gläser und torkelst dann mit dem Gefühl nach Hause, alt, häßlich und ein völlig hoffnungsloser Fall zu sein.

Wenn ein „Korb“ so weh tut, dann solltest du dich fragen, was für Erlebnisse aus der Vergangenheit du unbewußt wiedererlebst – Zurückweisung von seiten eines Elternteiles, eines Spielkameraden oder einer ersten Liebe. Hier und da findet man Männer, die es geradezu meisterlich verstehen, sich zum Opfer zu machen. Sie suchen sich den kältesten Typen im Lokal heraus – den, wo die Wahrscheinlichkeit einer Abfuhr am größten ist. Mit einem so selbstzerstörerischen Verhaltensschema muß man sich in eine Therapie oder Selbstanalyse begeben, damit man es ablegt.

Vielleicht wird es Zeit für einen Tapetenwechsel – Zeit, daß du neue Treffpunkte besuchst und mit neuen Menschen zusammen bist. Du wirst staunen, wieviel Schwung dein Umgang mit anderen Leuten bekommen und wieviel Erfolg man haben kann, wenn man ein neues Gesicht ist. Beurteile einmal ganz ehrlich dein Verhalten unter anderen Menschen. Vielleicht äußert sich deine Unsicherheit ja in feindseligen oder unzugänglichen Attitüden. Wenn ja, dann tu etwas dagegen. Wir alle müssen von Zeit zu Zeit innere Korrekturen vornehmen.

Viele Männer haben solche Angst, andere zu verletzen, daß sie oft nur sehr schwer „Nein“ sagen können. Dieses Unvermögen führt manchmal zu heiklen Situationen, vor allem, wenn es um sexuelle Anträge geht.

Direktheit ist beim „Nein“-Sagen immer das Beste. Umständliche und komplizierte Ausreden funktionieren kaum; der andere nimmt sie gern für bare Münze, und du bewirkst lediglich eine Hinauszögerung des Angebots. Einen „Korb“ durch Lächeln, Achselzucken und Mehrdeutigkeiten abzumildern („Das ist echt eine nette Einladung, aber ich glaube, eigentlich sollt' ich nicht – vielleicht ein andermal“) hat keinen Sinn. Diese Unbestimmtheit verrät Unsicherheit deinerseits und fordert den anderen zu neuen Anläufen heraus. Er bedrängt dich, und sehr oft läßt du dich kleinkriegen.

Es gibt nur eine Lösung: Hol tief Luft und sag höflich, aber rundheraus: „Nein.“ Ein klares „Nein, danke“ auf ein sexuelles Angebot ist viel freundlicher als eine unnötig schroffe Antwort oder gar keine.

Möglich, daß der andere nicht dein Geschmack ist, aber er ist ein Mensch mit Gefühlen und Verletzbarkeiten, und er bekommt ebenso ungern einen Korb wie du.

Die Aids-Epidemie hat solchen Absagen eine neue Dimension verliehen. Heute müssen wir Männern einen Korb geben, die uns sexuell reizen, die aber die Safer-Sex-Regeln einfach nicht beachten wollen. Solchen Menschen sollte man aus dem Weg gehen, auch wenn sie uns noch so geil machen.

Andererseits brauchst du jemandem, der HIV-positiv oder Aids-krank ist, nicht unbedingt einen Korb zu geben, denn du kannst dich vor Ansteckung schützen (☛ *Körperflüssigkeiten; HIV-positiv; Safer Sex*). Nur einer, der sich verhält, als gäbe es *kein* Aids, garantiert selbst den Fortbestand. Falls dich so ein Mann immer noch anmacht, dann geh heim und hol dir auf ihn einen runter. Aber laß dich auf keinen Fall mit ihm ein!

ÄLTERWERDEN

Eine schwule Spruchweisheit besagt: „Nichts ist deprimierender als eine alte Tunte." Junge Schwule, die ihre Sexualität in vollen Zügen genießen, fühlen sich bei der Aussicht aufs Älterwerden ziemlich unwohl: Nervös suchen sie im Spiegel nach Fältchen und sehen jedem Geburtstag mit Schrecken entgegen.

Die Wahrheit über das Älterwerden ist anders. Untersuchungen beweisen, daß ältere Schwule meist glücklicher und zufriedener sind als jüngere; sie kommen allgemein besser zurecht (weshalb vielleicht manche jüngere Männer reife Partner bevorzugen). Ein älterer Mann hat in der Regel viel über sich gelernt, hat sich einen Freundeskreis aufgebaut und es im Beruf zu etwas gebracht; das kann für die altersbedingten körperlichen Veränderungen entschädigen.

Natürlich gibt es Endfünfziger, -sechziger und -siebziger, die immer noch auf Partnersuche durch die Straßen ziehen oder in den Kneipen umhergeistern. Solche Männer waren wahrscheinlich schon mit 20 oder 30 Jahren unglücklich. Ältere Schwule, die gut mit ihrem Leben zurechtkommen, sind in der „Nahkampfzone" einfach nicht so oft zu sehen.

Einem erfolgreichen älteren Schwulen ist klar, daß das, was er zu bieten hat, vielleicht nicht gleich ins Auge springt. Kann sein, daß er nicht mehr so toll aussieht wie in seiner Jugend, aber mit dem Alter ist er sicherer, ehrlicher, interessanter und interessierter geworden. Diese Vorzüge strahlen nicht unbedingt quer durch einen überfüllten Raum, aber sie zeigen sich bei einem gemütlichen Abendessen oder bei Begegnungen unter vier Augen.

Stillere Freuden haben den eher wilden, hektischen Jugenderlebnissen Platz gemacht: langen Disco-Nächten oder dem kurvenreichen Weg von Lokal zu Lokal auf Ausschau nach einem potentiellen Sexabenteuer. Diese Suche mag auch für einen Älteren noch reizvoll sein, aber für gewöhnlich weiß er sie mit mehr Geduld, ja sogar Heiterkeit durchzuführen als junge Männer, und wenn er klug ist, hält er sich an seine eigene Altersklasse.

Viele reifere Schwule hatten oder haben eine langjährige Partnerschaft. Wir sind Paaren begegnet, die ihr fünfzigstes Jubiläum feierten. Sie führen ein ruhiges, glückliches Leben.

Ältere Männer, ob schwul oder hetero, bewahren sich fast immer ein Sexualverlangen und ihre sexuelle Potenz (wenn auch vielleicht nicht mit derselben Energie). Was an straffen Muskeln oder seidiger Haut verlorenging, wird auf sexuellem Gebiet durch größeres Können, Vielseitigkeit und Raffinement ersetzt. Und eine Abschwächung des Sexualtriebs kann paradoxerweise zu größerer Selbstkontrolle führen. Junge Männer werden oft so von ihrem Geschlechtstrieb beherrscht, daß sie zuviel Zeit darauf verschwenden, sich flachlegen zu lassen, und stundenlang mit Menschen zusammen sind, die sie zwar geil, aber nicht sympathisch finden; ältere hingegen haben aus ihrer Erfahrung gelernt, können deshalb sämtliche Faktoren besser einschätzen, ihre Gelüste im Zaum halten und ihre Partner mit größerer Sorgfalt auswählen. Gruppen für ältere Schwule gibt es mittlerweile in fast jeder Großstadt und werden in schwulen Stadtführern oder Zeitschriften genannt.

AKTIV/DOMINANT

Manchmal hilft es, einen Sexualpartner kennenzulernen, wenn man als aktiver Typ bekannt ist (☛ *Passiv/Devot*). Männer, die kein Interesse an der passiven Rolle haben, scheiden automatisch aus, während die anderen ihr Interesse auch zu erkennen geben. Das hilft außerdem beim Aufgeben von Anzeigen (☛ *Kontaktanzeigen*). Ein „aktiver Typ" zu sein heißt in diesem Zusammenhang nicht, daß man womöglich begehrenswerter wäre als ein passiver und genauso wenig, daß man stur in dieser Rolle verharren muß oder sich nicht bumsen lassen darf, wenn man Lust dazu hat. Solange du Safer Sex machst, tu dir keinen Zwang an, und wechsle die Rolle je nach Situation oder Partner!

Zwischen „devot" und „dominant" allerdings bestehen Unterschiede. So tritt der dominante Partner wohl eher als Beschützer auf, als Herr der Lage, als derjenige, der das Sagen hat und die Verantwortung übernimmt.

Ironischerweise waren vor Beginn der Schwulenbewegung, als die Schwulen viel versteckter lebten, Eigenschaften wie „aktiv/dominant" und „passiv/devot" noch starrer festgelegt, weil schwule Männer meinten, man erwarte von ihnen die Übernahme unveränderlicher Rollen. In gewissem Sinne war dies ein Spiegelbild des heterosexuellen Rollenverhaltens: Der passive Partner spielte gewissermaßen die Frau, während der aktive den Mann spielte (☛ *Schwulenemanzipation*). Bezeichnungen wie „kerlig" und „weibisch" (bzw. tuntig), „maskulin"/„feminin" oder „Macho" und „Softie" sind bis heute unter Schwulen ja gang und gäbe.

Die Lebenserinnerungen und Auskünfte schwuler Männer, die ihre Blütezeit in früheren Jahrzehnten hatten, machen diese Unterschiede deutlich. In der Regel lebten „softe" bis feminine Typen mehr oder weniger offen schwul. Sie trugen „weibische" Bundfaltenhosen und flauschige Mohair-Pullis; ihre Frisur war weder typisch männlich noch typisch weiblich. Oft schminkten sie sich sogar. Aber diese Männer zahlten für ihre Freiheit einen hohen Preis: Sie wurden schwer diskriminiert, selbst von den anderen Schwulen (☛ *Effeminiertheit*). Sie arbeiteten in sogenannten „Schwulenberufen", etwa als Friseur, Kostümbildner und Innenarchitekt, oder in schlechtbezahlten Jobs innerhalb der winzigen schwulen Gettos von New York und San Francisco, z.B. als Bühnentänzer, Kellner oder Verkäufer.

Der maskuline Schwule konnte in jedem Beruf arbeiten, vom Klempner bis zum Firmenmanager, denn man hielt ihn für hetero. Er erlaubte sich kein „weibisches" Verhalten, außer wenn er durch Alkohol oder Drogen zu sehr enthemmt war und selbst dann nur in der allersichersten schwulen Gesellschaft. Im Gegensatz zum femininen Typ konnte er sich frei aussuchen, wo er leben und arbeiten wollte.

Die amerikanische Öffentlichkeit erkannte in der ersten Hälfte dieses Jahrhunderts einen Schwulen nur, wenn er feminin war. Der maskuline blieb über jeden Verdacht erhaben. Aber feminine Schwule nutzten diese Erkennbarkeit. Sie konnten heterosexuelle Verehrer und Freunde haben – besonders, wenn sie selbst reich, mächtig, schön oder in der schillernden Showindustrie tätig waren.

Die Schwulen, die ungefähr zur Zeit der Stonewall-Krawalle ihr Coming-out hatten, wollten die Rollen „männlich" und „weiblich" für immer in die Mottenkiste legen. Die Aktivisten der Schwulenbewegung unterstrichen, daß alle Schwulen, unabhängig von ihrem jeweiligen Sexualverhalten, Männer seien. Im Zuge der Schwulenbewegung gewannen maskuline Typen die Freiheit zum Ausprobieren neuer Rollen. Nebenbei ist es allerdings ganz interessant, daß „politisch korrektes" Denken und Verhalten an dieser Tatsache nichts geändert haben: Schwule Männer besitzen ihre Vorlieben. Die Bezeichnungen „aktiv" und „passiv" haben heute keinen heterosexuellen Nebensinn von „männlich" und „weiblich" mehr. Aber obwohl manche Schwule mühelos vom einen auf das andere umschalten, ziehen die meisten eins von beidem vor. Es ist absolut normal, ein eingefleischt „aktiver" oder ein eingefleischt „passiver" Typ zu sein.

ALKOHOL & ANDERE RAUSCHMITTEL

Es gibt viele Gründe, weshalb (schwule) Männer sich der selbstzerstörerischen Wirkung von übermäßigem Alkoholkonsum oder dem Gebrauch von Rauschmitteln wie Kokain, Amphetaminen und Barbituraten aussetzen. In früheren Zeiten, aber auch noch heute, spielten soziokulturelle Faktoren eine Rolle. Schwule konnten sich meist nur in den schmutzigen, von Polizei und Unterwelt kontrollierten Spelunken der Großstädte, bei heimlichen, spätnächtlichen Besuchen im Park oder auf öffentlichen Toiletten treffen. Wenn Schwule mit ihresgleichen zusammensein wollten, dann mußten sie dies notgedrungen an der Theke tun, und weil die Lokale erst spät öffneten, brauchten diese Männer Aufputschmittel, um wachzubleiben. Von jeher mußten sich Schwule Polizeiwillkür und Überfälle aus dem Hinterhalt gefallen lassen – mußten erleben, daß ihr Name unter der Schlagzeile PERVERSER FESTGENOMMEN erschien. Kein Wunder, daß sie sich unweigerlich für ihre geschlechtliche Orientierung schämten und wegen ihrer sexuellen Begierden Schuldgefühle entwickelten (☛ *Drogen; Homophobie; Schuldgefühle; Klappen und Darkrooms*).

Alkohol wurde von jeher verwendet, um Hemmungen in Gesellschaft anderer abzubauen. Nach ein, zwei Gläschen hatte man den Mut, einen anderen Mann zum Tanz aufzufordern oder sich mit ihm zu verabreden, und es war weniger schmerzlich, wenn man einen Korb bekam. Kriegte man wiederholt eine Abfuhr, dann führte das oft zu noch höherem Alkohol- oder Drogenkonsum.

Auch der Wunsch nach Gruppenzugehörigkeit ist ein Grund, weshalb manche Schwulen übermäßig Alkohol zu sich nehmen. Ehe sie sich's versehen, wachen sie eines Morgens auf und stellen fest, daß sie ihr Minderwertigkeitsgefühl und ihre Angst vor Zurückweisung gegen die Aufnahme in eine Gemeinschaft eingetauscht haben – mit dem unerwünschten und unerwarteten Nebeneffekt einer Drogenabhängigkeit.

Über Monate oder gar Jahre fortgesetzter Alkohol- und Drogenkonsum kann zu Mißbrauch und Sucht führen. Das erste Stadium dieses Mißbrauchs ist oft ganz unauffällig. Da der offensichtliche Grund zum Besuch von Bars die Suche nach Liebe oder Sex ist, wird man kaum merken, wenn die Zahl der Aufrisse sinkt, der Alkoholkonsum aber steigt.

Fast jeder trinkt manchmal einen über den Durst, und nur wenige

Schwule können für sich behaupten, sie hätten ein vollkommen drogenfreies Leben geführt. Fachleute sprechen in diesem Zusammenhang von Drogen*gebrauch*. Solche Menschen haben kein Suchtproblem. In die Kategorie Drogen*mißbrauch* hingegen fällt, wenn jemand ohne Alkohol, Rauschmittel oder beides nicht mehr auskommt – beispielsweise beim Sex. Oft führt Drogenmißbrauch auch zu anderen Beeinträchtigungen, etwa einem schlechten Urteilsvermögen bei der Auswahl der Sexualpartner, zu gedankenloser Geldausgabe oder zu beruflichem Versagen. Zur *Sucht* kommt es, wenn jemand die Entscheidungsfähigkeit über seinen Alkohol- und sonstigem Drogenkonsum verliert. Drogenabhängigkeit führt unweigerlich zum Verlust der Selbstkontrolle. Wer Drogen mißbraucht, stellt an diesem Punkt fest, daß die positiven Auswirkungen verfliegen, um durch rein negative ersetzt zu werden.

Mit an erster Stelle bei diesen Negativwirkungen steht die sogenannte *Enthemmung*. Die meisten Menschen sind manchmal schüchtern und gehemmt. Alkohol und Drogen können diese Hemmungen aus dem Weg räumen – der Betreffende wird mutiger. Aber Hemmungen (und Vorsicht) sind in bestimmten Situationen angebracht. *Der Konsum von Alkohol und Drogen ist einer der Hauptgründe, weshalb Schwule bisweilen unsafen Sex praktizieren.* Das gilt sogar für den bloßen Drogen*gebrauch*. Außerdem führt alkohol- oder drogenbedingte Enthemmung auch zu anderen Formen gefährlichen Sexualverhaltens, das körperliche Schäden oder Krankheit verursachen kann (☛ *Gefährlicher Sex; Faustfick; HIV-Erkrankung*). Alkohol und Rauschgift schwächen zudem das Immunsystem. Das dürften genügend Gründe sein, um beim Gebrauch von Rauschmitteln Vorsicht walten zu lassen.

Wer zu der Erkenntnis gelangt, daß er ein Mißbrauchs- oder Suchtproblem hat, der sollte eine Selbsthilfegruppe aufsuchen, beispielsweise die Anonymen Alkoholiker (Nummer und Anschrift stehen im Telefonbuch). Tritt ihnen auch dann bei, wenn dein Freund oder ein Familienmitglied ein Abhängigkeitsproblem hat. In fast allen größeren Städten gibt es Gruppen der Anonymen Alkoholiker (AA), manchmal sogar mit besonderen Untergruppen für Schwule. Auch örtliche Schwulenorganisationen bieten mitunter eine entsprechende Möglichkeit. Dort kann man andere kennenlernen, die von ihrer Droge loszukommen versuchen. Manche suchen auch psychotherapeutische Hilfe, was in Verbindung mit den AA sehr nützlich sein kann. Eine Psychotherapie allein war jedoch bei Alkoholproblemen bisher nicht sehr erfolgreich. Zuviele Therapeuten sehen im Alkoholismus ein Symptom schwerer seelischer Unausgeglichenheit und behandeln dieses „Symptom" nicht direkt. Außerdem kann kein Therapeut die 24-stündige Betreuung bieten, die ein Alkoholiker meistens braucht.

Was ist nun, wenn dein bester Freund oder dein Partner Drogen mißbraucht? Dann erwartet dich möglicherweise eine Reihe von Problemen, die dir das Gefühl geben, du seist hilflos und unfähig, etwas daran zu ändern. Als erstes wirst du lernen, daß du diesen Freund nicht vom Trinken oder vom Drogenkonsum abhalten kannst. Dabei darfst du zwar mit Fug und Recht deine Besorgnis äußern, aber versuche, ihm keine Vorwürfe zu machen und möglichst nicht selbstgerecht zu sein. Verstärke nicht noch die Schuldgefühle, die Scham oder die Wut in deinem Freund *und in dir selbst.* Aber allein schafft man das nicht. Du solltest einer Selbsthilfegruppe beitreten – Organisationen für Leute, deren Familienangehörige alkohol- oder drogenabhängig sind. Diese Unterstützung kann für dein Selbstwertgefühl von lebenswichtiger Bedeutung sein.

ANDROGYNITÄT

Ursprünglich bedeutete „androgyn" ungefähr dasselbe wie „Hermaphrodismus" – also Doppelgeschlechtlichkeit. Heutzutage benutzt man das Wort „Androgynität", um zu kennzeichnen, daß ein Mann oder eine Frau äußerliche Merkmale aufweist, die traditionsgemäß eher zum anderen Geschlecht gehören. Männer, die Make-up und lange Haare tragen und sich üppig mit Schmuck ausstatten, werden als androgyn bezeichnet. Ebenso androgyn sind Frauen, die einen kurzen Haarschnitt und Männerkleidung tragen. Beispiele für androgyne Frauen und Männer findet man bei Pop- und anderen Stars: z.B. Boy George, Georgette Dee, Grace Jones.

Androgynität bei Männern ist nicht unbedingt eine schwule Eigenschaft. Viele aufgeschlossene Heteros sind in Selbsterfahrungsgruppen gegangen und haben versucht, den alten männlichen Verhaltensnormen zu entkommen. Schwule Männer haben damit allerdings schon längere Erfahrungen als emanzipierte Heteros und könnten ihnen daher eine Menge sagen und zeigen.

Es gibt viele Leute – ob schwul oder hetero –, die Androgynität „pervers“ finden. Diese Abneigung, die oft Unsicherheit und Angst verdeckt, rührt von der Erziehung her und den starren Gegensätzlichkeiten zwischen den Geschlechtern: „Männer sollten Männer sein und Frauen haben wie Frauen zu sein“ – wobei „sollten“ meistens „müssen“ heißt. Menschen haben wohl die Neigung, alles in Schubladen zu packen, und wer die klar abgesteckten Grenzen verwischt, verursacht bei so manchem Unsicherheit.

ANMACHE & AUFRISS (CRUISING)

Aufreißen gehen heißt, nach Sex suchen – und das ist jederzeit und an jedem beliebigen Ort möglich: beim Frühstück in einem Café, beim Schuheanprobieren in einem Laden oder bei einem exklusiven Empfang – ganz egal, ob man nun gezielt auf Partnersuche geht oder mitten bei irgendwelchen Besorgungen ein Zusammentreffen erlebt, das sexuell interessant scheint. „Aufreißen“ geht man in der Regel erst abends und an den üblichen schwulen Treffpunkten wie Kneipen und Discos, während die Partnersuche in Parks oder öffentlichen Toiletten oft als „Cruising“ bezeichnet wird (wörtlich: „Umherkreuzen“).

„Aufreißen“ ist eine Kunst, deren wichtigste Instrumente in der Wahl des richtigen Zeitpunkts und in Blickkontakt bestehen. Zuerst der Blick: Du gehst die Straße entlang und an einem Mann vorbei, der in die andere Richtung unterwegs ist. Eure Blicke begegnen sich, aber ihr geht weiter. Nach ein paar Schritten schaust du kurz zurück und stellst fest, daß der andere vor einem Schaufenster stehengeblieben ist, aber direkt zu dir hersieht. Wenn er nicht dein Typ ist, wirst du das Kompliment wahrscheinlich mit einem freundlichen Lächeln registrieren und gehen. Trifft er aber deinen Geschmack, dann kannst du ein kleines Katz-und-Maus-Spiel anfangen, indem du dir das nächstbeste Schaufenster betrachtest. Nach kürzester Zeit werden sich Häufigkeit und Intensität des Blickkontakts steigern und einer von euch zu dem anderen hinschlendern.

Es gibt ein paar ungefährliche Standardfloskeln zur Eröffnung eines Gesprächs, die banal bis zur Absurdität sind: „Weißt du, wie spät es ist?", „Hast du Feuer?" oder „Wo ist die XY-Straße?" Nach diesen Präliminarien sagst du ihm deinen Namen, fragst ihn nach seinem und schlägst vor, daß ihr zusammen etwas trinken geht.

So zumindest lief die Sache früher für gewöhnlich. Heute tragen die Männer in den Großstädten oft so eine eindeutige „Uniform" (zumindest, wenn sie auf Aufriß sind), daß ihre Orientierung außer Frage steht. Die meisten sind inzwischen so offen, locker und furchtlos, daß die Schaufenster-Prozedur übersprungen wird. Man geht einfach zu jemandem hin und sagt: „Hallo. Schöner Abend heute, wie? Wohnst du hier in der Gegend?"

Sobald klar ist, daß einer von euch über eine geeignete Räumlichkeit verfügt und ihr beide Zeit und Lust habt, steht es dir frei, zu sagen: „Gehen wir!" Viele Männer, besonders solche mit sehr eingeschränkten sexuellen Vorlieben, könnten bei eurer ersten Begegnung auch fragen: „Worauf stehst du?" und meinen damit nicht deine Hobbys. Mancher beantwortet diese Frage sofort, während andere die Ansicht vertreten, der Spaß beim Entdecken eines neuen Menschen bestehe teilweise auch darin, herauszufinden, was er im Bett macht. Gerade dieses Nicht-genau-wissen gebe der Bekanntschaft zusätzliche Würze.

Andererseits gehen viele Männer nicht gern mit jemandem ins Bett, ohne vorher zu reden. Es geschieht oft, daß man auf eine Tasse Kaffee einkehrt und plaudert. Dabei dreht sich das Gespräch nicht zwangsläufig um sexuelle Dinge; es kann ganz allgemein gehalten sein und der näheren Bekanntschaft dienen. So erfährt man etwas über einander: Herkunft, Beruf, Wertmaßstäbe und andere Seiten seines Lebens.

So eine kleine Plauderei hat auch ihre praktischen Vorteile. Nur einmal angenommen, der Betreffende gefällt dir, aber du hast Geschichten über ihn gehört, die dich ein wenig beunruhigen. Vielleicht scheint er dir, sexuell oder sonstwie, nicht ganz geheuer, unter

Umständen sogar gefährlich. Ein Schwätzchen gibt dir Gelegenheit, dir ein Bild über ihn zu machen.

Sollte sich irgendeine deiner Befürchtungen bestätigen oder verlierst du nach einem Gespräch mit ihm das Interesse, dann *geh nicht* einfach aus Schüchternheit oder Höflichkeit mit nach Hause! Und *hab nie Sex* mit jemandem, über den du im Zweifel bist; das könnte zu ernsthaften Problemen führen (☛ *Vergewaltigung; Gefährlicher Sex*). Die passenden Abgangszeilen sind uralte Tradition: „Ich hatte keine Ahnung, daß es schon so spät ist; ich muß leider...", „Ich bin mit einem Freund verabredet; gib mir deine Telefonnummer, dann ruf' ich dich an" oder ehrlicher: „Ich glaube, aus uns beiden wird nichts. Tut mir leid." Der Austausch von Telefonnummern auf der Straße ist nicht immer ein höfliches Täuschungsmanöver; manchmal hat einer von euch es wirklich eilig und würde sich gern später mit dem anderen treffen.

Ein ziemlich neuer und nur allzu berechtigter (sogar notwendiger) Zweck solcher Kennenlern-Gespräche hat mit Aids zu tun. Man kann über die Unterhaltung herausfinden, was und wieviel der potentielle Sexpartner über Safer Sex weiß. Man kann sich erkundigen, welche Bedingungen er hinsichtlich Safer Sex hat und ob sie sich mit den eigenen decken. So mag es zum Beispiel sein, daß er überhaupt keinen Analsex will, aber ungeschützten Oralsex macht und gerne im Mund kommt. Oder er ist so ängstlich, daß er ausschließlich der voyeuristischen Onanie vom anderen Ende des Zimmers frönt.

In Lokalen läuft der Aufriß weniger direkt, zeitaufwendiger und oft auch frustrierender. Jeder scheut sich vor dem ersten Schritt, weil er Gefahr läuft, vor den Augen eines Raums voll potentieller Sexpartner einen Korb zu bekommen. Infolgedessen ist die Zeichensprache so fein und ausgeklügelt wie die Bewegungen im japanischen Kabuki. Jemand interessiert sich für dich; also rückt er an dein Ende der Bar, postiert sich in drei Meter Entfernung an der Wand und streift dich mit gelegentlichen Blicken. Dein Interesse wächst, und du setzt oder stellst dich nicht neben ihn, denn das würde es ihm erschweren, dich genauer zu begutachten, sondern näher heran. Wenn du ihn an diesem Punkt der Ereignisse anstarrst, verscheuchst du ihn vielleicht; wenn du ihn aber zu lange ignorierst, könnte er glauben, du hättest kein Interesse mehr. Dieser zähe Paarungstanz geht weiter, bis einer von euch ein Lächeln riskiert und der andere es erwidert. Die herkömmlichen Eröffnungszeilen in einem Lokal (zum Beispiel: „Bist du oft hier?“) kennt man häufig schon so gut, daß sie ein Witz sind. Wenn der andere Humor hat, wird er gutmütig darüber lachen.

Ein echtes Problem dabei, jemandes Aufmerksamkeit auch nur so lange zu bekommen, daß man eine Phrase loswerden kann, ist das Überangebot in Lokalen. Es stehen so viele Männer zur Auswahl, daß keiner Lust hat, mit einem einzelnen bei Punkt Null anzufangen und sich eine Stunde lang plaudernd vorzutasten, nur damit dann der andere vielleicht sagt, er sei fest befreundet. Außerdem kann als nächster ja auch der Traumprinz hereinkommen. Und dann ist da noch die „Gefahr“, daß manche einfach gern unter Leuten sind; sie kommen her, um alte Freunde zu treffen, und haben kein Interesse an Neubekanntschaften. Ein paar von denen, die du Abend für Abend an der Theke hocken siehst, suchen nicht einmal Gesellschaft; sie haben nur einen Wunsch: einen neuen Drink (☛ *Alkohol & andere Rauschmittel; Drogen*).

Ein extrem selbstsicherer Mensch kann das umständliche Aufrißritual in Lokalen durchbrechen, direkt auf jemanden zugehen und sagen: „Du siehst interessant aus. Lust auf 'ne kleine Unterhaltung? Könnten wir nicht etwas Besseres tun, als hier rumsteh'n?“ Doch dieses Vorgehen führt manchmal zum Mißerfolg; vielleicht ist das Objekt deines Interesses dadurch verschüchtert oder einfach zu stark an den Paarungstanz gewöhnt und geht ohne ein Wort davon. Ein anderer wieder strahlt vielleicht vor Freude, wenn du ihn so ansprichst. Jeder träumt heimlich davon, daß er im Lokal auf jemanden zugeht und sagt: „Lust zum Ficken?“ Aber nur wenige haben diese Phantasie in die Tat umgesetzt.

Wenn einer dich erst „anbaggert“ und dir zum Schluß einen Korb gibt, dann mach dir keine Gedanken, ob du etwas Falsches gesagt oder beim Abendessen zuviel Knoblauch vertilgt hast. Vielleicht gefällt ihm ja einfach deine Stimme nicht, vielleicht erinnerst du ihn an jemand anderen, oder er hat seine Kontaktlinsen nicht eingesetzt und sich deshalb geirrt. Wahrscheinlicher ist, daß du einfach nicht sein Typ bist (☛ *Traumtypen*). Oder er ist ein Kokettierer. Dieser ärgerliche Typ Mensch geistert durch die Lokale und geilt sich regelrecht daran auf, daß er Leuten einen Korb gibt. Wenn er drei, vier absolut passable Männer hat stehenlassen, geht er voll zufrieden nach Hause (☛ *Abfuhren*).

Zu einer neuen Art von Aufriß gehört das Telefon. Ein Mann, der einen Münzfernsprecher in Sichtweite seiner Wohnung hat, kann dort anrufen, wenn er etwas Attraktives entdeckt. Geht der Betreffende an den Apparat, macht ihm der andere ein Angebot.

Das Autocruising ist ein Nationalsport mit mehreren Spielarten. In Kleinstädten und ländlichen Gebieten sind Rastplätze in Parks oder an Autobahnen oft die Haupttreffpunkte für Schwule. Nach dem Aufriß kann man im Wald, im Wagen oder an sonst einer naheliegenden Stelle Sex miteinander haben. Eine zweite Variante spielt sich im Auto ab, wenn man jemand Attraktiven hinter dem Steuer eines Nachbarwagens entdeckt. Es gibt so viel Möglichkeiten, seine Aufmerksamkeit zu erregen.

Aber beide Cruisingformen bergen Gefahren. Wer Schwule überfällt und ausraubt, benutzt oft diese Stellen, um unvorsichtige Männer zu finden. Darum aufgepaßt!

Von „zwanghaftem Cruising" könnte man sprechen, wenn jemand in jedem freien Moment auf der Suche nach Sexpartnern ist. Nachdem er Mann Nummer Eins hinausbegleitet hat, geht er wieder auf die Straße, um den nächsten zu finden. Hinter diesem Verhalten steckt weniger Geilheit als Sehnsucht. Vielleicht geht es dabei gar nicht um Sex; vielleicht ist es die Einsamkeit. Vielleicht hat ein solcher Mensch Angst, seinen Idealpartner zu verpassen. Vielleicht führt er einen Kampf gegen sich selbst – ein Teufelskreis, der ihn immer tiefer nach unten zieht: Schwuler Sex macht ihm Schuldgefühle, das wiederum macht ihn nervös, deshalb treibt er sich auf der Straße herum, das führt zu noch mehr Sex und noch mehr Schuldgefühlen. Oft *braucht* jemand, der zwanghaft auf Partnersuche ist, eigentlich Liebe, *sucht* aber Sex. Weil das, was er sucht, nicht mit dem übereinstimmt, was er braucht, kommt er niemals zur Ruhe, der Sex läßt ihn unbefriedigt und... er geht aufreißen. Solche Verwirrung und Zwanghaftigkeit sind eine Qual, und man sollte sich nicht darüber lustigmachen. Es müssen aber nicht immer Symptome eines schwerwiegenden Traumas sein.

Viele Schwule machen in ihrem Leben kürzere Zeiträume durch, in denen sie intensiv nach Sex suchen: Sie sind gelangweilt von ihrer Arbeit, ihrem Kollegen-, Freundes- oder Bekanntenkreis; sie sind in einer neuen Stadt, einer neuen Wohngegend, in der Stimmung für neue Bekanntschaften und Experimente. Cruising kann etwas Erfrischendes sein und einen im Leben auf eine neue Bahn bringen.

Mit der richtigen Einstellung und der nötigen Vorsicht kann die Suche nach Sexualpartnern gewinnbringend sein und Spaß machen. Man lernt neue Leute kennen, schließt neue Freundschaften und erweitert sein sexuelles Repertoire. Mehr als ein zufriedenes Freundespaar hat sich durchs Cruising kennengelernt.

ARSCH

Es gibt ihn in allen Formen und Größen, und jede Variante hat ihre Verehrer. Der Po gehört zu den größten Reizen des Männerkörpers. Er ist vielseitig und schön – weich wie ein Kissen in entspanntem Zustand und prall, wenn angespannt; glatt und fest zugleich, samtig und steinhart. Kein Wunder, daß es auf der Welt allmählich von „David"-Skulpturen wimmelt: Selbst in Styropor oder Speckstein ist diese Rückenansicht betörend. Davids Gewicht ruht auf nur einem Bein, was die Rundung seiner Arschbacke hervorkehrt und die Mulde darin vertieft. Die andere Backe ist entspannt und beschreibt dadurch einen sanfteren Bogen.

Wenn Jeans den Arsch betonen, dann sind Gene für dessen Form und Größe verantwortlich. Es gibt zahlreiche Übungen, um den *gluteus maximus,* den größten Gesäßmuskel, zu verkleinern, aber wenige, um ihn herauszubilden; wahrscheinlich wird nur, wer viel mit den Beinen tritt und strampelt (Fußballer, Schwimmer, Tänzer) merklich aufbessern, was Gott ihm gegeben hat. Aber es lassen sich durch ein paar Übungen die Gesäßmuskel auf Vordermann bringen.

Stell dich aufrecht hin. Setze den rechten Fuß möglichst weit nach vorn und beuge dabei das Knie, halte aber den Oberkörper gerade. Dein linkes Bein ist dann hinter dir ausgestreckt; aber laß es nicht

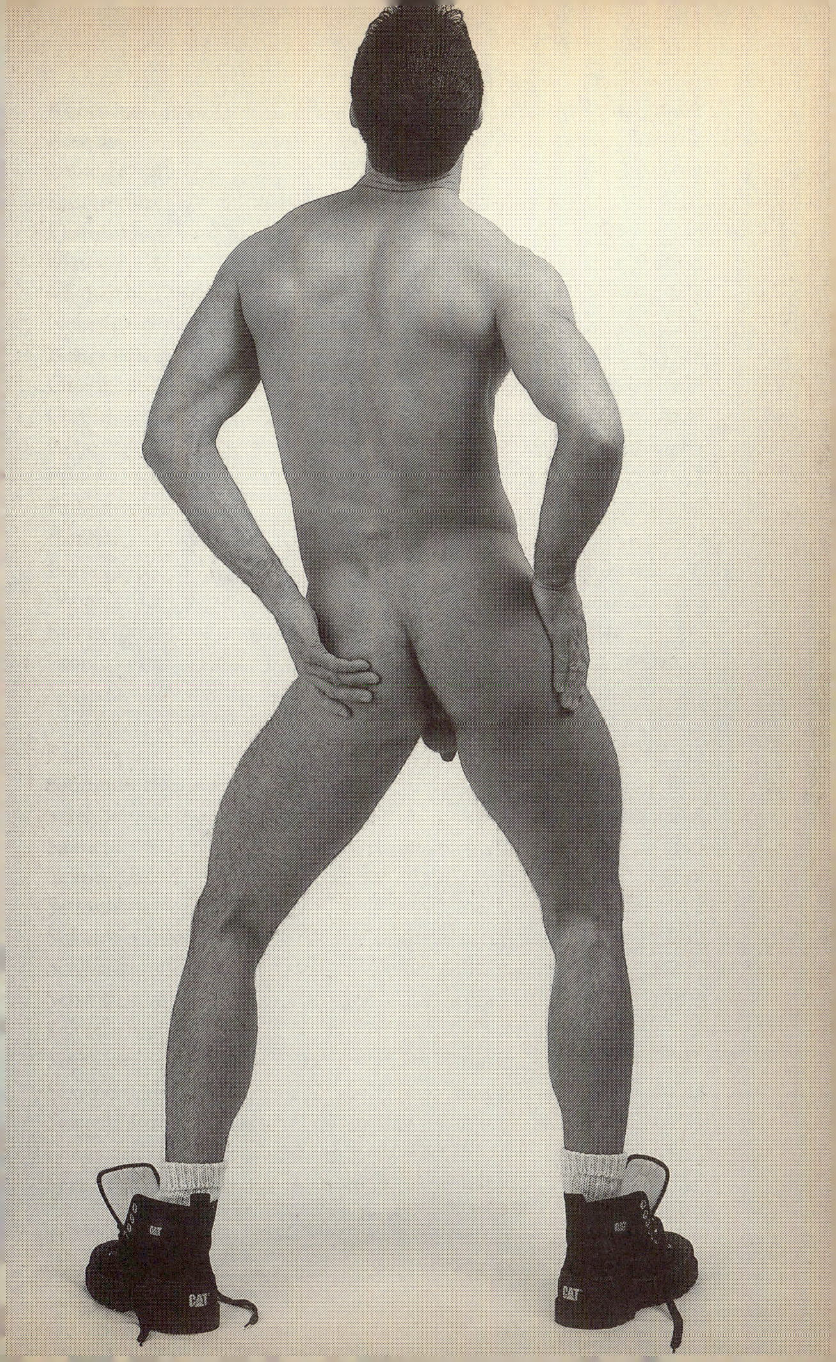
CAT
CAT
CAT
CAT

den Boden berühren. Stoße dich mit dem rechten Bein vom Boden ab und gehe in die aufrechte Haltung zurück. Dann wiederhole diese Übung mit dem andern Bein. Mach das je achtzehn Mal, mit zwei kleinen Unterbrechungen. Zuerst wird es dir schwerfallen, dein Gleichgewicht zu halten; dagegen hilft, wenn du die Hände auf die Hüften setzt. Übung macht den Meister. Wenn du es erst gewohnt bist und das Ganze mehrere Tage hintereinander praktiziert hast, leg dir zusätzlich eine leichte Hantel auf die Schultern.

Hier eine zweite Übung: Stell dich aufrecht und halte dich an einer Stange oder einem Regal auf Hüfthöhe fest. Schleudere das eine Bein so oft und so weit wie möglich nach hinten. Wenn du müde wirst, wechsle dein Standbein und tu das Gleiche mit dem anderen. Diese Übung strafft den Gesäßmuskel.

ARSCHLECKEN

Obwohl häufig nur eine Vorbereitung fürs Bumsen, macht Arschlecken auch an sich Spaß und ist eine wirksame Methode, die Muskeln des Arschlochs zu entspannen. Leider holt man sich, wenn man Pech hat, auf diese Art aber auch einige schwere Krankheiten, z.B. Hepatitis A, Amöbiasis (und andere Parasiten), Syphilis oder Gonorrhöe (☛ *Sexuell übertragbare Krankheiten*).

Bei kurzen Sexabenteuern mit jemandem, dessen geschlechtliches Vorleben man nicht kennt, sollte man es nicht tun, denn *niemandem* ist sein Gesundheitszustand anzusehen. Bisher gibt es keinen Beweis, daß durch Arschlecken, ob aktiv oder passiv, HIV übertragen würde, aber die Ärzte sind sich in diesem Punkt nicht sicher. Arschlecken muß daher eindeutig als „Risiko-Praktik“ gelten.

Oft werden Zahnschützer empfohlen – das sind dünne Kunststoffvierecke, die man bei Zahn- und Kieferoperationen als Schutzvorrichtung verwendet.

Und so wird's gemacht: Laß deine Finger sanft über die Rückenlandschaft deines Partners gleiten, bis du zu den Pobacken kommst. Knete und kneife sie mit der ganzen Hand, aber die Kerbe berühre dabei nur ganz leicht. Beiße zwei-, dreimal sanft in die Pobacken hinein. Manche Männer versetzen ihnen an diesem Punkt auch gern ein paar Schläge, um die Erregung ihres Partners zu steigern. Laß deine Finger durch den Spalt gleiten und fahre mit deiner Zunge in einer geraden Linie bis zu den Eiern.

Jetzt greif' deinem Partner zwischen die Beine und spiele mit seinem Schwanz. Gleichzeitig laß' deine Zunge in seiner Arschspalte kreisen und ziehe den Kreis immer kleiner, bis du den Unterschied zwischen der Haut rings um das Arschloch und den Muskeln spüren kannst. Laß' deine Zunge dort schnell ein und aus schießen.

Arschlecken ist in vielen verschiedenen Positionen möglich. Dein Partner kann auf dem Rücken liegen und die Beine in die Luft strecken. Ihr könnt in *Stellung 69* sein (☛ dort), und du lutschst deinem Partner den Schwanz, während er dir den Arsch leckt. Oder dein Partner liegt flach auf dem Bauch, während du dich zwischen seinen Arschbacken weidest (☛ *Aufs Gesicht setzen*).

Arschlecken kann voller Leidenschaft sein. Der aktive Partner spürt, wie sich der Arsch des anderen immer wieder zusammenzieht und entspannt, was ihn noch weiter antreibt. Der andere – der sich den Arsch lecken läßt – kann sich der Zunge entgegenstoßen oder mit den Hüften kreisen. Dabei wird er stöhnen; sein Atem wird immer schneller und heftiger – Reaktionen, über die sein Partner sich freut und die ihn anspornen, die eigenen Bemühungen zu erneuern.

ARSCHLOCH (ANUS)

Unsere Kultur hat vielen Menschen eine starke Angst oder Abneigung gegenüber ihrem Arschloch eingeimpft. Dieses Vorurteil ist irrational. Natürlich dient es zur Ausscheidung von Körperabfällen, aber das tut der Schwanz auch – ohne daß er deshalb weniger reizvoll geworden wäre. Der Anus (oder After) ist nicht nur ein Ausscheidungskanal, sondern ebenfalls ein Geschlechtsorgan. Er ist hochsensibel, weil ihn besonders empfindliche Nervenenden umgeben. Außerdem liegt der After des Mannes nah bei der Prostata, und die Stimulierung dieser Drüse ist äußerst angenehm.

Jedes bißchen Scheiße läßt sich beseitigen, wenn man auf Nummer Sicher geht und vor dem Geschlechtsverkehr eine Darmspülung macht. Jede Apotheke verkauft Einweg-Klistierspritzen oder praktische, birnenförmige Klistiergeräte aus Plastik. (Tägliche Darmspülungen sind jedoch zu vermeiden, da daraus psychische Abhängigkeit und/oder Schäden am Dünndarm entstehen können.)

Wer seine ersten Gehversuche mit Analsex macht, der hat manchmal Angst, ein großer Schwanz könne ihm die Haut des Anus zerreißen; aber gutes Einschmieren und Entspannen verhindern Schmerz oder Verletzungen (☛ *Das erste Mal).* Erfahrene Männer fürchten oft, ihr Schließmuskel könne „ausleiern", wenn sie sich wiederholt bumsen lassen. Dieses Problem ist bisher zwar unerforscht, aber es sieht so aus, als seien solche Sorgen unbegründet.

Ab und zu findet man Schwule, die ihre analen Lusterlebnisse geringschätzig abtun. Das könnte einem niedrigen Selbstwertgefühl entspringen – der archaischen Vorstellung, daß nur Frauen sich bumsen ließen. Diese Ansicht ist eine Beleidigung des eigenen Körpers und auch historisch betrachtet falsch, denn schon seit der Steinzeit verlustieren sich Männer an und mit ihren Arschlöchern.

EINEN ARZT FINDEN

Gewisse, schwulenspezifische Gesundheitsprobleme kann nur ein Arzt richtig verstehen, der schon Erfahrungen mit schwulen Patienten hat und mit ihnen sympathisiert.

Manche Schwule haben zwei Ärzte: einen für die gewöhnlichen Gesundheitsprobleme und einen Arzt für Haut- und Geschlechtskrankheiten. Dies ist irrational, denn unser Körper zerfällt nicht in schwule und heterosexuelle Sperrzonen. Sogenannte „schwule Krankheiten" wie Hepatitis, Parasiten und Geschlechtskrankheiten können Symptome auslösen, die ursprünglich nicht betroffene Teile unseres Körpers in Mitleidenschaft ziehen. Am besten, man läßt nur *einen* Arzt die persönlichen Gesundheitsfragen kontrollieren, und wenn du ihm oder ihr dein Schwulsein nicht mitteilen, wenn du dein Sexualleben und deinen Lebensstil nicht mit ihm besprechen kannst, dann brauchst du einen anderen Arzt. Allerdings gibt es auch Krankheiten, die nur von einem Facharzt behandelt werden können, so daß ein anderer als dein Hausarzt notwendig wird.

Wie findet man einen Mediziner, der für die gesundheitlichen

Probleme von Schwulen Verständnis hat? Schwule Informationszentren und Aids-Hilfen haben in der Regel Ärztelisten. Bekannte können dir auch einen Mediziner empfehlen, bei dem sie sachkundig behandelt werden. Ärzte, die selber schwul sind und/oder schwule Patienten haben, sind in den schwulen Stadtführern aufgelistet.

AUFS GESICHT SETZEN

Dem freundlichen Befehl „Setz dich auf mein Gesicht!“, der Lust und Bequemlichkeit offeriert, ist schwer zu widerstehen. Schwule verwenden im Sportstudio viel Zeit auf ihren Po und auf den Kauf genau der richtigen Hose, die ihn zur Geltung bringt. Auch schwule *Gourmets* haben gelernt, diese exotischen Gefilde zu erkunden. Früher begann die Wanderschaft mancher von ihnen beim Grasland der Achselhöhlen und endete bei den subtropischen Regionen der Eier. Heute jedoch wäre eine Weltreise der abenteuerlustigen Zunge unvollständig ohne einen Besuch in diesem tropischen Regenwald des Männerkörpers – diesem Gebiet ewiger Feuchtigkeit, wilden Dickichts und exotischer Gerüche: dem Arschloch samt seiner Umgebung.

Mit den Worten des großen englischen Dichters W. H. Auden:

Oft dacht' ich, es gefiel' mir sehr,
Wenn ich ein Motorradsattel wär'.

Egal, ob du nun sitzt oder als Sitzunterlage fungierst: Es ist ein heikles, intimes Manöver. Bring dich ganz *allmählich* in Stellung und kalkuliere dabei jeweils Gewicht, Größe und Bewegungsspielraum von euch beiden ein, sonst sind demjenigen, der unten liegt, Augen, Mund und Nase plötzlich fest verschlossen. Wenn du dich einfach hinplumpsen läßt, wird sich dein Partner aus Angst vor einer drohenden Erstickung hysterisch winden und dein Arsch sich dabei anfühlen, als würde er von einer Horde Nagetiere attackiert, die aus einer Falle springen. Für manche Männer ist das Aufregende an diesem Erlebnis ihre Unterwerfung unter das Gewicht, den Geruch und die erstickenden Eigenschaften eines Körpers; andere törnt es an, jemanden zu demütigen, der unter ihnen wortwörtlich zum Arschlecker wird.

Für viele aber liegt das Vergnügen an dieser Nummer in etwas sehr Zartem, Intimem und Feinfühligem. Bevor dein Partner sich richtig auf dein Gesicht setzt, probier Folgendes aus: Leg ihn auf den Rücken, so daß seine Beine nach hinten geschlagen sind; du selbst hockst vor seinem Kopf. Achte darauf, daß dein Gesicht gut mit Spucke befeuchtet ist. Nun mach Mund und Augen zu und reibe dein Gesicht in einer langen durchgehenden Bewegung vom Kreuz deines Partners bis zum Anus und an den Eiern hinauf. Mit ein bißchen Übung wirst du es schaffen, am Ende deinen Kopf auf seinem Bauch und seinen Schwanz im Mund zu haben.

Laß ihn rittlings auf deiner Brust sitzen, das Gesicht deinen Füßen zugekehrt, während er seinen Hintern auf *dein* Gesicht senkt. In dieser Position kannst du eine Hand auf seinem Bauch und seinem Schwanz behalten, die andere auf seinem Arsch, um sein Gewicht zu stabilisieren. Dein Partner seinerseits kann mit den Händen nach deinem Schwanz greifen und ihn dann lecken. Sein angespannter Rücken wird dir Aussichten bieten, die dir das Wasser im Munde zusammenlaufen lassen, während du an ihm leckst und knabberst. Wenn dein Partner ein bißchen nach oben rutscht und sich auf deine Stirn setzt, kann er seinen Hintern daran reiben, während du ihm die Eier leckst. Oder (falls du mehr sehen willst) sag ihm, daß er sich herumdrehen und deinen Kopf zwischen die Beine nehmen soll. So bekommst du einen wunderbaren Blick auf seinen zurückgeworfenen Kopf, seine Brust, seinen Bauch und seine Erektion, die im Vordergrund aufragt. Knabber, lutsch und beiß behutsam, und vergiß nicht, ihm die Eier gründlich mit Spucke einzureiben.

Für viele Männer sind das Erregendste die Gerüche dort unten. Feuchte Duftnoten aus dem Inneren vermischen sich mit dem Aroma von Seife, von sauberer oder schmutziger Unterwäsche, von Talkumpuder und Schweiß. Das Kaleidoskop der Gerüche wird unterschiedlich ausfallen, je nachdem, was dein Partner vorher gemacht hat. Für manche gibt es nur eines: das Aroma eines Mannes, der frisch aus einem Dreiteiler kommt – den vollklimatisierten Manageranzug. Andere lieben eher die üppigeren Gerüche, wenn sich jemand von seinen Joggingsachen oder seinem Trainings-Outfit befreit hat. Empfindlichere Nasen und Gaumen bevorzugen das Erlebnis direkt nach einer Dusche mit reichlich Seife und warmem Wasser.

Machen wir hier Schluß. Erinnern wir uns daran, daß Arschlecken sehr gefühlsintensiv, aber potentiell gefährlich ist (☛ *Arschlecken; Safer Sex*). Zum Glück jedoch gibt es jede Menge wildes Terrain dort unten, auf der Kehrseite, neben dem Arschloch. Taste dich vor und erforsch es, wenn du geil geworden bist.

Manche Männer genießen besonders den „Goldenen Mittelweg" zwischen Arschloch und Eiern – und auch den unterirdischen Strang, der das Pochen eines steifen Schwanzes tief in den Körper überträgt. (Du kannst diesen Strang fühlen, wenn du dein Arschloch zusammenpreßt und deine Finger zwischen Anus und Sack nach oben drückst.)

Steig also in den Sattel – oder sei der Sattel. Wie läßt doch Andrew Holleran eine Figur in seinem schwulen Roman *Tänzer der Nacht* sagen? „Auf meinem Gesicht haben fünf Platz; mein Honigtopf glüht schon."

AUSLÄNDERFEINDLICHKEIT

Ausländerfeindlichkeit ist heute überall anzutreffen, und leider gibt es auch Schwule, die andere Minderheiten mißachten und ausgrenzen. Wir bezeichnen die Ablehnung *jeder* Volksgruppe oder Rasse als Rassismus bzw. Ausländerfeindlichkeit.

Umgekehrt haben manche Schwulen Bedenken, ob ihr sexuelles Interesse an Schwarzen und Südländern nicht rassistisch ist. Wir sagen: Nein (☛ *Traumtypen*). Nur wer mit Schwarzen, Griechen, Türken usw. ins Bett geht, sie aber sozial ausgrenzt oder sich in der Öffentlichkeit von ihnen distanziert, der zeigt in der Tat eine rassistische Haltung.

BARS

In einer Kleinstadt gibt es vielleicht nur eine schwule Bar. Wer hineingeht, der erklärt sich offen für schwul. Das Lokal selbst dürfte eher gemütlich als sexbetont sein. Manche Stammgäste kommen jeden Abend, machen Witze, sind gesellig, und die Stimmung ist wahrscheinlich herzlich, freizügig, lebhaft.

In einer Großstadt sind schwule Lokale viel zahlreicher, anonymer und mehr spezialisiert. Das eine Lokal wird von jungen Discotänzern besucht, das andere von älteren Männern; in dem einen wird die neueste Mode aus Mailand und Paris vorgeführt, im anderen trägt man zerrissene T-Shirts und Jeans mit Löchern an Knien, Gesäß und wo man es sonst noch für erotisch hält; in einem dritten sind vielleicht Chaps, Bergarbeiterstiefel und schwarze Motorradlederjacken angesagt. Nachbarschaftskneipen gibt es auch hier, ähnlich wie die in den Kleinstädten. Wer die Kneipenszene gerade erst kennenlernt oder frisch in eine Stadt gezogen ist, wird herumschnuppern müssen. In örtlichen Schwulenzeitschriften oder Adreßbüchern sind die Lokale meist aufgeführt.

Es gibt in ihnen kaum etwas zu tun außer Billard spielen oder flippern, trinken, rauchen, reden und, in manchen Fällen, Pornofilme anschauen oder tanzen. Und natürlich Männer anmachen (☛ *Anmache & Aufriß*). Bist du in einem bestimmten Lokal erst bekannt, dann wird man wahrscheinlich über dich tratschen. Du wirst merken, daß du einen Ruf hast und daß selbst deine sexuellen Vorlieben irgendwann Allgemeinwissen sind. Das mag dir vielleicht als Verletzung deiner Intimsphäre erscheinen, aber es hat auch einen praktischen Vorteil: Die Männer, die Kontakt mit dir suchen, dürften besser zu dir passen. Wenn dir die Abstempelung lästig wird, zieh weiter in ein anderes Lokal (☛ *Traumtypen*).

Bevor man verreist, lohnt sich ein Besuch im schwulen Buchladen. Kauf dir dort einen aktuellen Szeneführer. Schwule Lokale in anderen Städten oder Ländern haben etwas Faszinierendes: Durch sie lernt man die jeweiligen Sitten und Gebräuche am schnellsten kennen. Einer der Vorteile am Schwulsein besteht darin, daß man beinahe sofort Kontakt zu seinesgleichen aufnehmen kann, egal, wohin man fährt.

BERÜHREN & FESTHALTEN

Von sämtlichen Kommunikationsmitteln sind Berührungen das weitaus feinste. Durch sie lernt das Kind, anderen Menschen in seiner Umgebung zu vertrauen oder zu mißtrauen; folglich besteht zwischen Berührung und Vertrauen ein enger Zusammenhang.

Manche von uns entwickeln sehr große Sprachgewandtheit. Es sind die Charmeure, die ihre verbalen Fähigkeiten ebensooft zum Kaschieren ihrer Gefühle verwenden wie zu deren Ausdruck. Andere, weniger wortgewandte Männer entwickeln ein hohes Fingerspitzengefühl und wissen, wie man anderen sexuell Freude macht. Was für ein Glück, wenn wir einen Könner auf beiden Gebieten als festen Freund finden!

Das Problematische mit Berührungen ist, daß sie oft die Wahrheit über jemandes Gefühle vermitteln, nicht aber die Lügen, die er erzählt. Anders ausgedrückt: Viele sehen in der Kommunikation per Berührung etwas Ehrlicheres als in der verbalen. Und meist haben sie recht.

Durch Berührung kann man eine Bandbreite von Gefühlen ausdrücken. Sanftes Berühren vermittelt Nähe und Vertrauen, hartes und festes hingegen Feindschaft, Ärger oder Wut. Auch die Berührungsgeschwindigkeit ist natürlich ein Indiz. Ein schnelles Reiben mit der Hand oder ein Knuddeln bedeutet soviel wie: „Bringen wir das hier hinter uns; ich hab' nämlich mehr Lust auf was anderes." Mit wievielen Fingern man jemanden berührt, ist ebenfalls von Bedeutung. Wir alle wissen, daß die Finger*spitzen* am empfindlichsten sind, und sie einzusetzen – allesamt –, drückt unseren Wunsch aus, mit dem Partner in Tuchfühlung zu bleiben.

Manchmal gebrauchen wir Berührungen wie einen Test mit dem Lügendetektor. Mag sein, daß eine Hand uns anfaßt und streichelt, aber wir nehmen zur Kenntnis, daß der Arm des anderen dabei voll ausgestreckt und sein Körper weit weg ist. Körperliche Distanz beim Berühren drückt mitunter einen Gefühlszwiespalt aus. Insgesamt sind jemandes Worte zwar liebevoll, aber in seinen Berührungen äußern sich zweischneidige Gefühle hinsichtlich der Beziehung.

Vielfältigere Berührungen entstehen, wenn unser Lover bereit ist, seinen Mund und seine Zunge einzusetzen, und wir das auch bei ihm dürfen. Ein Paar zu sein, ist teilweise deshalb so schön, weil wir mit Händen, Zunge und Mund jeden Zentimeter von der Haut des anderen erforschen und die besonderen Stellen ausmachen können, die ihn dazu bringen, daß er sich windet vor Lust.

Ab und zu finden wir einen Liebespartner, der uns rundum gefällt. In der Regel ist das jemand, dessen Worte mit seinen Berührungen übereinstimmen. Ob nur für eine Nacht oder für ein Leben, wir fühlen uns in seinen Armen geborgen. Diesen Standard können wir zwar nicht alle erfüllen, aber wir können lernen, uns in puncto Berührungen – und Kommunikation insgesamt – zu verbessern.

Hier eine gute Berührungsübung für dich und deinen Partner:

Ihr braucht hierzu viel Zeit, in der ihr nicht gestört werdet. Also schalte deinen Anrufbeantworter ein oder leg den Hörer beiseite. Nehmt eine Dusche und verbannt die Arbeit oder anderweitige Aktivitäten aus euren Gedanken. Sagen wir, du verwöhnst deinen Partner zuerst. Er sollte sich nackt ausziehen und auf den Rücken legen. Du hast die Wahl: Entweder du fängst bei seinem Kopf an und arbeitest dich langsam nach unten zu den Zehen, oder umgekehrt. Dein Ziel ist, jeden Quadratzentimeter seiner Haut zärtlich zu liebkosen. Wenn du mit seinen Füßen anfängst, liebkose jeden Zeh, seine Fußsohlen, die Seiten der Füße, und arbeite dich langsam aufwärts. Manchmal nimmst du dazu nur ein paar Finger, manchmal die ganze Hand, und wenn es angebracht ist, beide Hände. Benutze deine Phantasie! Spiel mit seiner Körperbehaarung, zwick ihn leicht, wenn du Lust hast. Verwende Mund und Zunge, wann und wo immer du willst. Eins ausgenommen: Du darfst ihm keinen blasen! Keine Orgasmen! Sonst würdest du die Übung mittendrin unterbrechen. Natürlich wird er einen Ständer haben. Soll er ruhig. Tu dir keinen Zwang an und mach an jeder interessanten Stelle halt, um damit zu spielen, z.B. mit seinem Nabel oder den Haaren genau unterhalb, seinen Brustwarzen oder seinen Ohrläppchen. Berühr sie, leck daran, sauge daran – und an einem bestimmten Punkt des Geschehens lecke und sauge gleichzeitig.

Wenn du mit der vorderen Körperhälfte fertig bist, dreh deinen Freund herum und nimm dir langsam und sachte die Rückseite vor.

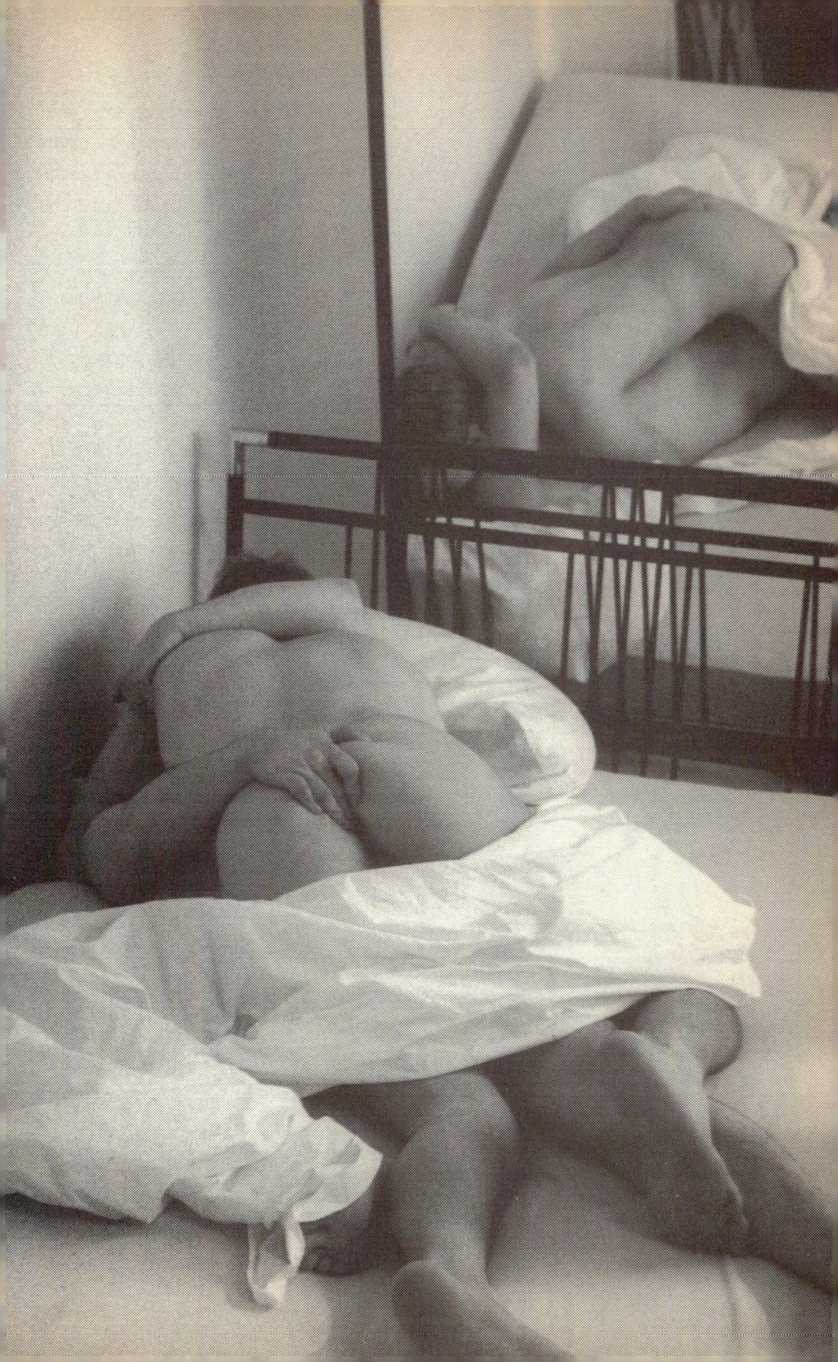

Besondere Beachtung schenke dabei seinem Hintern. Zieh ihm die Pobacken auseinander und reibe mit deiner Nase in der Kerbe herum. Mach die Haare dort alle klatschnaß mit Speichel, aber leck ihm nicht den Arsch. Sollte der Tropenwald rings um sein Loch nicht dein Geschmack sein, dann laß ihn aus.

Bist du derjenige, der berührt wird, dann besteht deine einzige Aufgabe darin, dazuliegen und die Sache zu genießen. Ironischerweise ist das für viele Männer ein Problem, weil wir so sehr daran gewöhnt sind, Herr der Lage zu sein, daß uns Passivität nervös macht. Ist dir eine bestimmte Art von Berührung unangenehm, dann sprich es aus (☛ *Massage*).

Die ganze Übung kann eine Stunde oder länger dauern. Wenn sie zu Ende ist, legt euch zusammen ins Bett und berührt einander sachte. Der eine oder der andere empfindet vielleicht das Bedürfnis, festgehalten zu werden. Manche Paare machen danach gern Sex, andere unterlassen das ganz bewußt. Tut, wozu ihr beide Lust habt. Und wenn ihr diese Berührungsübung das nächste Mal macht, vertauscht die Rollen.

Auch Menschen, die HIV-positiv sind oder Aids-haben, brauchen Berührungen. Ihr Bedarf danach ist sogar noch größer als der von anderen, weil sie Angst haben, daß Freunde und Familie sie im Stich lassen. Die oben beschriebene Berührungsübung kann und sollte auch mit ihnen durchgeführt werden, denn sie bietet keinerlei Ansteckungsgefahr.

Dies ist sicher der erste Grund, weshalb manche schwule Männer engen Körperkontakt mit einem HIV-kranken Freund scheuen. Es ist eine primitive Furcht vor physischem Schaden, obwohl man wissen sollte, daß das Virus nicht ohne weiteres übertragen werden kann (☛ *HIV-Erkrankung*). Einige scheuen den Kontakt auch, weil sie Angst haben, festzustellen, daß ein Freund von ihnen abhängig ist. Und dann gibt es da noch solche, die sich einfach nicht imstande fühlen, Wärme und Anteilnahme auszudrücken. Die anderen aber, die ihre kranken Freunde berühren, im Arm halten und streicheln, werden dies unabänderlich als bereichernde Erfahrung empfinden, während der kranke Freund Kräfte tankt und die Anteilnahme einer Welt spürt, die seinem Griff langsam entgleitet.

BISEXUALITÄT

Vielleicht wird kein Begriff auf dem Gebiet menschlichen Verhaltens so unpräzise gebraucht, wie der der Bisexualität. Sprechen wir deshalb zuerst darüber, was „Bisexualität" *nicht* bedeutet.

In der klassischen Kultur des alten Rom und Griechenland waren viele erwachsene Männer bisexuell, d.h. daß sie zwar eine Ehefrau hatten, aber auch halbwüchsige Knaben als Liebhaber. Wahrscheinlich war diese Regelung für einige der großen epischen und lyrischen Werke hellenischer Zeiten verantwortlich. Es bestand stets ein Altersunterschied zwischen den beiden Liebhabern, wobei der ältere beim Geschlechtsverkehr die „aktive", „männliche" Rolle spielen mußte. Wollte er die „passive" oder „weibliche" haben (das heißt: wollte er sich bumsen lassen), dann wurde er zum Gespött der Allgemeinheit. Diese Art von Sexualverhältnis heißt *Päderastie* (Sex mit Heranwachsenden) und sollte nicht in einen Topf geworfen werden mit der Bisexualität, wie wir sie hier erörtern wollen.

Genauso wenig sprechen wir über Geschlechtsverkehr zwischen Männern, die eigentlich heterosexuell sind, aber aufgrund heterosexueller Entbehrung (im Gefängnis zum Beispiel) untereinander Befriedigung suchen. Und auch einen Mann, der ausschließlich mit Männern Sex hat, obwohl er zu engen Gefühlsbindungen mit Frauen fähig ist, würden wir nicht als bisexuell bezeichnen.

Einen Sonderfall bilden Männer, die sich gelegentlich von einem Schwulen einen blasen lassen. Manche davon sind heterosexuell, andere tun bloß so. Oft steckt hinter solchem Verhalten nur ein verinnerlichter Schwulenhaß, und der „Heterosexuelle" gibt vor, es nur wegen des Geldes zu machen. Er verachtet die „Schwuchtel", die ihm zu Diensten ist, während der Schwule seinerseits Verachtung für den „Hetero" empfindet, dessen geschlechtliche Orientierung sich so leicht umkippen läßt. Beide Parteien mag deshalb eine Mischung aus Feindseligkeit und sexueller Erregung motivieren. Haßt der Schwule seine Homosexualität und möchte sich mit einem „richtigen Mann" identifizieren? Hat sein Partner Angst, sein männliches Ansehen – auch vor sich selbst – zu verlieren und eine „Schwuchtel" zu werden? Ist sein Auftreten also nur Abwehrreaktion? Vielleicht. Und möglicherweise hat diese „Selbsterniedrigung" vor einem (scheinbar) heterosexuellen Mann für manche Homosexuelle auch etwas tief Erotisches bekommen. Vielleicht stehen sie ja ganz einfach auf Erniedrigung.

Wir teilen nicht Freuds Theorie, daß jeder Mensch bei seiner Geburt bisexuell, an einem bestimmten Punkt aber gezwungen sei, sich *unbewußt* zwischen Hetero- und Homosexualität zu entscheiden. Wie viele seiner Zeit- und Altersgenossen hielt Freud aus voller Überzeugung die Heterosexualität für die einzig richtige Wahl.

Allerdings gibt es Teenager oder junge Männer, die mit ihrer Homo- bzw. Bisexualität experimentieren und möglichst viel erleben möchten, ohne daß ihr Selbstverständnis allzu sehr verändert wird. Sie lassen sich mit Schwulen ein, sammeln Erfahrungen über das schwule Leben und lernen, was man sowohl sozial als auch sexuell von ihnen erwarten wird, sollten sie ein Coming-out haben.

Und last but not least sprechen wir hier *nicht* von der angeblichen Bisexualität heimlicher Homosexueller. Viele ausschließlich homosexuelle Männer behaupten, sie seien bisexuell, obwohl sie nur mit Männern Sex haben. Ihre „Bisexualität" ist ein bequemer, wenngleich heuchlerischer Passierschein in heterosexuelle Achtbarkeit. Oft verschanzen sie sich dahinter aus beruflichen oder sozialen Gründen.

Was ist also ein Bisexueller? Ein Bisexueller ist ein Mensch, der sexuelle Beziehungen mit beiden Geschlechtern unterhält. Ein Bisexueller kann Affären mit Männern *und* Frauen gleichzeitig haben, obwohl einige Bisexuelle gleichgeschlechtliche Beziehungen pflegen, die manchmal über Jahre dauern. Danach gehen sie eine gleichwertige heterosexuelle Dauerbeziehung ein. Es liegt auf der Hand, daß solche Verhältnisse voller Komplikationen sind.

Ein großer Vorteil der Bisexualität besteht darin, daß man mit sehr unterschiedlichen emotionalen und sexuellen Rollen spielen kann. Bei einer Frau ist der Bisexuelle vielleicht väterlich und beschützend, bei einem Mann kindlich und passiv. Bei einer Frau, einer echten Partnerin in einer umfassenden Beziehung, ist er offen, fröhlich und vertrauensvoll, bei einem Mann unpersönlich, anonym und von tierischer Leidenschaft. Oder er ist zärtlich, hilfreich und beschützend bei einem jüngeren Mann, aber schroff und konkurrierend bei einer älteren Frau. Vielleicht geht er nur schwule Beziehungen ein und hat nur gelegentliche heterosexuelle Abenteuer, oder umgekehrt.

Es gibt eine Vielzahl von Möglichkeiten, und nicht aus allen folgt eine klare Trennung zwischen geschlechtlicher und psychischer Reaktion. Manche Bisexuellen sind zu einer Mischung von persönlichen Eigenschaften gelangt, die landläufig als „männlich“ oder „weiblich“ gelten. Sie reagieren auf beide Geschlechter gleich.

Es gibt einige Probleme in diesem vielgestaltigen Paradies. Wirklich bisexuelle Männer und Frauen bilden eine der meistverfemten Gruppen in unserer Gesellschaft. Sowohl Schwule als auch Heteros finden sie verwirrend, und schon ihr bloßes Vorhandensein bedroht weithin gehegte Vorurteile. Viele Heterosexuelle sind insgeheim überzeugt, wenn ein Homosexueller die Freuden des Heterolebens kennen würde, dann wäre er sofort „bekehrt“. Und umgekehrt finden viele Schwule, ihr eigenes Leben sei der „Langeweile“ der Heterosexualität so eindeutig überlegen, daß sie Bisexualität der Heuchelei oder Feigheit zuschreiben.

Das schwule Leben besitzt einen eigenen Jargon, einen eigenen Humor, eigene Paarungsrituale und Treffpunkte – in größeren Städten sogar eigene Wirtschaftsunternehme. Solche „vorgefertigten“ Institutionen gibt es für Bisexuelle nicht. Sie müssen unter ihren heterosexuellen und schwulen Freunden sorgfältig auswählen, um sich ein Leben zu gestalten, in dem ihr allumfassender Geschmack toleriert wird.

Für manche Männer ist die Bisexualität nur ein Übergangsstadium zwischen Hetero- und Homosexualität. Andere Bisexuelle können ihnen einen Ruheplatz bieten, um die eigenen Gefühle und Wertmaßstäbe festzustellen und die Reaktionen von Freunden und Familie abzuschätzen. Behält man die Verstellung jedoch zu lange bei, dann kann sie zu einem Akt des Selbstbetrugs werden und Leid schaffen.

Wie steht es mit einem Mann, der schon jahrelang glücklich als Schwuler lebt und sich plötzlich zu einer Frau hingezogen fühlt? Sollte er sich mit ihr auf ein Verhältnis einlassen? Wenn wirklich ein sexueller Reiz besteht, warum nicht? Sollte er ihr von seiner Homosexualität erzählen? Die meisten würden es nicht tun, aber auch die meisten Heterosexuellen reden mit neuen Frauenbekanntschaften ja nicht über *ihre* Vergangenheit. Wird die Beziehung jedoch fortgesetzt und für die Partnerin zu etwas Ernsthaftem, dann sollte man seine Karten auf den Tisch legen. Vielleicht zieht sich die Frau dann zurück, oder sie versucht, einen zu „heilen" (worauf man ihr höflich, aber bestimmt den Kopf zurechtrücken sollte). Wenn man Glück hat, nimmt einen der weibliche Partner so, wie man ist, und genießt den Moment.

Und wenn man eine Beziehung mit einem Mann eingeht, der bis jetzt heterosexuell war? Dann und wann verknallen sich Heteros – vor allem aufgeklärte, liberale Großstadtmenschen – in jemanden, von dem sie wissen, daß er schwul ist (☛ *Verheiratete Männer*). Wenn der Schwule selbst diesen Mann attraktiv findet, besteht kein Grund, sich nicht auf ihn einzulassen. Wenn man aber weiß, der Betreffende hat eine Frau oder eine feste Freundin, kann es vorkommen, daß man in eine Dreiecksbeziehung gerät, die sich von einer rein heterosexuellen oder rein schwulen kaum unterscheidet. Dann muß man darauf gefaßt sein, die Freundschaft beider zu verlieren – die des Mannes und die der Frau.

War man mit einem Bisexuellen im Bett, so wird man wahrscheinlich überrascht sein, wie zärtlich so jemand ist. Viele Frauen erziehen ihren Freund oder Ehemann zu romantischer Zärtlichkeit, so daß mancher Schwule, der über einen harten, rauhbeinigen Heterokerl phantasiert hat, regelrecht schockiert sein mag. Vielleicht will dieser Mann, daß du ihn bumst, oder er hat den Wunsch, dir einen zu blasen. Möglich, daß er in beidem nicht gut ist (schließlich fehlt ihm ja die Erfahrung), aber der heimliche Grund für sein Experiment mit schwulem Sex könnte sein, sich auf genau diesen Gebieten zu versuchen. Ebenso kann es sein, daß er bei eurem nächsten Treffen frostig ist, weil ihn Schuldgefühle plagen. Aber mach dir keine Sorgen, daß du ihn „verdirbst". Er geht dieses sexuelle Erlebnis mit weit offenen Augen ein. Erwarte nur keine Dauerbeziehung, egal, wieviel Spaß du mit ihm im Bett hast. Das oberste Gebot im Umgang mit heterosexuellen Männern heißt „Diskretion"! Sie fürchten mehr um ihren „guten Ruf" als eine spanische Jungfrau.

BLASEN

Irgendwann im Laufe eines schwulen Sexualerlebnisses wird wohl einer dem anderen anbieten, ihm einen zu blasen. Das heißt (trotz des irreführenden Namens) nicht mehr und nicht weniger als: ihm den Schwanz zu lutschen – nicht als Vorspiel, sondern als eigenständiger Sexualakt inklusive Orgasmus. Natürlich ist Blasen die bevorzugte Methode bei Quickies oder wenn die Gefahr der Entdeckung besteht. Die Reize dieser Methode sind aber keineswegs rein zweckmäßiger Natur. Als Vorspiel zum Analverkehr oder als Grundthema im „69er Duett" (☛ *Stellung 69*) ist Blasen, gekonnt und gründlich durchgeführt, die ideale Technik.

In vielen europäischen Ländern galt es als erniedrigend, wenn ein Mann einem anderen einen blies, und es wurde nur von Frauen praktiziert – meistens von Prostituierten. In den älteren, höher entwickelten Kulturen des Fernen Ostens sowie bei Volksgemeinschaften in Afrika, Asien und Amerika war das „Blasen" dagegen verbreitet und geschlechtsunabhängig akzeptiert. Cleopatra von Ägypten z.B. soll in einer einzigen Nacht hundert römischen Adligen und, wieder daheim, tausend römischen Soldaten die Schwänze gelutscht haben, aber das ist wohl leicht übertrieben.

Außerdem ist Blasen die bevorzugte und manchmal auch einzige Methode von sexuellem Kontakt zwischen schwulen und angeblich heterosexuellen oder verheirateten Männern (☛ *Verheiratete Männer*). Typen, die schwulem Sex sonst gleichgültig oder sogar feindselig gegenüberstehen, suchen bei Gelegenheit und in der richtigen Stimmung oft fieberhaft einen Schwulen, der ihnen den Schwanz lutscht, oder lassen es sich zumindest gefallen.

Jemandem ordentlich einen zu blasen, sollte eher ein Vergnügen als eine Mühe sein und den Beteiligten Spaß machen. Die subtile, aber vollständige Kontrolle über den Körper eines anderen, die Lust, die sein Schwanz spendet, und das erregende Gefühl, diesen Schwanz und diesen Mann behutsam zur sexuellen Erfüllung zu bringen – nur wenige finden diese Erfahrung „erniedrigend" oder „passiv".

Einige technische Punkte sollte man allerdings berücksichtigen. Ohne Erfahrung und Übung ist es manchmal unmöglich, sich einen

Schwanz – besonders einen großen – mehr als zwei-, dreimal hintereinander in den Mund zu schieben, ohne daß man sich „verschluckt". (Morgens ist dieser Würgereflex übrigens weniger stark). Die Lösung: Benutze die Hand als Verlängerung des Mundes. Beginn mit dem Mund allein, aber mach ihn weit genug auf, damit deine Zähne keinesfalls das zarte Schwanzfleisch verletzen. Produziere beim Lutschen soviel Speichel wie möglich, damit das „Lustwerkzeug" gründlich geschmiert wird. Dann nimm deine Hand hinzu und bilde damit eine Röhre. Den kleinen Finger krümm fest um die Schwanzwurzel, während Daumen und Zeigefinger lockerer bleiben. Beweg deine Hand in Einklang mit deinem Mund vor und zurück; so hast du einen engen, heißen „Fleischtunnel" geschaffen. Mach deine Lippen möglichst weit auf und entspanne deine Rachenmuskeln; preß deinen Mund leicht zusammen, wenn du Reibung erzeugen willst.

Mechanisches oder langweiliges Schwanzlutschen sind miese Technik und schlechter Sex. Wenn einer der beiden Partner lustlos ist, wird sich das auf den anderen übertragen. Macht einen Moment Pause oder probiert es mit etwas anderem. Umgekehrt ist es auch möglich, zu fanatisch zu werden, zu sehr auf den Höhepunkt des Partners orientiert zu sein.

Um eine spezielle Form lustvoller Qual zu erzeugen, halte den Penisschaft und lecke mit deiner Zunge ganz leicht und schnell über die Schwanzoberfläche, bis dein Partner um Gnade winselt. Bei manchen Männern ist die Unterseite des Schwanzes oder die Gegend rings um die „Pißspalte" (den Harnröhrenausgang) für solche Behandlung am empfindlichsten: Konzentriere dich darauf. Eine andere Variante: Wenn ihr zusammen duscht, füll deinen Mund mit heißem oder kaltem Wasser und schließe ihn dann um den Schwanz deines Partners. Selbst wenn er schlaff ist, wird er sich bald versteifen. Und um das Tempo zu variieren, versuch', dich vom Schwanz selbst wegzubewegen, hin zu den Eiern. Viele Männer haben es gern, wenn man ihnen den Hodensack leckt, mit der Zunge kitzelt und saugt. Einigen Typen fehlt beim Blasen direkt etwas, falls ihre Eier unbeachtet bleiben.

In all diesen Beispielen ist die Zunge das Wichtigste am Mund.

Ein wirklich guter Bläser ist ein hervorragender Zungenkünstler, der sich durch die Seiten, die Spitze und die Oberfläche dieses Körperteils so mitzuteilen versteht, wie ein brillanter Plauderer abwechselnd witzig, unanständig, tiefsinnig oder emotional sein kann.

Aber nicht nur der Mund ist zu gutem Blasen erforderlich. Auch deine Hände sollten nicht ungenutzt bleiben und den Schaft des Schwanzes reiben oder streicheln, die Eier deines Partners liebkosen oder drücken. Viele Männer mögen es, wenn man ihnen beim Blasen ein, zwei Finger in den Arsch bohrt oder die Rosette leicht stimuliert. Du wirst spüren, wie sich der Schließmuskel zusammenzieht, wenn dein Partner zum Orgasmus kommt. Er wird deine Hand führen und bestimmen, wie tief sie eindringt; oder er wird sie wegschubsen, falls er nicht auf Spielereien an seinem Arschloch steht. Andere Männer möchten gern, daß man ihnen Bauch, Brustwarzen, Arme und/oder Beine liebkost.

Sei nicht verwundert, wenn der Typ, dem du einen bläst – und der sonst beim Sex keinen Mucks von sich gibt –, auf einmal ziemlich lautstark wird, „Du Schwanzlutscher“ oder gar: „Ja, leck mir den Riemen!“ zu dir sagt. Falls dich das stört, dann sprich es aus. Manche Männer reden in diesem Ton, um ihre Erregung zu steigern, andere sehen darin nur ein Indiz für verinnerlichte Homophobie (☛ *Verbalerotik; Homophobie*).

Vergiß nicht: Die Safer-Sex-Richtlinien empfehlen heute fürs Schwanzlutschen ein Kondom, auch wenn die Übertragung des Virus durch Oralsex noch heiß umstritten ist (☛ *Körperflüssigkeiten; Safer Sex*).

Falls ihr nun aber kein Kondom benutzt habt und dein Partner kommt in deinem Mund? Das kann passieren, wenn ihr beide zu sehr in Erregung geratet. Ist dir der Samen direkt in die Kehle gespritzt, dann dürfte das HIV-Virus (gegebenenfalls) durch die Magensäure abgetötet werden. Ansonsten kannst du das Ejakulat auch ausspucken und deinen Mund mit dem nächstbesten Mundwasser behandeln. Manche Männer machen ohnehin gern eine Mundspülung – selbst wenn der Partner nicht in ihrem Mund gekommen ist –, denn auch die sogenannte „Vorfreude“ oder „Gleitflüssigkeit“ enthält kleine Mengen Sperma, die als potentiell ansteckend gelten, sofern jemand HIV-positiv ist. Das ist eine Frage des persönlichen Ermessens.

Zum Schluß: Denk daran, daß manche Männer egoistisch bis zur Tyrannei sein können. Vielleicht verlangt dein Partner, daß du zum Beweis deiner „rückhaltlosen Liebe“ seinen Samen schluckst. Diese eindeutige Manipulation verdient bloß eines: ein entschiedenes „Nein“ (☛ *Abfuhren*).

Freuen wir uns alle auf den Tag, an dem es wieder ungefährlich ist, einen Schwanz zu lutschen und den Samen eines andern im Körper aufzunehmen.

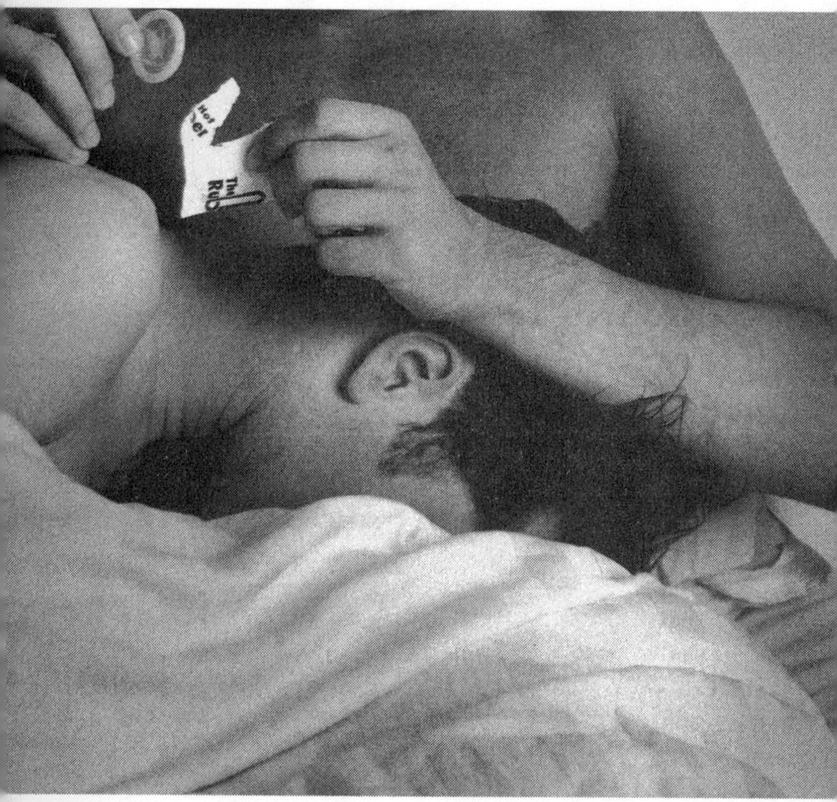

BONDAGE

Im Sexjargon bedeutet dieser Ausdruck zunächst „Fesselung“ oder allgemein „Freiheitsentzug“. Das heißt aber nicht, daß es um S/M gehen muß, obwohl man dabei immer an Beherrschung und Unterwerfung denkt. Manche Männer lieben die lustvolle Qual, sich erst fesseln und dann ausgiebig einen blasen zu lassen, während sie nur mit Ächzen und Stöhnen reagieren können; daß man ihnen den Körper leckt und liebkost, bis sie ausflippen vor Wonne; oder daß man sie in den Mund oder in den Arsch fickt, während sie sich nur winden können, außerstande, sich dagegen zu wehren.

Andere Männer bevorzugen die dominante Rolle. Sie tun nichts lieber, als ihren Partner mit Handschellen oder Fesseln an den Bettpfosten zu binden, so daß sie das Gefühl völliger Beherrschung haben. Die Form dieser Beherrschung kann zärtlich, neckisch-boshaft oder rauh sein.

Beim S/M-Sex ist Bondage eine ins Extrem getriebene Ausspielung des Herr/Sklave-Verhältnisses: Der Herr besitzt so uneingeschränkte Kontrolle, daß es gar nicht mehr um Gehorsam geht. Der erregende Reiz kommt für den Sklaven aus seiner völligen Abhängigkeit (und dem uneingeschränkten Vertrauen, das diese Abhängigkeit bedeutet).

Was sollte man zur Bondage verwenden? Manche bevorzugen weichere Fesseln aus Seide, Satin oder Wildleder und jedem Material, das absolut gefühlsfreundlich ist. Andere nehmen lieber Lederriemen und tragen sie als Einladung oder Aushängeschild um den Hals, wenn sie abends in die Szene gehen. Wieder andere verwenden alles, was gerade in Reichweite ist – Telefon- und Stromkabel, Bettlaken, Handtücher, Polizeihandschellen aus Metall oder Plastik –, solange es nur zu den gespielten Rollen paßt.

Wir gehen davon aus, daß du dir einen vertrauenswürdigen „Bondage-Meister“ ausgesucht hast. Alles andere bringt dich in eine besonders gefährliche Lage. Ein Freund der Autoren saß z.B. eines Abends zu Hause, da klingelte es an seiner Tür. Das Klingeln hörte nicht auf. Als er öffnete, entdeckte er seinen Wohnungsnachbarn, der nackt auf den Knien lag, an Armen und Beinen gefesselt, und mit seiner Nase den Klingelknopf drückte. Nach dem Sex hatte sein

Typ ihn zusammengeschnürt liegenlassen und ausgeraubt (☛ *Gefährlicher Sex*).

Im schwulen Leben kann eine Bondage-Nummer manchmal über das Sexuelle hinausgehen und etwas recht Mysteriöses bekommen. Das berühmte *Mineshaft* in New York hielt sonntagnachmittags immer seine Bondage-Klub-Treffen ab, und es war nicht erstaunlich, wenn man dort plötzlich einem halben Dutzend junger Männer gegenüberstand, die mit Hanfstricken in die unmöglichsten Verrenkungen geschnürt waren, während ein Redner in voller britischer Admiralsuniform die Raffinessen der dazu verwandten englischen Marineknoten aus dem 18. Jahrhundert erklärte – ein Vortrag, der seiner präzisen Fachsprache, dem hölzernen Zeigestock und der begierigen Zuhörerschaft nach genausogut in jedem Museum hätte stattfinden können (abgesehen von den nackten, sich windenden Körpern). (☛ *Piercing; Sadomasochismus*).

BRUSTWARZEN

Zu den geilsten Anblicken überhaupt zählen zwei dicke, pralle Brustwarzen auf einer stolzen Männerbrust, die sich durch ein knallenges T-Shirt drücken. Um deine Brustmuskeln auf Vordermann zu bringen, wirst du in ein Body-Building-Studio gehen und schwitzen müssen, aber hervorstehende Nippel bekommst du schon durch ein paar Übungen in deinen eigenen vier Wänden. Spiel regelmäßig an deinen Brustwarzen herum, dann werden sie sich nach und nach vergrößern.

Von den Ärzten wissen wir, daß Männer und Frauen dort dieselben Nervenenden besitzen. Schwule Männer holen nach, was Frauen schon immer wußten: Unsere Brustwarzen sind kleine feste Sensibilitätsknäuel, die nur darauf warten, daß man sie aufweckt. Das Spiel mit den Nippeln erfreut sich mittlerweile so großer Beliebtheit, daß es sogar Klubs ausschließlich dafür gibt.

Schwule Männer mögen es in jeder Form: von federleichter Berührung übers Brustwarzenkauen bis zu hartem S/M mit Klammern und Gewichten. Mit den Nippeln zu spielen macht Spaß, ob nun in Gesellschaft oder allein. Wenn du mit einem Partner zusammen bist, bearbeite sie beim Vorspiel, während du ihm den Schwanz lutschst oder während du ihn bumst. Überleg dir auch einmal, daß du es vor, nach oder an Stelle von Genitalsex tun kannst. Vielleicht brauchst du eine Weile, um die Freuden zu entdecken, die deine Brust dir schenken kann, aber die Sache lohnt sich. Der schwule kanadische Dichter Ian Young nennt die Brustwarzen „hüpfende Korken / Auf heißem süßem Meer". Versuch beim Onanieren leicht darüberzustreichen, und knete sie zwischendurch auch etwas fester. Fang an mit einer zarten Berührung und steigere allmählich die Intensität. Mach keinen groben Überfall! Streichle sie sanft mit den Fingern, bei einem Partner auch mit Lippen und Zähnen. Necke sie. Lecke sie, massiere sie zärtlich und knabbere daran. Zwicke sie erst leicht, dann ein bißchen fester. Zieh an den Haaren ringsherum, jedesmal nur an einem. Arbeite dich allmählich zu härterer Behandlung vor.

Kann sein, daß du schließlich auf ziemlich unsanftes Kauen stehst. Das braucht dich nicht zu verwundern. Deine Reaktion ist vollkommen natürlich. Seit Urzeiten kauen Babys an den Brustwarzen ihrer Mütter. Vielleicht möchtest du auch einen dauerhafteren Reiz. Dann solltest du dir einen oder beide Nippel durchstechen lassen und einen Ring hineinhängen. Möglich ist auch ein Schmuckstück in Form einer kleinen Hantel (☛ *Piercing*).

Falls du letztendlich eine harte Behandlung deiner Titten bevorzugst, wirst du am nächsten Tag immer deinen Lohn erhalten: Das Gefühl, wie deine wunden Brustwarzen sich am Hemd reiben, während du durch die Stadt gehst, erinnert dich jedesmal an den Mann, der sie bearbeitet hat.

CAMP

Was wir hier *Camp* nennen, ist ein Begriff aus dem Amerikanischen, der sich nicht übersetzen, sondern höchstens umschreiben läßt. Mit „camp" wird eine vor allem in schwulen Kreisen vorzufindende Sicht der Dinge gemeint, die von „Schrillheit", „Abgedrehtheit" oder „Exaltiert" zeugt. *Camp* ist auch eine Form von Arroganz, die einem bestimmten Menschen oder einer bestimmten

Gruppe weibisches Verhalten zuschreibt – und dies dann mit vielen Verzierungen kommentiert. *Camp* ist der Gegensatz von Tragödie, der Triumph der Form über den Inhalt. Ein schwules Grüppchen kann z.B. Stunden damit verbringen, über einander herzuziehen und sich Beleidigungen an den Kopf zu werfen („*Du* heimlich ein Kerl? Na, meine Grundgute, *dieses* Geheimnis nimmst du aber mit ins Grab!"). In diesem Gewand klingt der Humor oft ein bißchen boshaft, denn vielen Außenstehenden entgeht, daß die gegenseitigen Beleidigungen alle gutmütig geschehen. So kann es sein, daß einer während eines solchen Treffens zu einem anderen sagt: „Miss Dings, Sie sind die absolut gehässigste Giftspritze unter der Sonne!" und es als großes Kompliment meint.

Diese Art von Humor ist unter Schwulen am Aussterben. Sicher, er mag sehr wohl ein Nebenprodukt jahrelanger Unterdrückung, Heimlichtuerei und Selbsthaß gewesen sein, und die Schwulen von heute, die sich selbst besser akzeptieren und von den Heteros etwas weniger verdammt werden, haben weniger Bedarf an „Tuckigkeit". Aber das Aussterben des Tuntenhumors ist kein Grund zum Jubeln. Er war wahnsinnig komisch, er kann es auch heute noch sein, und er hat einen Vorteil: Er verhindert, daß Schwule sich und ihre Probleme allzu ernst nehmen. Hier noch ein Beispiel für *camp*, vermutlich belauscht bei einer Polizeirazzia in den *Trucks*, die vor der Emanzipation ein Sextreffpunkt in Greenwich Village waren: „Lauf', Mary! Es sind die Bullen!" – worauf ein anderer erwidert: „Bitte, keine Namen!" In seiner besten Form kann Tuntenhumor aufsässig und rebellisch sein, frech, verspielt oder schrill – eine anarchische Kraft im schwulen Leben, die voller Selbstironie ist.

Manche Frauen sind beleidigt, wenn Männer sich „tuntig" gebärden. Verständlich zwar, aber es geht an der Sache vorbei. Die Tunte ist bestrebt, ihre Feinde zu entwaffnen, indem sie sich mit den Unterdrückern gleichstellt. Wenn die Heterogesellschaft uns vorwirft, wir wären Frauen, dann drehen wir den Vorwurf in ein Kompliment um. Ja, wir beweisen sogar, daß wir auf eine noch viel schrillere, eklatantere Art Frauen sind, als sie es sich vorgestellt hat. Genau, wie Schwarze sich gegenseitig frotzeln, indem sie einander „Nigger" nennen und dadurch der Beleidigung die Spitze nehmen, genauso machen auch Schwule aus dem ihnen nachgesagten „Laster" eine Tugend. Schon der Ausdruck „schwul" war ja einmal ein Schimpfwort, das wir im Zuge unserer Emanzipation entkräftet haben: Wir nannten uns einfach selbst so.

In Zeiten größerer Unterdrückung war Tuntigkeit der einzige Weg, auf dem Schwule ihre Wut gegen eine schwulenfeindliche Gesellschaft ausdrücken konnten. Stets und ständig machte sich ihr Humor über die Heuchelei und die Vorurteile ringsherum lustig. Wir werden diese Männer noch schmerzlich vermissen.

Auch Homosexuelle, die auf ein hoch maskulines Image aus sind, kritisieren Tuntigkeit, weil sie nur das Bild trüben würde, das die Heteros inzwischen von Schwulen haben. Dieser Einwand scheint uns verfehlt, denn die Bigotten unterscheiden nicht zwischen Nuancen von Weiblich- oder Männlichkeit. Ihnen reicht es, daß du schwul bist, und schon hassen sie dich.

Seit 1964, als Susan Sontag ihre *Notes on Camp* schrieb, hat das Wort *camp* einen neuen, engeren Sinn angenommen. Vorher bedeutete es nur eine spezifische Sensibilität schwuler Männer, die von Popkultur, alternden Diven und gescheiterten Filmstars fasziniert waren – der ganzen, verrückt-geschmacklosen Scheinwelt früherer Zeiten. Diese Faszination, so zeigt Susan Sontag auf, ist keine grausame Neugier, sondern liebevoller Respekt vor „verblaßtem Starglanz".

... Camp beruht auf der großen Entdeckung, daß der Geschmack der Hochkultur kein Alleinrecht auf Verfeinerung hat. Camp behauptet, guter Geschmack ist nicht einfach guter Geschmack; es gibt sogar einen guten Geschmack im schlechten Geschmack... Der Camp-Geschmack ist vor allem eine Form des Amüsements, der Wertschätzung – nicht der Bewertung oder gar Verurteilung. Camp ist großzügig. Er ist auf Freude aus.

Nicht zuletzt findet sich neben dem ganzen Starkult noch genug Platz für Selbstironie. Daher all die Tallulah-Bankhead-Witze. Beispiel: Die bekannte Schauspielerin mit der tiefen Stimme ist auf der Damentoilette und merkt, daß ihr das Klopapier fehlt. Sie bittet die Frau in der Nachbarkabine, ihr etwas abzugeben, aber die teilt ihr mit, sie hätte das letzte Stück gerade selbst aufgebraucht. Tallulah denkt einen Moment nach, dann antwortet sie: „Na schön, Darling, kannst du mir einen Zehner in zwei Fünf-Dollar-Scheine wechseln?"

COMING-OUT

Coming-out (wörtlich: „Herauskommen") ist nicht nur das erste Mal, wenn man mit einem anderen Mann Sex hat, sondern darüber hinaus der Gewinn einer festen Haltung im psychologischen wie im sozialen Sinne, und es ist das ebenso standfeste Auftreten, das wir bezüglich unserer Homosexualität zeigen. Früher hatten nur wenige das Glück eines entspannten, relativ unproblematischen Comingouts. Vielleicht können Wunschtraum und Realität einander heute etwas näher kommen:

Du bist ans entlegene Ende eines Strandes gegangen (von dem du weißt, daß sich dort Männer paarweise und in Grüppchen herumtreiben), einfach weil... na, einfach so zum Spaß. Du denkst eigentlich nicht viel darüber nach, daß du bei diesen Typen sonnenbaden willst, aber du bemerkst deine wachsende Erregung. Anscheinend haben sie alle ihren Spaß. Zwei schlanke Burschen sitzen im Wasser auf den Schultern zweier kräftigerer Typen und liefern sich ein Turnier. In deiner Nähe spielt ein Grüppchen (alle mit guter Figur und gebräunt) auf einer Decke Karten und hört Radio.

Rechts neben dir liegt ein großer, schlanker Mann, der wie du anscheinend allein ist. Die Sonne sticht dermaßen, daß du dich auf den Bauch und deinen Kopf auf den Arm legst. Du machst die Augen zu und lauschst den Wellen, den Kampfrufen, dem Kofferradio – und dem Pochen deines Pulses im Ohr, das auf deinem Bizeps gedrückt ist. Als du die Augen wieder öffnest, läßt du deinen Blick am Körper deines Nachbarn auf und ab wandern. Der orangene Farbton des Strandtuchs schimmert auf seinen eingeölten Schenkeln. Auch sein Profil schimmert im weißen Licht. Seine Brust ist fast unbehaart, bis auf eine Haarvignette rings um jede Brustwarze. Seine

Beine aber sind dicht bepelzt und kraftvoll. Urplötzlich überfällt dich dieses verbotene Verlangen, seinen Körper zu berühren.

Dein Nachbar hat sich jetzt auf die Seite gedreht. Jetzt kannst du seine breiten Schultern sehen – wie schmal seine Taille ist, aus der seine Schenkel herausragen wie Pfeile aus einem Köcher. Ein goldener Flaum wuchert darauf. Dein Nachbar sieht dich an. Er kommt zu deinem Handtuch und bittet dich, ihm den Rücken einzuölen.

Er wohnt in dem Hotel, unten am Strand, und nachdem ihr euch stundenlang gesonnt, in die Brandung geworfen, gelacht, einander angesehen und euch gegenseitig noch dicker eingeölt habt, lädt er dich auf einen Drink in sein Zimmer ein. Du hast das Gefühl, ihm sagen zu müssen, du seist nicht… nicht was? Nicht an ihm interessiert? Wie erklärst du dir dann die peinliche Schwellung in deiner Badehose? Klar kommst du auf einen Drink mit rauf.

Er wirkt sehr lässig, während ihr durchs Foyer schlendert und mit dem Aufzug nach oben fahrt. Du fragst dich, ob du dich nicht in ihm getäuscht hast. Schließlich kommt er ja von außerhalb. Vielleicht ist er aus Versehen ans „falsche" Ende des Strandes geraten. Du merkst, daß er keine Schuldgefühle hat – eine Erkenntnis, die dir deine eigenen klarmacht. Egal. Er ist wirklich ein unterhaltsamer Plauderer, kennt sich in Musik und Filmen aus, hat ein tolles Grinsen und einen tollen… Körper.

Selbst in seinem Zimmer, als er die Tür erst einmal zugemacht hat (endlich!), bleibt er ganz locker – erst recht, als er seine Badeklamotten auszieht und dann, splitternackt, verkündet, daß er jetzt duschen geht. „Auch Lust?" fragt er dich.

„Klar", antwortest du mit lässigem Achselzucken und einer Kehle, die so trocken ist, daß man darin Kakteen züchten könnte.

„Na, dann los." Er geht vor.

Du folgst ungeduldig, zögernd, elegant, unbeholfen, glücklich, ängstlich, während du seinen braunen, schimmernden Körper mit diesem weißen Streifen um die Hüfte abwechselnd scharf und wieder unscharf siehst. Als ihr erst einmal unter der Dusche steht, könnte nichts natürlicher sein, als ihm den Rücken und anschließend die Brust zu schrubben, während er sich langsam dreht. Irgendein kleiner keifender Moralapostel in deinem Kopf droht dir dauernd mit dem Finger und schnappt schockiert nach Luft, aber du überhörst seine Vorwürfe und schiebst dich langsam in die Arme deines neuen Freundes. Sein Körper ist immer noch heiß von all der Sonnenenergie, die er heute getankt hat – glasig vom brausenden Wasser. Jetzt sind seine Haare naß und an den Kopf geklatscht, der sich als überraschend wohlgeformt entpuppt. Dein neuer Bekannter zieht dich näher an sich heran. Er küßt dich, und du weißt nicht genau, ob du ertrinkst oder in etwas bist, das stark der Ekstase ähnelt. Noch nie hat ein Mann dich so geküßt, und es ist ein merkwürdiges Gefühl, diese Bartstoppeln auf und um deinen Lippen. Er weicht eine Sekunde lang zurück und sagt: „Du bist okay." Du selbst schaffst lediglich ein Kopfnicken und kannst nur hoffen, er weiß, daß es „Ja" bedeutet.

Im Bett bist du so glücklich und so *erleichtert* – erleichtert von einer Sehnsucht, die du zu lang mit dir herumgeschleppt hast –, daß du dir durch deine feuchten Haare fährst und einfach seufzt.

„Was ist?" fragt er.

„Nichts", antwortest du. „Alles okay. Aber ich sollte dir etwas sagen. Das ist für mich das erste Mal mit einem Mann."

„Merkt man dir aber gar nicht an", erwidert er. „Möchtest du, daß wir aufhören?"

„Ja, ungefähr übermorgen."

Er meint, ihr solltet wirklich mal kurz verschnaufen. Dann unterhaltet ihr euch über deine Jugend. Du erinnerst dich an die Jahre, in denen du dir auf Pornohefte und Videos einen runtergeholt hast; du hast dich um keinen Schulfreund je zuviel gekümmert, damit du von deinen Altersgenossen nicht als Schwuler geächtet wirst. Auch dein Partner hat dir jede Menge Interessantes zu erzählen, und seine Geschichte unterscheidet sich gar nicht so sehr von deiner. Dieser kleine Moralapostel in deinem Kopf wird allmählich schwächer. Ihr redet toll miteinander, aber am liebsten möchtest du wieder ins Bett. Schließlich sprichst du das auch aus, und dein Freund antwortet: „Keine schlechte Idee."

Er übernimmt die Führung beim Sex, und es fährt weder ein Blitz auf dich herab, noch steigt der Teufel aus der Matratze, um dich zu holen. Es ist ein *richtig gutes* Gefühl, aber das beste daran ist die

Freiheit, einen anderen Mann neben sich zu haben. Du kannst diese Freiheit noch gar nicht fassen – daß du ihn überall berühren, unter ihm und auf ihm drauf liegen, daß du diesen Sandpapierbart küssen darfst. Werden die Stoppeln dich zerkratzen, daß man es sehen kann? fragst du dich eine panische Sekunde lang. Wird man es *mir anmerken?* Die Panik weicht einer neuen Woge von Lust, dem herrlichen Gefühl, einen anderen Mann einzuatmen (denn das tust du unbedingt). *Das* ist Freiheit – die Freiheit, den Geruch in sich aufzunehmen, das Gefühl der Berührung, der konkrete Tatbestand eines liebevollen, feinfühligen Mannes, der dich anscheinend mag.

Seine Jacke und Hose passen dir, und als ihr euch beide angezogen habt, geht ihr in den Speisesaal (nein, die Leute merken es *nicht,* aber seltsamerweise wünschst du, sie würden es tun). Du fühlst dich innerlich ein bißchen steif, müde und entspannt nach der Sonne und dem Sex – und dem Drama, das sich hauptsächlich in deinem Kopf abspielt. Beim Abendessen wird nicht viel gesprochen, aber es werden Blicke getauscht, und beim Kaffee drückt dir dein neuer Freund unter dem Tisch die Hand. „Ich hätte nie gedacht", sagt er, „daß mit mir mal jemand sein Coming-out haben würde."

„Daß er was?" fragst du.

„Du hast mit mir grade dein Coming-out gehabt. Das heißt, die erste schwule Erfahrung."

Dieser Ausdruck klingt für dich merkwürdig. Du hättest gedacht, es müßte „Freiheit" oder vielleicht „Aufstieg" heißen. Aber natürlich nennen's die – nein, *wir* muß es wohl heißen – ja, wir Schwulen nennen es so: Coming-out.

Die frühesten homosexuellen Impulse lebt man für gewöhnlich in Pubertätsphantasien aus. Möglich, daß das Gleichgeschlechtliche an den Phantasien einiger Jungen kaschiert ist – wenn er z.B. beim Onanieren an Sex zwischen einem Mann und einer Frau denkt, aber kaum zur Notiz nimmt, daß seine Aufmerksamkeit hauptsächlich dem Mann gilt, dessen Anatomie er öfters in Nahaufnahme heranholt als die der Frau.

Obwohl manche Jungen auch gleichgeschlechtliche Phantasien voll tiefer Liebe und Zuneigung heraufbeschwören, sind solche Szenen bei den meisten deutlich sexueller Natur. Jungen denken in der

Pubertät ständig an Sex und entwickeln beim Onanieren sehr starke, plastische Phantasien. Die Gesellschaft hat die Selbstbefriedigung so lange verdammt, daß selbst emanzipierte Menschen wenig zu deren Gunsten sagen, außer daß daran bestimmt nichts „verkehrt" sei. Durch diesen latenten Puritanismus bleibt verborgen, was an den Selbstbefriedigungsphantasien *richtig* ist, daß nämlich Halbwüchsige erkunden, welche Körpertypen und welche psychologischen Eigenschaften für sie erregend sind. Die Wichsphantasie ist ein Probedurchlauf, eine Vorschau auf kommende Attraktionen und eine elementare Lernerfahrung (☛ *Onanie und Phantasie*).

Irgendwann wird der schwule Neuling sein erstes leibhaftiges Erlebnis mit einem Geschlechtsgenossen haben. All die unterdrückte und nur bei der Selbstbefriedigung herausgelassene Geilheit wird sich in einer Flut von Begierde entladen. Die ersten Sexualerlebnisse sind etwas ganz Besonderes. Einige Schwule, die ihr Coming-out haben, verwechseln sexuellen Spaß mit Liebe. Im Laufe ihrer Entwicklung – d.h. je reifer sie werden – lernen sie, daß Sex nicht immer ein Maßstab für Liebe oder Intimität ist.

Nach einigen Erlebnissen wird jemand, der sein Coming-out hat, sagen müssen: „Ich bin schwul." Bei den meisten Männern kommt diese Feststellung ganz natürlich und mühelos. Anderen fällt es schwerer, sich selbst zu akzeptieren, und der Prozeß des Coming-out dauert länger. Kann sein, daß sie sporadisch Sexualkontakte haben, aber sie schrecken davor zurück, ihre Homosexualität auch nur sich selbst einzugestehen. Wieder andere verstehen sich zwar als schwul, bewahren es aber als Geheimnis (☛ *Homophobie*).

Das offene Bekenntnis zum Schwulsein geschieht manchmal nur ein, zwei Freunden gegenüber, manchmal nur den Familienangehörigen; andere sind zu jedem offen – auch oft gegenüber dem Arbeitgeber. Wir wollen keine künstlichen Mauern zwischen uns und den Menschen, die in unserem Leben wichtig sind. Gestalten wir dieses Coming-out vor Eltern, Geschwistern und engen Freundinnen und Freunden liebevoll, dann werden sie wohl nicht allzu lange distanziert bleiben. Allerdings legen manche Eltern ein neurotisches Verhalten an den Tag, wenn sie von der Homosexualität ihres Sohnes erfahren (☛ *Eltern*). Aber dennoch, trotz der Risiken meinen viele Söhne, dieser zeitweilige Streß lohne sich, falls der zerstörerischere Streß der Täuschung dadurch ausgeschaltet wird.

Was uns am meisten quält, wenn wir andere über unsere Homosexualität informieren, ist vielleicht die Notwendigkeit, uns unseren eigenen Zweifeln und Ängsten zu stellen. Sagt ein schwuler Mann: „Ich kann es meinen Eltern nicht erzählen, weil sie glauben, Homosexuelle können nie glücklich werden“, dann unterstellt er ihnen möglicherweise *seine* Befürchtungen. Es ist leicht, den Eltern unsere eigenen Zweifel nachzusagen, und es kann der Sache erheblich schaden, ja, ganz einfach falsch sein. Viele Schwule, die schließlich den Mut zum Coming-out vor ihrer Familie fanden, bekamen lediglich zu hören: „Das wissen wir seit Jahren. Wir haben uns schon gefragt, wann *du* es merkst.“

Das Coming-out ist demnach ein schrittweiser Prozeß, von Phantasien über die erste gleichgeschlechtliche Erfahrung bis zur schwulen Selbsterkenntnis und dann zum Bekenntnis vor anderen. Dieser letzte Schritt ist die Identifizierung mit der schwulen Gemeinschaft. Die Art, wie jemand diesen Prozeß durchläuft, ist von Mensch zu Mensch unterschiedlich und wird von mehreren Faktoren bestimmt. Alter und Umfeld spielen auf jeden Fall eine Rolle. Wer in einer Kleingemeinde lebt, fernab von den Großstädten mit ihrer schwulen Infrastruktur, der findet bei seinen Coming-out-Bemühungen vielleicht wenig Unterstützung. Für einen jungen Mann, der immer noch daheim wohnt, oder einen älteren, der sein ganzes Leben in der Heterowelt verbracht hat, kann das Coming-out eine Qual sein.

Auch schwulenfeindliche Glaubenserziehung ist ein entscheidendes Element, denn unsere Verurteilung durch die meisten Religionen bleibt harte Realität. Darüber hinaus können ethnische und soziokulturelle Faktoren das Coming-out beeinflussen – sowohl positiv als auch negativ.

Auch die Angst vor Aids kann für junge Männer ein Hindernis beim Coming-out sein. Als Folge von ungeschütztem, riskanten Sexualverhalten kann man möglicherweise eine lebensgefährliche Krankheit bekommen, und wer könnte es ihm verdenken, wenn er aus Angst und Verwirrung keinen Kontakt mehr sucht? Gerade junge Männer wünschen sich beides: Liebe *und* Befriedigung ihres starken Geschlechtstriebs, doch sie fürchten zu Recht, daß ihre Unerfahrenheit oder Unvernunft tödlich für sie sein kann.

Schwule, die gerade ihr Coming-out haben, reagieren mit mehreren Strategien auf Aids. Manche verhalten sich, als ob sie allmächtig, gefeit gegen jedes menschliche Gebrechen wären. Diese übersteigerte Selbstsicherheit stellt für die Betreffenden und ihre Sexualpartner eine Gefahr dar. Das entgegengesetzte Extrem sind Männer, die ein Keuschheitsgelübde ablegen – nicht aus sittlichen oder religiösen Gründen, sondern im Glauben, Sex sei generell gefährlich. Die meisten Schwulen versuchen, irgendwo zwischen diesen beiden Extremen zu bleiben; sie tragen ihren sexuellen Bedürfnissen verantwortungsbewußt Rechnung.

Aids hat die Verantwortung unterstrichen, die wir als Mitglieder der schwulen Gemeinschaft haben. Unsere erste Pflicht ist, informiert zu sein und Safer Sex zu praktizieren. Unsere zweite Aufgabe besteht darin, Freunde, Bekannte, Lebens- und Sexgefährten aufzufordern, daß sie ihre eigene Gesundheit schützen. Viele schwule Männer machen die Feststellung, daß persönlicher Einsatz innerhalb der Gemeinschaft ihnen Rückhalt, Sicherheit und einen Sinn für ihr eigenes Leben gibt.

Denk darüber nach, ob du dich nicht einer Aids-Hilfsorganisation anschließen oder bei politischen Schwulengruppen engagieren willst, die für unsere Gleichberechtigung kämpfen (☛ *Gleichberechtigung; Schwulenemanzipation*).

COMPUTERSEX

Man muß kein Computerfachmann sein, um sich an eine Mailbox oder einen Online-Dienst wie CompuServe, AOL oder T-Online anzuschließen. Diese moderne Technologie kann eine breite Palette von Sexualkontakten erleichtern, ein bißchen Zubehör vorausgesetzt. Man braucht einen Computer, ein Kommunikationspaket und ein Modem, das den Computer mit dem Telefonanschluß verbindet. So ausgerüstet, kann man Nachrichten in jeder elektronischen Kommunikationsleitung senden und empfangen. In der Regel wählt man ein *handle* – das ist der Benutzername, den du innerhalb der Mailbox bzw. des Onlinedienstes benutzt. Dabei wählt man selten seinen eigenen; höchstwahrscheinlich wirst du einen Phantasienamen wie „Heiße Kiste" oder „Steiler Zahn" benutzen. Außerdem kann man seinen *handle* auch ändern, wenn er den eigenen Bedürfnissen nicht mehr entspricht.

Onlinedienste bieten Foren und Kanäle, die unterschiedlichen Interessen dienen und in Rubriken untergliedert sind, z.B. „Veranstaltungen", „Nachrichten", „Gesundheit", „Sexphantasien", Pornobilder und Mitgliederprofile. Die Profilrubrik gibt einen groben Persönlichkeitsumriß jedes Teilnehmers – manchmal auch ein Bild des Mitglieds. In der Profilrubrik gibt man eine persönliche Beschreibung von sich ab. Wir empfehlen, nicht zu lügen, wenn man über den elektronischen Kontaktmarkt Bekanntschaften schließen möchte. Sei ehrlich, was deine körperlichen Attribute betrifft. Drücke dich phantasievoll aus und teile allen anderen Mitgliedern mit, was dich antörnt, was für Männer du suchst und was du mit ihnen tun möchtest – bzw. wofür *du* zu haben bist. Noch einmal: Sei ehrlich, denn solche Kontaktmärkte sind klatschsüchtig, und du willst dich doch nicht schief anmachen lassen, weil du zu der Sorte gehörst, die sich falsch darstellt. Ein Mitglied einer schwulen Mailbox erzählte einmal solche Lügen über sich selbst, daß andere sich weigerten, auf seine Botschaften zu reagieren. Also beging der Betreffende „Selbstmord". Das heißt lediglich, daß er eine „Selbstmordmeldung" eingab, um sein Paßwort zu löschen. Danach schickten viele Mitglieder Beileidsbotschaften, und höchstwahrscheinlich stammte eine von dem Typen selbst – unter einem neuen Namen.

Vielleicht will man aber gar niemanden persönlich kennenlernen. Vielleicht will man lediglich seinen Spaß haben. Dann sollte man im Profil auf jeden Fall lügen. So kann man sich, wenn man mal zur Abwechslung einen Heteromacker anbaggern will, als geile, vollbusige Blondine ausgeben. Den Möglichkeiten sind keine Grenzen gesetzt. Laß dich einzig und allein von deinen Wunschphantasien leiten, und wenn dein Traumprinz Arnold Schwarzenegger ist, dann stell dich als der geilste Typ weit und breit dar.

Viele Mailboxen und alle Onlinedienste haben Klatschkanäle, in denen zwei oder mehr Personen zusammen plaudern können. Das heißt im Computerbereich: drauflostippen. Was du schreibst, erscheint auf den anderen Bildschirmen. Ihr redet also nicht *wirklich* miteinander, und diese Anonymität macht vielen Leuten einen Heidenspaß, besonders denen, die im persönlichen Umgang meistens schüchtern sind. Wenn du *chattest*, dann sei freundlich – stürz dich ins Vergnügen und „lerne neue Leute kennen". Am Anfang ist man stets etwas schüchtern und nicht allzu geschickt, was die Tastenbefehle betrifft, durch die eine Botschaft übersandt wird. Weit verbreitet sind die sogenannten *Emoticons* – Symbole und Smilies mit denen man seinen Gefühlszustand zum Ausdruck bringt (schließlich kann dich ja der andere nicht sehen und du ihn nicht). So wird ein Lächeln mit <smile> oder <g> ausgedrückt. Aber mit der Zeit geht das alles klar, und Schüchternheit wird zu frechem sexuellem Geschäker. Vielleicht will ein Anfänger auch erst mal ein bißchen „spionieren"; das heißt, er geht auf eine Klatschleitung, meldet sich aber nicht. So hat man Gelegenheit, anderen beim „Plaudern" zuzusehen.

Viele machen auf den Chat-Kanälen zusammen Sex. Das heißt natürlich in Wirklichkeit, daß sie sich einen runterholen, während sie sich gegenseitig verbal anmachen. Manche sind im Erfinden wirklich „heißer" Szenen ziemlich einfallsreich. Das macht ein bißchen Koordination nötig, denn man muß mit Schwanz und Tastatur jonglieren, während man seinen Schwanz bearbeitet und Botschaften für den Kumpel am anderen Ende der Leitung eintippt (Vorsicht, sonst spritzt noch Sperma auf die Tastatur!). Wenn du so mit jemand zusammen wichst, dann erwarte nicht, daß er deine Botschaften umgehend beantwortet. Genau wie du braucht er ein bißchen Zeit, um seinen Schwanz zu massieren und sich vorzustellen, welchen Sex ihr miteinander haben könntet.

So eine Kontaktbörse hat auch noch andere sexuelle Seiten. Fast alle bieten eine Bilderrubrik, wo du weichen und harten Porno findest. Auch das Internet bzw. World Wide Web bietet mittlerweile Hardcore-Pornobilder und -Videos für jeden Geschmack – zum Ansehen und Herunterladen.

Seit langem ist es möglich, elektronische Post (e-mail) an jeden zu senden bzw. selbst zu empfangen. Was man dazu braucht, ist eine e-mail-Adresse, die man in der Regel automatisch bekommt, wenn man einem Onlinedienst beitritt.

DEPRESSIONEN

Depression ist das Gefühl, daß keiner auf der ganzen Welt dich versteht oder an deinen Sorgen Anteil nimmt. Es tritt ein, wenn du keinen in deiner Nähe hast, der dich lobt, oder wenn du nicht fähig bist, solches Lob zu akzeptieren oder zu glauben. Oft stellt sich dieses Gefühl auch dann ein, wenn man plötzlich und rigoros allen Boden unter den Füßen verliert (entweder in Wirklichkeit oder nur nach dem eigenen Empfinden), etwa infolge familiärer Zerwürfnisse oder des Verlusts deiner Arbeit. Besonders häufig ziehen hoffnungslose Liebesaffären oder der Tod eines geliebten Menschen Depressionen nach sich.

Depression ist etwas anderes als Niedergeschlagenheit, Schwermut oder Trauer. Trauer ist immer eine Reaktion auf einen wirklichen Schicksalsschlag, und das Verlustgefühl hat seine Berechtigung. Man trauert um den Verlust eines Freundes, eines Familienangehörigen oder sogar einer Stellung, doch dann, nach der Trauer, geht das Leben weiter (☛ *Trennungen&Partnerverlust*). Erst wenn jemand nicht über die Trauer hinwegkommt, läßt er zunächst den Kopf hängen und wird anschließend deprimiert – oder, wie manche an Depressionen leidende Menschen es ausdrücken: „Er fällt in ein tiefes Loch".

Psychoanalytiker sagen im allgemeinen, Depression sei eine Form von verdrängter Wut, eine Umlenkung von Ärger und Enttäuschung auf einen selbst statt auf deren äußere Ursache. Egal, ob diese Theorie zutrifft oder nicht, überwindet man eine Depression oft am besten, indem man seine Wut herausläßt. Dann kommt es nämlich zu einer Gegenwirkung, und das Gefühl der Ohnmacht, der Hilflosigkeit wird verbannt. Wer sich innere Festigkeit verschafft, der kann sich wieder als lebensstark und wertvoll empfinden.

Diese psychoanalytische Theorie ist wohl zu eindimensional, um die Allgegenwart von Depressionen unter Schwulen zu erklären. *Ein* Grund dafür sind zweifellos die Auswirkungen der Schwulenfeindlichkeit, und wir bezeichnen das Resultat als „erworbene Depression". Schwule Männer lernen oft von Kind an, sie hätten ihre Eltern enttäuscht, weil sie nicht hinlänglich jungenhaft oder anpassungsbereit wären. Sie lernen durch ihre Religion, sie wären Sünder, durch das Gesetz, sie wären Kriminelle. Es ist nur allzu verständlich, warum viele Schwule mit Depressionsgefühlen aufgewachsen sind. Wie sollte es einem jungen Menschen schon gehen, der sich von Eltern, Geschwistern, Altersgenossen und der Gemeinschaft insgesamt verstoßen und ungeliebt vorkommt? (☛ *Homophobie*)

Es werden zur Zeit noch zwei weitere Ursachen für Depressionen, vermutet. Manche Männer haben eine biologisch bedingte, wahrscheinlich vom Vater geerbte Veranlagung für Depressionen. Andere übernehmen durch den sogenannten „Identifikationsprozeß" von einem Elternteil eine depressive Haltung – das heißt, der Junge verinnerlicht die geringe Selbstachtung und die Unzulänglichkeitsgefühle seiner Mutter oder seines Vaters.

Genetisch bedingte Depression führt manchmal zu seelischen und zu körperlichen Schmerzen, und fast immer hilft eine Medikamentenbehandlung. Jede Art von Depression kann das Selbstwertgefühl so sehr schädigen, daß Selbstmordgedanken nichts Außergewöhnliches mehr sind – und in manchen Fällen auch ausgeführt werden.

Ein schwuler Mann sucht bei Depressionen oft Trost und Erleichterung im Sex. Aber dort wird er sie nicht finden. Was ein deprimierter Mensch wirklich braucht, sind Zuwendung und Nähe. Als Sexualpartner taugt er nicht viel. Er ist so willfährig, daß er selbst nichts tut, und dieses Übermaß an Passivität ist einfach nicht besonders geil. Wer deprimiert ist, sendet Signale aus, die seinen Partner vor den Kopf stoßen. Der deprimierte Mensch zeigt nach dem Sex Zeichen der Enttäuschung, weil er die schlichte Zuneigung und Bestätigung, die er braucht, nicht bekommen hat, und das verwirrt und verletzt den anderen.

Dabei sind Berührungen genau das, was ein deprimierter Mensch am dringendsten benötigt. Nur sollte die Form des Kontakts vielleicht eher in Umarmen statt Bumsen, in Streicheln statt Lutschen bestehen. Wenn du deprimiert bist, dann bitte jemanden, dich festzuhalten. Wahrscheinlich wird der Betreffende ein Freund oder Partner sein, aber erstaunlicherweise fühlen sich oft auch Fremde berührt und geschmeichelt, wenn man sie darum fragt. Der Trost durch ein Haustier genügt allerdings nicht. Wenn du deprimiert bist, dann mußt du mit Menschen zusammensein, die du gern hast, die etwas auf deine Ansichten geben, die die Dinge von deiner Warte sehen. Die Pose des Einzelgängers mag zwar romantisch erscheinen, doch wenn du dich deprimiert fühlst, solltest du sie aufgeben und dich mit Freunden zusammentun.

Viele Schwule werden deprimiert, wenn man ihnen einen Korb gibt (☛ *Abführen.*). Ist jemand schon vorher deprimiert, dann kann er das leiseste Zeichen von Gleichgültigkeit als Zurückweisung deuten. Ein deprimierter oder unsicherer Mann, der, sagen wir, in einem Lokal Erfolg haben möchte, sichert seinen Mißerfolg, indem er mit einem untrüglichen Instinkt für seine Niederlage schnurstracks auf den eisigsten Fremden im Raum zugeht. Jemand in ausgeglichener Stimmung dagegen ist entspannt, ein bißchen wählerisch und bereit, zuzugeben, daß er nicht universellen Anklang findet. Er weiß z.B., daß dieser Typ nur auf kleine blonde Dummchen steht, jener nur auf übergewichtige Rechtsanwälte und der dort drüben nur auf zahlungskräftige Freier (☛ *Traumtypen*). Aber ein deprimierter Mensch ist wie besessen. Er vergißt völlig die verblüffende Vielfalt menschlicher Sexualvorlieben. Er hält nicht einen Moment inne, um sich zu sagen: „Vielleicht bin ich ja gar nicht sein Typ“ oder „Vielleicht will er mit gar niemandem nach Hause, weil er morgen früh an die Arbeit muß“. Vielmehr macht er nervöse Annäherungsversuche in alle Richtungen und übersetzt das erste „Nein“ mit „totale Ablehnung meines menschlichen Gesamtwerts“.

Manche Schwule fühlen sich nach dem Sex deprimiert, besonders nach einem Quickie. Manchmal ist der andere ein liebevoller Mensch, aber diese Wärme kann jemand, der Angst vor Intimität hat, auch als Bedrohung empfinden. Er schafft sich den Partner schnell vom Hals und hat dann das dumpfe Gefühl, daß ihm wieder eine Gelegenheit entgangen ist, zu einem anderen Menschen Kontakt zu knüpfen und eine lohnende Beziehung aufzubauen.

Chronische Depressionen sollten jedenfalls von einem Fachmann behandelt werden, vor allem, wenn sie mit Aids oder einem anderen schweren Schicksalsschlag zu tun haben.

DISCOS

Deine Freunde laden dich in die Disco ein. Vielleicht ist es kein rein schwules Lokal – vielleicht ist nur samstags oder sonntags „schwuler" Abend, wohingegen die Woche über alle Gäste willkommen sind. Ihr zahlt Eintritt oder kauft einen Verzehrbon. Im Eingang sind manchmal Topfpalmen und verspiegelte Wände, manchmal eine Wendeltreppe, die in ein extravagantes Neonreich führt. Oder ihr saust mit einem Lift nach oben, und wenn die Tür aufgeht, steht ihr in einem langen, teppichbelegten Korridor, der von einzelnen Lampen beschienen wird. Der Raum mit der Tanzfläche ist gigantisch. Hunderte von Männern wiegen und drehen sich unter einem Gewirr von wechselnden Leuchtstrahlern und dröhnenden Klängen. Die meisten scheinen in Grüppchen zu tanzen, einige wenige auch zu zweit. Wenn du und deine Freunde sich zur Tanzfläche schieben, zeigt ihr eine gewisse Lässigkeit, und dabei geht euch das Gefühl, von so vielen verschiedenen Männern umgeben zu sein, vielleicht durch und durch.

Nachdem zehn oder auch hundert Songs nahtlos ineinander übergegangen sind und du ziemlich erschöpft bist, verläßt du dein Grüppchen und gehst an die Bar, die möglicherweise in einem separaten Raum liegt. Hier werden alkoholische Getränke, Cola, Ginger Ale und Fruchtsäfte ausgeschenkt. Vielleicht gibt es auch ein paar Kleinigkeiten zu essen – Knabbereien wie Erdnüsse, die in großen Schalen herumstehen, und Obst. Ein alter Spielfilm wird auf die Wand projiziert, immer wieder von vorn und ohne Ton. Du setzt dich neben ein paar Wildfremde, die lächeln und dir einen Joint anbieten. Sie wirken zwar ganz nett, aber kennst du weder sie noch ihr gewohntes Drogenlevel und bist schon jetzt von der Musik und der körperlichen Verausgabung ein bißchen benommen. Vielleicht nimmst du nur einen winzigen Zug oder lehnst völlig ab. Du möchtest dich amüsieren und *alles* erleben. Du kehrst auf die Tanzfläche zurück. Blitzendes Stroboskoplicht; aus den Lautsprechern donnert der neueste Hit; als nächstes weißt du nur, daß deine Füße einen eigenen Willen haben. Schwule, befindest du in einem Anfall von Chauvinismus, sind wirklich die besseren Tänzer.

Es gibt keinen schlagenderen Beweis, daß die Schwulen sich nicht mehr verstecken, als den ungebrochenen Fortbestand solcher Discos. Vor ihrer Emanzipation hatten Schwule keine andere Wahl: Sie konnten sich nur in schmuddeligen Kellerkneipen treffen, in die man ebenso schwer hineinkam wie in Hinterzimmerlokale zu Zeiten der Alkoholprohibition. Jetzt marschieren amerikanische Schwule zu Hunderten in große, teure, luxuriöse Klubs und Discos, wo Tanz, Sound, Beleuchtung und Publikum einfach toll sind. Und wenn eine Bar eröffnet, die an die Kneipen älteren Stils erinnert, dann macht sie meistens diese Ähnlichkeit zu einem Punkt des Interesses und nennt sich *Dungeon* oder *Firetrap.* Auf dem Höhepunkt der Disco-Welle, Ende der Siebziger, hatten schwule Discos in den USA vor allem das Problem zu verhindern, daß sich die Heteros hereindrängten und die ursprüngliche schwule Kundschaft vergraulten. In schwulen Ferienorten und vielen Großstadtzentren sind die beliebtesten Veranstaltungen die sogenannten „Tanztees" *(gay tea dance)*, die nachmittags und früh abends am Wochenende stattfinden.

Viele neuere Discoklubs sind kleiner als die Tanzpaläste von dazumal, weit weniger aufwendig und schick. Sie sind gemütlicher und liegen nicht in den üblichen Schwulengettos, sondern in gemischten, in Arbeiter- und Ausländervierteln. In dieser Tatsache spiegelt sich der Wunsch nach Unabhängigkeit, Verselbständigung und mehr politischem Bewußtsein. Die meisten der jungen Männer, die sich in diese Discos drängen, haben ein besonderes Interesse an Mode, Politik und Musik (☛ *Neues Macho-Image*), wobei letztere vom Metal Rock, wie man ihn in vielen *Slam-Dance*-Discos findet, bis zu Rap, Techno, Hip-Hop und House reicht. Andere Tanzlokale legen ihren Akzent auf Travestie und Geschlechtertausch, mit entsprechenden Shows und Darbietungen.

In einigen größeren amerikanischen Städten geben die attraktivsten jüngeren Schwulen jetzt sogar diese Lokale auf, um sich ein-, zweimal die Woche in der Disco zu versammeln, die so geschickt ist, daß sie ganze *roller-dancing*-Abende bietet. Diese recht traditionellen Veranstaltungen (schon deine Eltern und Großeltern gingen Rollschuhlaufen) erlebten in den 70ern eine kurze Wiederauferstehung, und das Broadway-Musical *Starlight Express* brachte sie neu in Mode. Zusätzlich verstärkt wurde diese Welle durch das Aufkommen schneller, schlittschuhähnlicher Rollschuhe (der sogenannten „Skates") samt dazugehörigem Outfit: buntes Spandex, Lycra oder Velcro, wie es die vorbeisausenden Skater auf der Straße so gerne tragen und das nicht nur durch seine Farben ein Blickfang ist, sondern auch viel Muskeln zeigt.

DRAUF SITZEN

Sich auf den Schwanz zu setzen, ist das Gegenstück zur gängigeren „Missionarsstellung". Hier hat derjenige, der gebumst wird, die totale Kontrolle. Dieses Gefühl kann einem Neuling sehr viel Sicherheit geben. Er bestimmt Kraft, Tempo und Tiefe der Stöße. Außerdem vermindert diese Position Nervositäts- und Angstgefühle bei jemandem, der Gebumstwerden mit unangenehmer Passivität gleichsetzt. Er kann nach Herzenslust den Schwanz reiten und sich jederzeit nach unten beugen, um den Partner zu küssen. Er nimmt sich, was er will, auf die Art, wie er es will.

Für denjenigen, der bumst, ist diese Stellung entspannend und hoch erregend. Er kann auf dem Rücken liegen und nichts tun, als Oberkörper, Schultern und Gesicht seines Partners zu beobachten. Er kann seinen Schwanz zwischen den beiden Arschbacken aus und ein gleiten sehen. Aber er kann auch eine aktivere Rolle übernehmen, indem er seinen Partner anfeuert, ihm einen runterholt oder sich sogar nach vorn beugt, um ihm den Schwanz zu lutschen.

Ein paar technische Anmerkungen zu dieser Position: Knie dich rittlings über deinen Partner, so daß du ihm ins Gesicht schaust. Sein Schwanz muß senkrecht stehen. Vielleicht mußt du eine Fußsohle auf die Matratze setzen und ein bißchen hochgehen, um den Schwanz ganz aufnehmen zu können.

Beweg dein Becken vor und zurück oder lehne dich nach hinten, damit du den Schwanz deines Partners an der Prostata reiben fühlst. Erfahrene Männer haben eine meisterliche Beherrschung ihrer Rektalmuskeln und können den Schwanz ganz nach Belieben lockerer oder fester umschließen. Sie wissen, wie man gerade nur die Eichel „packt" und das Arschloch abwechselnd zusammenzieht und entspannt, bis ihr Partner bereit zum Kommen ist.

Diese Stellung kann man auch auf einem Couchtisch, auf der Kante eines Eßtischs und selbst in einem breiten Sessel praktizieren. Derjenige, der sich bumsen läßt, kann sein Gesicht dem Partner zu- oder abwenden, oder er dreht sich auf dem Schwanz herum, ohne ihn dabei herauszulassen. In letzterer Position ist es auch möglich, sich flach nach hinten, auf den Partner, zu legen und sich so bumsen zu lassen, oder man dreht sich auf den Bauch (☛ *Po nach oben*).

Manche aktiv-dominanten Typen mögen diese Stellung nicht. Sie kommen sich dabei machtlos oder ausgeliefert vor. Andere Männer lassen sich nicht gern „von unten" bumsen, weil sie dominiert, gesteuert und beherrscht werden wollen. Und wieder andere sehen diese Stellung einfach als unästhetisch an.

DREIER

Ein „flotter Dreier" wird deshalb so genannt, weil er frischen Wind ins vertraute „Ehebett" bringen kann. Er kann auch schön sein, wenn alle Beteiligten sich gerade erst kennengelernt haben. Zu den besten Dreiern kommt es dann, wenn die Partner sexuell vielseitig sind.

Wer Lust hat, kann sich gleichzeitig in den Mund und in den Arsch ficken lassen – natürlich mit Kondom! Oder man kann sich hinknien und seinen beiden Kumpels gleichzeitig einen blasen, während die sich gegenseitig küssen. Man kann jemanden bumsen, während man auf dem Rücken liegt, und dabei einem dritten einen blasen. Oder die zwei, die bumsen, können dem dritten den Schwanz lutschen bzw. an den Eiern saugen, während der ihnen gegenüberliegt oder -hockt und die beiden anderen streichelt, küßt und mit seinem Mund das Gemächt von einem bearbeitet.

Manche Männer schaffen es auch, sich von zwei Schwänzen gleichzeitig bumsen zu lassen. Vielleicht sieht einer der Beteiligten gerne zu, während sein Freund den andern fickt, besonders, wenn er selbst sich nicht von ihm bumsen lassen kann oder das Gebumstwerden in seiner Phantasie reizvoller findet als in Wirklichkeit. Wieder andere möchten vielleicht gleichzeitig bumsen und gebumst werden.

Dreier sind nicht unproblematisch. Es ist nicht ungewöhnlich, daß einer der Beteiligten eifersüchtig wird oder sich ausgeklammert fühlt. Manche Freundespaare stellen sich einen Dreier zwar ganz „flott" vor, wird der Gedanke dann aber in die Tat umgesetzt, kommt bei dem einen Besitzdenken durch, und er schmollt. Wenn sich drei Fremde dergestalt zusammenfinden, klappt es zwischen zweien manchmal so gut, daß sie allein sein wollen, und der dritte fühlt sich einfach benutzt.

Und sind Dreier die einzige Art, auf die ein Freundespaar noch Sex miteinander hat, dann könnte die Sache routinemäßig werden und in ihrem Ablauf mechanisch.

Klappt aber das Ganze, dann kann ein Dreier enorm Spaß machen und erstaunlich intim sein. Haben drei Männer erst alle nur möglichen erotischen Seiten und das sexuelle Potential der anderen Körper in jeder erdenklichen Kombination erforscht, dann liegen sie oft eingehüllt in eine warme Glut und reden noch stundenlang. Manchmal erscheint ein Dreier so natürlich, so selbstverständlich, daß man sich fragt, warum eine Partnerschaft in der Regel nur aus zweien besteht.

Die Antwort heißt: Wenn erst Liebe und Romantik ins Spiel kommen, wird der simple Dreier zum komplizierten „Dreiecksverhältnis". Solchen Beziehungen verdanken wir zwar einen Großteil der Weltliteratur (vom neuesten Klatsch ganz zu schweigen), aber sie fordern das Äußerste an Intelligenz, Zuneigung, Vernunft und Selbstlosigkeit. Und selbst dann überstehen wenige Dreiecksverhältnisse einen längeren Zeitraum, ohne daß in Denken und Leben aller Beteiligten gravierende Anpassungen vorgenommen werden.

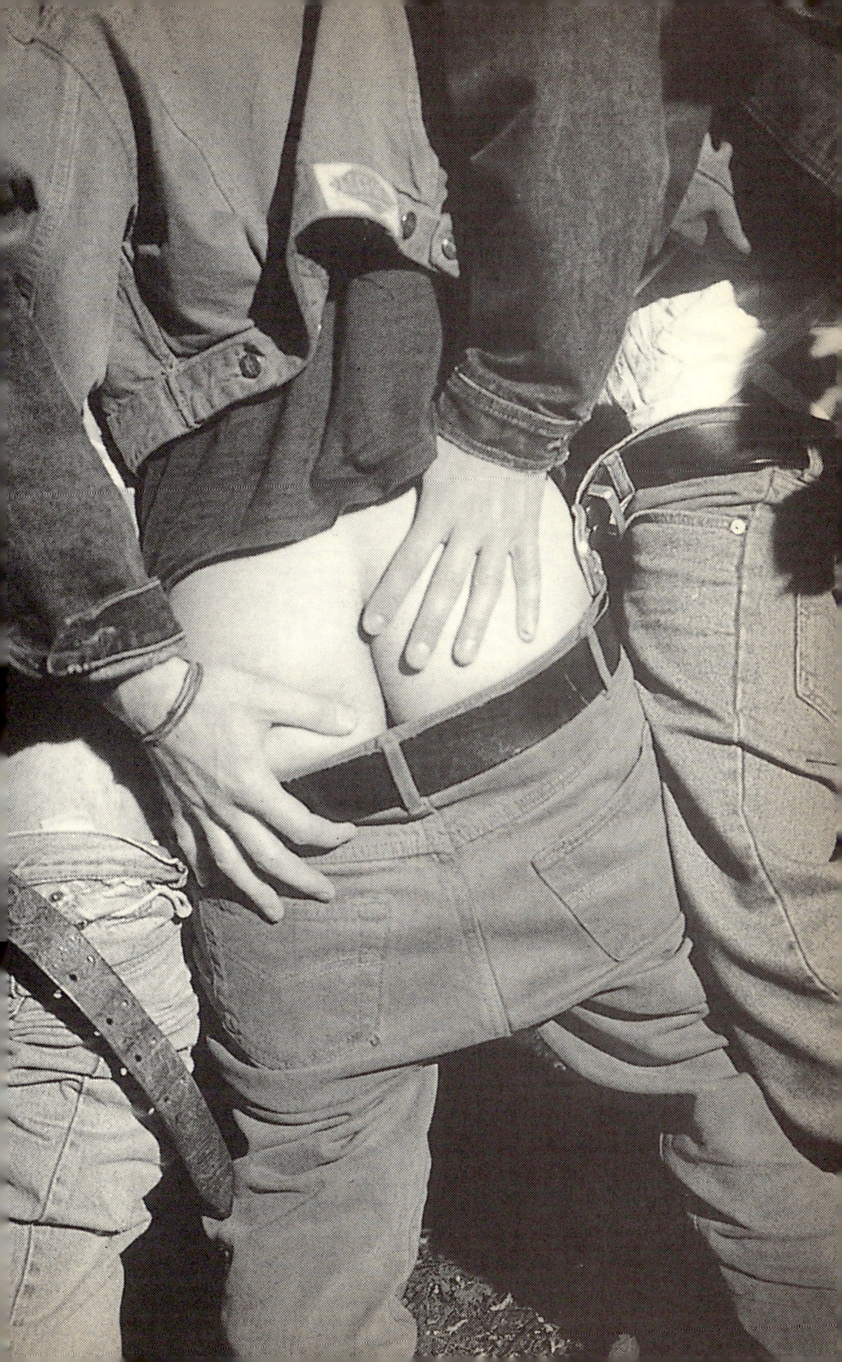

DROGEN

Ende der Sechziger begannen Schwule damit, entspannende oder aufbauende Drogen zu nehmen, denn damals wurden diese Mittel in der Subkultur weithin erhältlich. Die eigentliche Neuerung im Drogengebrauch trat jedoch während der Siebziger ein, in der Disco-Ära: Eine spezielle Form sorgfältig abgestuften Drogenkonsums, der sogenannten „Designerdrogen". In den letzten paar Jahren sind junge amerikanische Schwule zu dieser Art der Drogeneinnahme zurückgekehrt. Ein in der *New York Times* erschienener Artikel zeigte auf, daß der Kokaingebrauch sinkt und der von LSD nach oben geht. Berichte über Drogenkonsumenten, die zuletzt in der Notaufnahme landen, bestätigen, daß dieses Verhalten wieder stark im Kommen ist.

„Designerdrogen" heißen diese Mittel deshalb, weil man die Nacht in der Disco, ein Sexualerlebnis oder einen Nachmittag im Park auf die eigenen Wünsche und Bedürfnisse zuschnitt, indem man seine Drogen in einer bestimmten zeitlichen Reihenfolge einnahm. Man kannte deren jeweilige Spezialeigenschaften und -wirkungsweisen.

So konnte es sein, daß man damals LSD-25 für den Abend wählte. LSD ist eine starke, 8 bis 10 Stunden anhaltende Droge mit verschiedenen körperlich-geistigen Auswirkungen. Mit ihr würde man wahrscheinlich die ganze Nacht durchschwofen können, ohne daß die Kräfte nachlassen. Andererseits wollte man den nächsten Tag vielleicht weitgehend verschlafen, jede Menge Fruchtsaft trinken (sowohl während des Drogenrauschs als auch danach) und etwas Ordentliches essen, damit der Körper wieder mit den Vitaminen und Mineralstoffen versorgt würde, die ihm der Trip entzogen hatte. Weil LSD mit sehr starker Wirkung einsetzte, konnte man auch den Weg dorthin mit Rauschmitteln wie Marihuana und Wein vorbereiten und sie ebenfalls während des LSD-Trips einnehmen, wenn er zu schwer wurde. Am Ende des Abends nahm man dann, um wieder herunterzukommen und die nervöse Restenergie etwas unter Kontrolle zu bringen, ein stärkeres Beruhigungsmittel. Hypnotika wie Quaaludes und Mandrax wurden besonders beliebt, weil man durch sie auf rhythmische Betätigung wie Tanzen und Sex ansprach. Das war dann immer ein schöner Abschluß für den Trip. Aber leider konnten Quaaludes und Mandrax, nicht im Rahmen eines systematischen „Drogenkonzepts", sondern eher für sich und in größeren Mengen genommen, auch zur Sucht führen.

Ein kleinerer „Bogen" von Designerdrogen ließ sich für kürzere und weniger intensive Zeiträume zusammenstellen. Manche Männer nahmen nie die stärkeren Halluzinogene wie LSD, MDA oder Ecstasy – auch „Partydrogen" genannt –, sondern konzentrierten sich auf „Gras" oder Haschisch. Für sie hieß „designen", kleine Mengen eines Aufputschmittels zu nehmen – etwa eine Nasevoll Kokain –, das sie nach dem Marihuanakonsum wieder in einen aktiveren Zustand bringen sollte. Oder sie schnupperten für einen kleinen Höhepunkt in ihrem High beim Tanzen oder beim Sex einmal an einem Poppersfläschchen (Amyl- oder Butylnitrat). Ein paar wurden von Poppers (☛ *Poppers*) abhängig.

Vor fünfzehn Jahren benutzten Rauschgifthersteller schwule Urlaubsparadiese wie Fire Island, Key West und Provincetown zu einem Test ihrer neuen „Entspannungsdrogen", und bis heute suchen Dealer diese Orte auf, um im Partygetümmel Gratisproben von neuen Drogen anzubieten. Ecstasy, MDA, Rubber, Special K, Angeldust und PCP hatten ihr Debüt alle auf diese Weise und wurden von Sachverständigen beurteilt wie ein neuer Jahrgang durch Weinkenner. Manche Drogen bestanden diese Prüfung und sind heute weitgehend in Gebrauch; bei anderen wurden unerwünschte Nebenwirkungen festgestellt – Angeldust z.B. führt zu Verfolgungsangst und extremem Orientierungsverlust.

Wie die übriggebliebenen Zeugen der Disco-Ära entdeckten, ist es bei „Entspannungsdrogen" immer am besten, man fängt mit einer großen Dosis Vernunft an. Alle Drogen, die zu körperlicher Abhängigkeit führen, sind zu vermeiden. Dazu gehören auch Derivate wie Heroin, Kokain und Crack. Ebenfalls süchtig machen die Amphetamine, z.B. Methedrine, Crystal und alle übrigen Aufputschmittel. Zu den Beruhigungsmitteln – den Barbituraten – gehören Tuinal, Seconal, Nembutal und fast sämtliche Schlaftabletten. Auch sie führen zur Abhängigkeit. Beruhigungsmittel können lebensgefährlich sein. Der Entzugsprozeß muß ärztlich überwacht werden, sonst kann es sein, daß er tödlich ausgeht. Fast immer nämlich endet die Abhängigkeit für den Betroffenen und die Menschen, die er liebt, mit einer Katastrophe. Bei manchen Rauschgiften – z.B. Crack oder Heroin – ist die zerstörerische Wirkung ziemlich offenkundig. Andere scheinen dagegen eher harmlos, sind aber in Wahrheit noch heimtückischer.

Kokain wird für Schwule mit einem geringen Selbstwertgefühl und/oder homosexuellem Selbsthaß häufig die Droge ihrer Wahl. Oft genug gebraucht, räumt es Hemmungen aus dem Weg. Der Konsument sieht sich als vollen Erfolg bei seiner Umgebung, als brillanten Plauderer oder als Genie an Ausdruckskraft. Und anfangs kann das drogenbedingte Ablegen langgehegter Hemmungen ihn tatsächlich viel hübscher, imponierender und aus sich heraus gehend erscheinen lassen. Doch schon bald wird er entdecken, daß er immer größere Kokainmengen nehmen muß, um dieses zerbrechliche neue Selbstwertgefühl beizubehalten: Der typische Weg in die Abhängigkeit.

Nimm niemals Drogen von Fremden. Nie!

Besteh nicht darauf, daß jemand aus deiner Clique, eine Verabredung oder eine Neubekanntschaft die Droge ebenfalls nehmen. Egal, wie toll du dich fühlst und wie sehr du dir vielleicht auch wünschst, sie sollen das Erlebnis mit dir teilen: Tu es nicht!

Und schließlich: Sei dir im klaren, daß dich Alkohol oder Drogen leichtsinnig machen und zu unsafen Sex verleiten können (☛ *Safer Sex*).

EFFEMINIERTHEIT

Niemand weiß genau, ob Jungs mit ausgeprägt „weiblichen" Verhaltensweisen schon so geboren wurden oder dieses Verhalten erst erlernen. Wir nehmen an, daß solche „Charakteristika" bei manchen schwulen Männern biologisch veranlagt sind. Seine weiblichen Eigenschaften und Interessen sind für den Betreffenden so natürlich wie ein Fußballinteresse für den „typischen" Jungen. In der Schule werden diese Kinder oft als „Muttersöhnchen" geneckt und verspottet. Sie stoßen auf Ablehnung von seiten ihrer Altersgenossen, ihrer

Lehrer und in manchen Fällen sogar ihrer Eltern. Wiederholt aufgefordert, sich „mehr wie ein Junge“ zu benehmen, kommen sie schließlich zu der Überzeugung, mit ihnen würde etwas nicht stimmen. Diese Effeminiertheit gehört zu ihrer Persönlichkeit und hält ein Leben lang an.

Bei einem anderen Typ scheint „Lernen“ das Ausschlaggebende zu sein. Hier zeigen junge Männer, die es in ihrer Kindheit nie getan haben, beim Coming-out plötzlich weibliches (bzw. „weibisches“) Verhalten. Liegt es daran, daß die Notwendigkeit, sich „wie ein Mann“ zu benehmen, entfällt und sie sich so mädchenhaft aufführen können, wie sie wollen? Vielleicht ist es ein Weg, sich an den Eltern zu rächen. Nur selten setzt sich dieses Verhalten sehr lange fort. Meist verschwindet es, je mehr der Betreffende seine Sexualität akzeptiert. Manches daran ist nur Tuntengetue und nicht ganz ernst gemeint.

Einige Hetero-Männer empfinden einen starken Hang zu effeminierten Schwulen. Vielleicht sehen sie ihr Ego dadurch weniger bedroht als durch maskulin wirkende – vielleicht identifizieren sie sich auch mit dem gängigen Eheklischee.

Effeminiertheit beschränkt sich keineswegs nur auf Schwule. Man findet auch heterosexuelle Jungen, die wegen ihres „weibischen“ Verhaltens als schwul gelten und genauso diskriminiert werden. Von der Volksschule an und das ganze Erwachsenenleben hindurch ist es der Effeminierte, der als andersartig gesehen, schikaniert und geprügelt wird. Leider diskriminieren sogar erwachsene *Schwule* oft die Effeminierten, die sie verächtlich als Tunten bezeichnen.

Manche lehnen es tatsächlich ab, sich mit solchen einzulassen, die weibliche Züge haben. „Der ist mir zu weibisch“, heißt es dann, um diese Ächtung rational zu erklären. Eine derartige Haltung ist ein Ausdruck von Schwulen- (☛ *Homophobie*) und Frauenfeindlichkeit zugleich, die auf der traditionellen Vorstellung beruht, zwischen männlichen und weiblichen Eigenschaften bestünde eine feste, undurchdringliche Mauer. Wenn du dich in Gesellschaft von feminin wirkenden Männern unwohl fühlst, dann gib nicht ihnen die Schuld. Frage dich lieber, wieso du davor Angst hast.

EIFERSUCHT, NEID & BESITZDENKEN

Die Eifersucht mit ihren verbundenen Augen ist nicht nur unfähig, in der sie umgebenden Dunkelheit etwas zu erkennen, sondern auch eine jener Qualen, bei denen die Aufgabe ewig wiederholt werden muß." So schrieb Marcel Proust in *Auf der Suche nach der verlorenen Zeit*, jener 3000 Seiten starken Abhandlung über die verderblichste aller Leidenschaften: die Eifersucht – die zwanghafte Besessenheit, die nie die Wahrheit entdeckt und sich nie beenden läßt.

Eifersucht ist unter Schwulen ein genauso weit verbreitetes Übel wie unter Heteros. Ja, die Homosexualität bietet so viel mehr Gelegenheit zu schnellen Sexabenteuern, daß sie für den Eifersüchtigen höchstens noch eine schlimmere Tortur ist. Hätten die Schwankautoren des 19. Jahrhunderts über Homosexuelle geschrieben, dann wären die Schlafzimmerturbulenzen noch wilder und unüberschaubarer geworden.

Eifersucht ist ein so übermächtiges Gefühl, daß es dem Betroffenen angeboren und unausrottbar vorkommt. Trotz dieser Überzeugung ist sie aber eine erlernte, oft durch die Kultur eingebläute Emotion, die in manchen Gesellschaften weit häufiger und mit größerer Heftigkeit auftritt als in anderen. Da sie eine erlernte Reaktion ist, läßt sie sich auch wieder abgewöhnen.

Der erste Schritt dorthin ist die Erkenntnis der anderen Gefühle, die sich wahrscheinlich dahinter verbergen. Oft beruht Eifersucht auf dem Glauben, Sex wäre das einzige Fundament der Liebe. Der eifersüchtige Partner meint, er hätte seinen Freund nur über die Erotik im Griff und sein Freund würde ihn verlassen, wird dieser körperliche Griff einmal gesprengt. Mit anderen Worten: *Eifersucht ist ein Deckmantel für die Angst, verlassen zu werden.*

In anderen Fällen ist Eifersucht eine Projektion von Schuldgefühlen wegen der eigenen kleinen Sünden: Jemand hat Dutzende von heimlichen Sexabenteuern, sooft er aber seinen Freund „betrügt", verdoppelt er seine Verhöre und Verdächtigungen gegen ihn. Daß *er selbst* Abenteuer verheimlicht, kann und will er nicht wahrhaben. Dieses Fremdgehen ist etwas, das er seinem Freund zuschreibt, und der ist in Wahrheit vielleicht ganz treu.

Manchmal ist Eifersucht ein Restbestand aus einer heterosexuellen Kultur, die großen Wert auf weibliche Keuschheit legt. Ein südländischer Schwuler z.B. könnte so eifersüchtig auf seinen Freund sein, wie es die Heteromänner in seiner Familie gegenüber ihren Frauen sind. Kurz: Eifersucht ist dort nur *eine* Seite eines ganzen Macho-Komplexes, in dem die eigene Rolle stets die des Mannes, die Rolle des Freundes stets die der Frau ist. Ein Mann von solcher Herkunft kann besonders heftig reagieren, weil er Schuldgefühle wegen seines Schwulseins hat und eine „Männlichkeit" zu beweisen versucht, die er durch seine Homosexualität herabgesetzt sieht.

In manchen Fällen ist Eifersucht ein Deckmantel für Neid. Bob sagt, er sei eifersüchtig, wenn sein Freund Sex mit anderen hat, in Wirklichkeit aber wünscht er sich, genau solche Wahnsinnstypen abzuschleppen wie Tom. Wäre Bob ehrlich zu sich selbst, dann müßte er eingestehen, daß ihn nicht Eifersucht wegen Toms Untreue plagt, sondern vielmehr Neid auf Toms Erfolge. Wenn Bob das Gefühl hätte, er käme ebenso gut bei Männern an wie Tom, dann würde er die Rolle des eifersüchtigen Liebhabers aufgeben. Bob will es zwar nicht einsehen, aber er liegt in einem heimlichen Konkurrenzkampf mit Tom und hat Angst, daß dieser ihm in puncto sexueller Attraktivität den Rang abläuft. Leider bleibt Bob dieser seelische Prozeß unbewußt. Dazu hat er zuwenig Selbstwertgefühl. Ständiger Hickhack (wenn nicht offene Gewalt) sind also garantiert, und am Ende steht meist eine kaputte Beziehung.

Viele Formen von Eifersucht beruhen auf Besitzdenken. Man handelt nach dieser Überzeugung, und jedesmal, wenn der Freund mit anderen Sex hat (oder auch nur flirtet), verspürt der Eifersüchtige das als Angriff auf seinen Privatbesitz.

In praktisch allen Fällen ist das direkte Problem, das so oft auch die Wut des Eifersüchtigen hervorruft, ein plötzlicher, stark empfundener Einbruch des Selbstwertgefühls. Darum ist Eifersucht keine *zwischenmenschliche* Erscheinung, sosehr es auch danach aussehen mag; sie ist völlig selbstgemacht. Ja, Eifersucht ist sogar Egozentrik in ihrer extremsten Form.

Wenn du unter Eifersucht leidest und darüber hinwegkommen willst, dann mußt du erst einmal einsehen, daß diese Empfindung deiner nicht würdig ist, daß sie deine jetzige Beziehung ruiniert und durchaus auch alle künftigen verderben kann. Solange du an der Überzeugung festhältst, deine Eifersucht sei normal und gerechtfertigt, wirst du sie nie überwinden. Zweitens: Hör auf, deinen Freund ins Verhör zu nehmen und versuch nicht mehr, ihn bei Lügen und falschen Alibis zu ertappen. Widerstehe der Versuchung, seine Tagebücher, Briefe oder Telefonrechnungen zu lesen. Jedesmal, wenn dich das Fieber wieder packt, vergiß, was dein Freund tut, und überprüfe deine eigenen Gefühle. Was für Empfindungen stecken hinter dieser Raserei? Schuldgefühle wegen deines Schwulseins? Schuldgefühle wegen deiner eigenen Sexabenteuer? Neid? Zweifel, ob dein Partner dich wirklich liebt? Falls du diese tiefere Unstimmigkeit hinter der Eifersucht feststellen kannst, sprich sie deinem Freund gegenüber aus.

Bei vielen Paaren äußert nur einer der Partner Eifersucht, obwohl beide Männer zu deren Dynamik beitragen. Habt ihr euch in den Schlingen der Eifersucht verfangen, dann solltet ihr euer Handeln und eure Beweggründe dafür analysieren. Manchmal nährt einer die Eifersucht seines Freundes, damit dieser unaufhörlich in Spannung – und restlos fasziniert bleibt. Nichts bindet *so* stark wie die Eifersucht, zumindest, wenn man sie unter Kontrolle hält. Der eifersüchtige Freund denkt nie an etwas anders als seinen Partner. Wenn eure Beziehung durch Eifersucht zusammengehalten wird, dann müssen du und dein Freund euch fragen, ob ihr diese gegenseitige Abhängigkeit und diese ständige, unterschwellige Qual wirklich braucht.

EINSAMKEIT

Das Gefühl des Alleinseins ist beängstigend und deprimierend. Egal, wieviel Geld, Macht oder Ansehen man besitzt, egal, wieviele Freunde, Bekannte und Abenteuer jemand vorzuweisen hat, kann es sein, daß er von einem unerträglichen Gefühl der Entfremdung überfallen wird. Sogar ein Mensch mit einem hingebungsvollen Partner kann manchmal eine tiefe Isolation empfinden.

Es gibt drei Arten von Einsamkeit: Die erste Art von Einsamkeit ist die nach dem Tod eines sehr engen Freundes, eines Geliebten oder eines Angehörigen. Die daraus resultierende Trauer ist stets begründet, der Verlust nämlich real, nicht subjektiv oder vermeintlich (☛ *Depression; Trennungen&Partnerverlust*). Eine zweite Isolation, mit der man sich abfinden muß, ist die „kosmische" Einsamkeit. Oft wird einem Menschen in den Dreißigern oder Vierzigern seines Lebens, wenn er die Geister der Vergangenheit begraben und sich von allen neurotischen Seiten seines Verhältnisses zu Eltern, Chef und Lebensgefährten befreit und zu einer klaren Selbstsicht gefunden hat, die volle Wucht einer kosmischen Einsamkeit treffen, wie sie William James in den *Varieties of Religious Experience* beschreibt: der Erkenntnis des Erwachsenen, daß wir allein zur Welt kommen und allein sterben werden, und daß wir viele unserer persönlichen Erfahrungen nie erfolgreich werden mitteilen können. Daran ist nichts zu ändern.

Aber die dritte Form von Einsamkeit läßt sich bekämpfen. Obwohl wir es nicht so sehen, ist die gewöhnliche Art schmerzlicher Einsamkeit etwas Selbstgemachtes. Diese Einsamkeit ist unsere Zurückweisung anderer, unsere Weigerung, sie zu einem wesentlichen Bestandteil unseres Lebens werden zu lassen. So sagt vielleicht ein einsamer Mann, selbst wenn er von Hunderten anderer Schwulen umgeben ist, daß er zu keinem davon einen Bezug findet. Er wird behaupten, sie alle wollten nur Sex, keine persönliche Nähe und Vertraulichkeit. Dabei ist er es, der Sex verlangt und Angst vor Zuneigung hat. Um seine Überzeugung nicht anzukratzen, daß keiner ihn liebt, wird dieser Einsame lieblose Männer suchen. Vielleicht heiratet er sogar, führt ein Doppelleben und verflucht dann, daß er nicht die Liebe eines Mannes finden kann, weil seine Ehe ihn einsperrt – eine Situation, die er selbst geschaffen hat.

Eine andere Form von Einsamkeit ist unter Schwulen mit am häufigsten. Sie betrifft jene Männer, die nichts als schnellen, anonymen Sex wollen – und das ganz bewußt. Haben sie sich erst eine Welt des schnellen Sex gebastelt, dann können sie klagen, schneller Sex wäre alles, worauf Schwule je aus sind. Aus einem Mangel an Selbstachtung zeigen sie ebenso wenig Achtung vor ihren Sexpartnern, indem sie die Safer-Sex-Regeln nicht befolgen und damit das Leben beider in Gefahr bringen. (Natürlich gibt es auch Schwule, die nur anonymen Sex haben, denen er Spaß macht und die sich nicht darüber beklagen.)

Wenn du in einer selbstgebauten Einsamkeitsfalle sitzt, dann solltest du dir überlegen, ob du nicht deine Gewohnheiten änderst. Plane lieber gemütliche Treffen mit deinen Bekannten statt auf Sexsuche zu gehen. Liebe und Freundschaft sind keine luftdichten Kapseln. Wenn du eine enge, vertrauensvolle Beziehung mit einem Bekannten erreichen kannst, dann bereitest du dich vielleicht auch für eine enge, vertrauensvolle Partnerschaft vor. Denn die ist immer möglich. Lern neue Leute an neuen Orten kennen oder tritt an den alten auf neue Leute anders zu. Vielleicht solltest du mit einer Bekanntschaft aus dem Fitneßstudio nicht gleich ins Bett hüpfen. Lad sie zum Abendessen oder ins Kino ein, unterhalte dich mit ihr, wirb um sie. Wenn du Angst hast, neue Herangehensweisen auszuprobieren: egal. Lieber ängstlich sein, aber etwas ändern, als hübsch geborgen in einem neurotischen Verhaltensschema zu bleiben, das ein Dichter einmal mit den Worten „alt, unangebracht und florierend“ beschrieben hat.

EJAKULATIONSPROBLEME

Es gibt zwei Arten von Ejakulationsproblemen: *vorzeitige Ejakulation* (wenn man zu früh kommt) und *verzögerte Ejakulation* (wenn man überhaupt nicht kommt). Während Männer, die unter verzögerter Ejakulation leiden, ihre sexuellen Reaktionen zu stark kontrollieren, fehlt es denen, die unter vorzeitiger Ejakulation leiden, an Kontrolle – oder besser: an Bewußtsein über ihre körperlichen Auslöserreize. Ein Mann, der zu früh kommt, ist sich nicht klar darüber, was in seinem Schwanz und in den umliegenden Muskeln passiert.

Eine Selbsthilfetechnik gegen vorzeitige Ejakulation ist folgende: Such dir einen verständnisvollen Partner aus, der dich wichst, bis du kurz vorm Kommen bist. Konzentriere dich auf deine Empfindungen und achte haarscharf auf die ersten Anzeichen einer Ejakulation. Wenn du glaubst, daß du gleich kommst, sag deinem Partner, er soll aufhören. Ist das Bedürfnis wieder abgeklungen, bitte ihn, dich weiter zu wichsen, aber bremse ihn erneut, wenn du kurz vorm Orgasmus bist. Diese Übung wird mehrere Male wiederholt; danach tu dir keinen Zwang an und komme.

Beim zweiten Teil der Übung (so schön war es in der Schule nie!) lutscht dir dein Partner den Schwanz bis unmittelbar vor dem Höhepunkt. Wenn du das Gefühl hast, du mußt kommen, dann legt eine Pause ein.

Wiederholt das Ganze dreimal, danach spritz ab. Der letzte Teil ist das Bumsen.

Fangt am besten damit an, daß dein Partner auf deinem Schwanz sitzt – mit Kondom! (☛ *Draufsitzen)* Er sollte langsam auf und nieder gehen, während du dich auf deine Sinneswahrnehmungen konzentrierst. Wenn du spürst, daß du kurz vorm Orgasmus bist, stopp deinen Partner. Wiederholt das Ganze dreimal. Beim vierten Mal darfst du kommen. Wenn in dieser Stellung die vorzeitige Ejakulation kein Problem mehr für dich ist, dann könnt ihr euch zum Bumsen auch nebeneinanderlegen (☛ *Nebeneinander*). Aber denkt daran: Macht nicht zu schnell! Bumst schön langsam! Im übrigen sollte man stets die Safer-Sex-Regeln beachten.

Männer, die an verzögerter Ejakulation leiden, haben keine Probleme beim Sex – bis zum Kommen; dann können sie plötzlich nicht mehr. Meist gibt es solche Schwierigkeiten nicht, wenn sie allein im stillen Kämmerlein wichsen. Andere Männer haben keine Probleme mit dem Kommen, wenn ihnen jemand einen bläst oder runterholt. Nur beim Bumsen fällt es ihnen schwer.

Körperliche Ursache ist eine unfreiwillige Überkontrolle der Muskeln. Man nimmt an, daß sich die Muskeln rings um die Geschlechtsteile fest zusammenschließen, und weil sie unbewußt vom motorischen Nervensystem gesteuert werden, ist jeder dagegen machtlos. Diese Reaktion (sowie auch Impotenz) findet man häufig, wenn Männer extrem müde sind, und kann auch bei jemandem auftreten, der über einen langen Zeitraum gebumst und versucht hat, nicht zu kommen. Vielleicht gelingt ihm das nur allzu gut. In diesen Fällen ist das Problem situationsbedingt, nicht chronisch.

Die tiefere, seelische Ursache dürfte jedoch Nervosität sein. Angst vorm Sex, Schuldgefühle wegen der eigenen Homosexualität, der dringende Wunsch, seinem Partner zu gefallen – das alles sind weitere mögliche Faktoren. Eine Reihe von Psychologen meint, auch ein starkes Element unbewußter Feindseligkeit könne eine Rolle spielen. Ob Nervosität, Angst und Unsicherheit sich jeweils in Impotenz, Ejakulationsunfähigkeit oder darin äußern, daß jemand nicht bumsen kann, hängt von der psychischen Struktur des einzelnen ab.

Hält das Problem hartnäckig an, so dürfte folgende Übung helfen: Falls du beim Wichsen keine Probleme hast, laß es keinesfalls sein! Mach damit weiter, wie gehabt. Bitte einen Freund, dem du voll vertrauen kannst, im Raum nebenan zu sitzen, während du dir einen runterholst – und zwar, bis du kommst. Am nächsten Abend stell ihm die gleiche Bitte, während du ein paar Minuten lang onanierst. Wenn du kurz vorm Orgasmus bist, sollte dieser Freund hereinkommen, dich aber nicht ansehen. Wieder einen Abend später sollte er ins Zimmer kommen, während du wichst – erst mit dem Rücken zu dir, das nächste Mal mit dem Gesicht.

So krampfhaft und gestellt dieses Vorgehen auch scheinen mag, folgt es doch einem gesunden Grundprinzip. Die Psychologen nennen es *Entsensibilisierung.* Bei jedem Schritt der Übung beginnst du mit einer Situation, die keinen seelischen Streß auslöst, und bewegst dich dann langsam, nach und nach, auf diejenige zu, die dich belastet. Vom Solo-Wichsen, einer entspannten Situation, gehst du zum Onanieren vor einem Partner über. Wenn es dich erst einmal nicht mehr beunruhigt, daß er im Zimmer ist und dich ansieht, dann sollte er unmittelbar, bevor du abspritzt, zu dir herkommen, übernehmen und dich zum Orgasmus bringen.

Ejakulationsunfähige Männer beobachten sich und den Partner auf Reaktionen. Diese ständige Überwachung verschlimmert das Problem nur. Mach das Licht aus und gib dich ganz deinen Phantasien hin. Vergiß deinen Schwanz, vergiß, was im Kopf deines Partners vorgehen mag, und stell dir eine Szene vor, die dich wahnsinnig geil macht. Wenn dir gerade nichts einfällt, greif zu Pornos. Während dein ganzes Denken von diesem Strudel erfaßt wird, sollte dein Partner dir einen runterholen. Am nächsten Abend mach das gleiche mit *ihm.* Am Schluß versuche ihn zu ficken, wenn du mitten beim Wichsen warst.

Die Psychotherapie gilt bei Ejakulationsproblemen nicht als besonders empfehlenswert, aber eine Sexualtherapie könnte helfen. Finde einen ausgebildeten Sextherapeuten heraus und ziehe ihn (oder sie) zu Rate. Wenn du und dein Freund das Problem inzwischen mit übertriebener Vorsicht angehen, ist euch der Rat eines Außenstehenden vielleicht willkommen.

ELTERN

Das Coming-out gegenüber den Eltern kann schwer sein, besonders wenn man noch zu Hause wohnt. An dem weitverbreiteten Wunsch, seinen Eltern zu sagen, daß man schwul ist, läßt sich die steigende Selbstachtung Homosexueller ablesen. Er beruht nicht nur auf dem Entschluß zur Ehrlichkeit, sondern entspringt auch dem Bedürfnis, das Gute, das in unserem Leben passiert, anderen mitzuteilen.

Ein paar Tips für das Coming-out gegenüber den Eltern: Erstens, mach eine „Generalprobe“, indem du dich vor ein paar heterosexuellen Freunden zu deinem Schwulsein bekennst. Beobachte ihre Reaktionen und frag auch dich selbst, wie du dich als „offener“ Schwuler fühlst. Darüber hinaus solltest du deine schwulen Bekannten nach deren Coming-out-Erfahrungen fragen.

Wenn du meinst, du könntest deinen Eltern mitteilen, daß du schwul bist, dann such dir einen Moment dafür aus, in dem du mit ihnen allein und wahrscheinlich ungestört bist.

Wähle auch unbedingt einen Zeitpunkt, wenn sie entspannt sind. Bei dem Gespräch selbst wirf das Thema „Homosexualität“ nicht mit anderen Dingen in einen Topf („Kein Wunder, daß ich schwul bin, Dad, du hast dich ja nie um mich gekümmert“). Auch, daß deine Eltern sich selbst oder einander Vorwürfe machen, solltest du nicht zulassen, und genauso wenig, daß sie dir etwas vorwerfen! Homosexualität ist nichts, woran irgend jemand „schuld“ wäre.

Vielleicht nehmen die Eltern dein Coming-out problemlos auf; vielleicht brauchen sie lange Zeit, um damit klarzukommen. Auf jeden Fall gib ihnen alle nötigen Auskünfte. Du wirst dich vielleicht wundern, wie uninformiert sie sind. Dein Coming-out dürfte etwaige Ängste und Sorgen in ihnen wachrütteln. Zwei der häufigsten Fragen lauten: „Wirst du denn nicht einsam?“ und „Wie schützt du dich vor Aids?“ Halte dir eine Antwort parat. Es ist ganz klug, deinen Eltern ein paar Bücher über Homosexualität zu besorgen, besonders solche, die für Eltern geschrieben wurden. Erkundige dich in einer schwulen Buchhandlung nach solcher Literatur. Erwarte nicht, daß deine Eltern diese Bücher sofort lesen; erst nach einer gewissen Zeit werden sie den Mut haben, sie auch nur aufzuschlagen. Außerdem könntest du deine Eltern auch auf die nächste Selbsthilfegruppe für Eltern homosexueller Kinder hinweisen. Die Adresse findest du in schwulen Zeitschriften, Informationsheften oder Städteführern. Da deine Eltern wahrscheinlich Hemmungen haben, in so eine Gruppe zu gehen, könntest du ihnen auch anbieten, daß du mitkommst. Aber nimm es ihnen nicht übel, wenn sie lieber allein sind. Vielleicht fühlen sie sich in deiner Begleitung gehandicapt.

Deine Eltern brauchen Bestätigung und Unterstützung, wenn du dein Coming-out gemacht hast. Kann sein, daß deine Mitteilung als große Überraschung kommt. Sag ihnen, du willst, daß sie es wissen, weil du sie liebst und sie in diesen wichtigen Bereich deines Lebens einbeziehen möchtest. Sag ihnen, daß du derselbe Sohn bist wie eh und je. Sie werden jetzt verstärkt deine Zuneigung brauchen, denn sie haben gehört, daß Homosexuelle ihrem Elternhaus meist den Rücken kehren (ein Märchen, aber ein geläufiges). Wenn sie nach peinlichen Einzelheiten über dein Sexleben fragen (was normalerweise nicht vorkommt), dann erkläre ihnen ganz ruhig, daß deins genauso privat ist wie das ihre. Die Aufgabe, deine Geschwister von deinem Schwulsein zu unterrichten, solltest du selbst übernehmen. Laß das nicht Sache deiner Eltern sein!

Eine andere Dimension des Coming-outs gegenüber den Eltern ist das Vorstellen deines Freundes. Immer mehr Eltern akzeptieren den Lebens- und Liebesgefährten ihres Sohnes, aber man findet auch heute noch einige, die diese Beziehung in den Dreck ziehen, meist mit der hysterischen Schein-Logik: „*Er* hat dich schwul gemacht“ oder „Wenn *er* nicht wäre, dann würdest du dieses nette Mädchen von nebenan heiraten.“

Oft ist ein Ferienbesuch bei den Eltern der Schauplatz für solche

Scharmützel. Die Frage: „Du kommst doch *allein*?“ von seiten eines Elternteils ist meist mehr ein Befehl, der soviel heißt wie: „Bring mir nicht diesen Scheißkerl ins Haus!“ Manche Schwule hängen so sehr von Lob und Einverständnis ihrer Eltern ab, daß sie ihren Freund daheimlassen. Eine andere Kategorie wird sagen: „Wir sind ein Paar, und wir gehen überall zusammen hin. Wenn euch das nicht paßt, dann besuchen wir euch nicht. Überlegt's euch und ruft mich an, wenn ihr euch entschieden habt.“ Manche Schwule finden es ganz nützlich, widerspenstige Eltern einmal zu ihrem Freund einzuladen.

Manchmal macht nur ein einziger Elternteil Schwierigkeiten. Versuche, deine Eltern nicht gegeneinander auszuspielen, obwohl du dir natürlich soviel Beistand wie möglich wirst sichern wollen, um die Akzeptanz des halsstarrigen Elternteils zu gewinnen. In manchen Fällen sind es ein Bruder oder eine Schwester, in denen sich ungeahnte Tiefen von Voreingenommenheit auftun. Dem mußt du dich stellen. Mache dir keine Sorgen, daß ein Elternteil oder beide zu Tode geschockt sein könnten. Dieser Gedanke ist absurd. Dein Schwulsein kann niemanden umbringen. Sicher bereitet das Coming-out vor den Eltern Nervosität und Ängste, aber es hat seine lohnenden Seiten. Verheimlichst du ihnen dein Schwulsein, bringst du dich um diese Unterstützung.

Seit Anfang der 80er Jahre setzte Aids die Schwulen vermehrt unter Druck, ihre Eltern über die eigene Homosexualität aufzuklären. Vielleicht will ein HIV-Positiver seinen Lebensstil nicht länger verheimlichen, weil er eine Uhr ablaufen hört. Es gibt auch Schwule, die erst nach Feststellung Aids-bedingter Symptome ihr Coming-out vor den Eltern hatten. Zu der konfliktbeladensten Szene kommt es dann, wenn ein Mann, der todkrank in einer Klinik liegt, seinen Eltern gleichzeitig sagt, daß er schwul ist und daß er Aids hat – ein klassischer Doppel-„Hammer“. Mach dir klar, wie schwer deine Eltern das werden verdauen können, und hilf ihnen, indem du sie an Freunde, Bekannte, Sozialarbeiter oder medizinische Fachleute verweist. Die können ihnen viele von den Fragen beantworten, die sie mit Sicherheit haben (☛ *HIV-positiv; HIV-Erkrankung*).

Durch Aids wurde bestätigt, was wir über Eltern und ihre tiefe Liebesfähigkeit wissen. Die überwiegende Mehrzahl reagiert mit

Mitgefühl für ihre Söhne. Sie unterstützt sie seelisch, körperlich und finanziell. Das Gleiche gilt für Geschwister. Solche Eltern haben auch den Wert der Lebensgefährten und Freunde ihrer Söhne begriffen, die die Bürde mit ihnen teilen, sich um den Kranken zu kümmern, für ihn kochen, zu waschen und mit ihm zusammen zu weinen. In diesen Fällen leisten auch die Eltern, der Freund und enge Bekannte einander wichtigen Beistand.

Leider sind nicht alle Eltern so liebevoll. Ein schockierend hoher Anteil davon hat in seinen Reaktionen auf Aids sogar Selbstsucht und Eigenliebe bewiesen. „Wie konnte er *mir* das antun?" lautet eine typische Bemerkung solcher Eltern. Sie lassen ihre Kinder ganz und gar im Stich. Sie weigern sich, ihren sterbenden Sohn zu besuchen, mit ihm zu telefonieren oder an ihn zu schreiben. Inständige, verzweifelte Anrufe vom Freund ihres Sohnes oder von Familienangehörigen werden ignoriert. Wenn der kranke Sohn sie besuchen möchte, weisen sie ihn ab.

Nach seinem Tod stürzen solche selbstsüchtigen Eltern sich auf die Leiche und entführen sie, ohne die Freunde des Verstorbenen zu informieren – genau jene Menschen, die ihn während der gesamten Zeit seiner Krankheit gepflegt und versorgt haben. An den Gedenkgottesdiensten, welche die Freunde des Verstorbenen abhalten, nehmen solche Eltern ganz bestimmt nicht teil. Oft nehmen sie ein letztes Mal Rache für die Homosexualität ihres Sohnes, indem sie sein Testament anfechten.

Nicht Aids hat diese Ungeheuer erschaffen – die gab es schon immer. Doch Aids zwingt uns, unser Verhältnis zu unseren Eltern neu zu überdenken. Wir werden daran erinnert, daß manche Eltern ihr Kind nicht lieben, es möglicherweise nie geliebt haben – und genauso wenig sonst irgendeinen Menschen, was das betrifft.

Manche Söhne sollten ihren Eltern *nicht* sagen, daß sie schwul sind – nie. Sie sollten sich jedem Kontakt zu ihnen verweigern. Wir wissen sehr wohl, was wir da sagen. Schwule, die einem lieblosen, feindseligen Elternhaus entstammen, müssen anderswo Liebe und Unterstützung suchen (was sie zweifellos auch tun)denn sie werden das nie und nimmer von ihren Eltern bekommen. Es ist schon schwer genug, sich emotional von seinen Eltern zu trennen, wenn sie sterben – lieblose Eltern aufzugeben, erscheint seltsamerweise noch schmerzlicher. Vielleicht liegt es an der erschreckenden Einsicht, daß man sie die ganze Zeit richtig eingeschätzt hatte.

ENTSPANNUNG

Manchmal werden Leute unmittelbar vor oder beim Sex von Nervosität geplagt. Solltest du dieses Problem kennen, dann nimm dir Zeit zur Entspannung. Auch wenn du Angst hast, dein Partner könnte beleidigt sein, falls du nicht gleich mit ihm ins Bett springst, hat er vielleicht selbst nichts gegen eine kleine Verschnaufpause. In den meisten Fällen wirkt Verletzlichkeit sympathischer, als du ahnst.

Eine Entspannungstechnik besteht paradoxerweise darin, daß man bestimmte Muskelgruppen vorsätzlich anspannt. Beginne mit deinen Händen. Balle sie zu Fäusten, öffne sie dann und sag dir dabei: „Entspann dich." Als nächstes spannst und entspannst du deine Arme. Achte besonders auf die Verspannungen in deinem Nacken und in deiner Bauchmuskulatur. Atme während der gesamten Übung tief durch. Psychologen nennen das „progressive Entspannung".

Bei einer anderen Methode ruft man sich ein Bild vor Augen, das vollkommen ruhig wirkt, vielleicht eins aus deiner Vergangenheit oder eines, das du dir selbst ausdenkst. Egal, ob es nun ein Strand, ein Wald oder ein Märchenschloß ist: Wenn du dich in seine Stimmung versetzt, wird es zu körperlicher Entspannung führen.

Vielleicht bittest du auch deinen Partner um Hilfe. Leg dich ganz ruhig hin und versuche dabei, den Körper möglichst weit zu entspannen. Stelle dir vor, er wäre so schwer, daß er durch das Bett sinkt, oder so schlaff, daß du dich wie eine Flickenpuppe fühlst. Dann sollte dein Partner eine Hand oder einen Fuß von dir anheben und wieder aufs Bett fallen lassen. Genausogut kannst du dich auch hinlegen, dich auf tiefes Durchatmen konzentrieren und dich beim Ausatmen von deinem Partner massieren lassen. Du müßtest von Mal zu Mal leichter und tiefer einatmen können.

Bist du erst einmal voll entspannt, könnt ihr ganz problemlos zum Sex übergehen. Falls dich beim Sex allerdings wieder Nervosität und

Ängstlichkeit befallen, dann hab keine Angst, eine neue Atempause einzulegen. Wenn du dir Zeit zur Entspannung nimmst, wird der Sex viel reizvoller, als wenn du dabei verkrampft bist.

DAS ERSTE MAL

Seit Urzeiten bumsen Männer zusammen und genießen dieses Erlebnis in vollen Zügen. Priestern, Richtern und Ärzten zum Trotz haben sie sich niemals davon abbringen lassen. Diese Beharrlichkeit im Angesicht von Strafen wie Erhängen, Verbrennen, Kastration, Einsperrung und Einlieferung ins Irrenhaus deutet darauf hin, daß Männerfick großen Spaß macht.

Um dich mit Genuß bumsen zu lassen, mußt du vielleicht ein paar negative Einstellungen zu deinem Arschloch überwinden (☛ *Anus*). Die beste Vorbereitung aufs Sich-bumsen-lassen ist, deinen Anus und einige der Gefühle, die er spenden kann, zu erforschen. Manche Männer machen die folgenden Übungen gern in der Badewanne. Das warme Wasser hilft dir zum Entspannen, und das Badezimmer bietet jungen schwulen Männern, die noch bei ihren Eltern wohnen, ein bißchen Ungestörtheit.

Wasch dein Arschloch – auch ein klein wenig im Innern – mit Wasser und Seife. Schmier dir den Finger mit einem Gleitmittel ein und führe ihn in den Anus. Wenn du dich zunehmend entspannst, nimm noch mehr Gleitmittel und steck den Finger tiefer hinein. Nun wirst du deinen Schließmuskel spüren; er muß entspannt sein, um dich bumsen zu lassen. Zieh ihn zusammen. Du wirst staunen, wie stark er ist. Öffne und schließe diesen Muskel mehrmals hintereinander.

Jetzt dring noch tiefer vor. Du wirst merken, daß der Schließmuskel weiter ist, als du vermutet hast, und sich um deinen forschenden Finger wie von allein spannt und entspannt. Wenn nicht, dann versuch es weniger fest.

Hat dein Finger den Schließmuskel erst passiert, dann tritt er in den Mastdarm, der weiträumiger ist. Du wirst spüren, daß er sich anders anfühlt. Laß deinen Finger mehrmals ein und aus gleiten, immer nur ein paar Zentimeter. Wenn du bis jetzt Angst davor hattest, daß jemand in dein Arschloch eindringt, wirst du staunen, wie leicht das geht.

Zieh deinen Finger heraus, atme tief durch und entspanne dich. Sage dir laut, daß du bestens zurechtkommst. Solches Eigenlob mag verrückt und narzißtisch erscheinen, aber in Wahrheit ist es eine nützliche Selbstbestätigung. Wenn du nach dieser Pause deinen Finger erneut einführst, wirst du merken, wieviel leichter es jetzt geht – aber sei nicht zu stürmisch.

Wenn du das verschiedentlich ausprobiert hast, versuch es irgendwann einmal mit zwei Fingern. Solltest du dabei spüren, wie dein Schließmuskel sich verengt, geh wieder zu den Entspannungsübungen über. Danach kannst du einen Dildo (einen Gummischwanz) benutzen, falls du Lust dazu hast. Achte darauf, daß er eine vernünftige Größe besitzt und keins von diesen Ungetümen ist, das Sensationskünstler in sich aufnehmen.

Auch zwei andere Übungen könnten wertvoll sein. Erstens: Wenn du einen Sexpartner oder festen Freund hast, bitte ihn, dein Arschloch mit seinen Fingern zu erforschen. Dann steck deine Finger in *seins.* Übung Nummer zwei besteht darin, daß du mit einer Hand wichst, während du dir ein, zwei Finger deiner anderen in den Arsch steckst. Führe sie beim Onanieren rhythmisch ein und aus. Vielleicht möchtest du deinen Partner ja auch in die Wanne einladen, damit ihr diese Übungen zusammen macht. Bedenkt man die Enge in so einem Ding, dann könnte diese Sitzung nicht nur lehrreich, sondern auch sehr vergnüglich werden.

Noch eine kleine Warnung: Finger, Dildos und Schwänze sind meist angenehm und nicht gefährlich, aber: *Steck dir nie etwas anderes in den Arsch!* Keine Glasflaschen, Salatgurken oder sonstige exotische Objekte. Du könntest die Kontrolle darüber verlieren, so daß sie sich in deine Gedärme verirren und schwere Operationen erforderlich machen (☛ *Sexspielzeug*).

Wenn du dich das erste Mal bumsen läßt, solltest du dich in mehrfacher Hinsicht darauf vorbereiten. Körperlich brauchst du dich lediglich mit einem Einlauf zu säubern. Außerdem solltest du Kondome griffbereit haben und immer darauf bestehen, daß dein Partner sie auch benutzt. Wir raten dringend, euch zu diesem Zeitpunkt nicht zu betrinken oder bewußtseinsverändernde Drogen zu nehmen. Das könnte euer gesundes Urteilsvermögen in Sachen Safer Sex beeinträchtigen (☛ *Alkohol und andere Rauschmittel*). Benutze ein Gleitmittel, das Nonoxynol-9 enthält. Schmiere dein Arschloch und die Außenseite vom Kondom deines Partners großzügig damit ein. Vielleicht hättest du auch gern deine Lieblingscreme fürs Wichsen zur Hand, damit du deinen eigenen Schwanz bearbeiten kannst, während du gebumst wirst (☛ *Kondome; Gleitmittel; Safer Sex*).

Als Ausgangsposition empfehlen sich zwei Stellungen. In der leichteren liegen du und dein Partner nebeneinander, die Vorderseite des Gebers an der Rückseite des Nehmers. Manchmal setzt sich ein Neuling auch lieber *auf* den Schwanz, damit er die Situation steuern kann (☛ *Drauf sitzen*). In dieser Stellung solltest du deinen Partner anschauen, während er seinen Schwanz in dir hat. Wenn du auf ihm sitzt, legt sich auch das, was vielleicht eine deiner größten Ängste ist: daß er zu rasch eindringt. In dieser Position aber kannst du das Tempo selbst bestimmen. Nur vergiß nicht, daß der Durchschnittsmann kaum Probleme hat, auch einen ziemlich großen Schwanz in sich aufzunehmen. Wenn dein Partner etwa zu einem Drittel in dir ist, schmerzt es vielleicht. Geh sachte herunter und macht eine kleine Pause, ehe ihr es von neuem probiert. So hat auch der Schließmuskel Zeit, sich zu öffnen.

Beim zweiten Versuch dürfte alles klappen. Du müßtest den Schwanz in voller Länge in dich aufnehmen können – möglicherweise wunderst du dich sogar, wie leicht es jetzt geht. Wenn nicht, wiederholt einfach das Ganze und versuch' dich zu entspannen.

Anfangs hast du beim Gebumstwerden vielleicht das unangenehme Gefühl, du müßtest aufs Klo. Erst wenn du es öfters erlebt hast, wirst du lernen, die beiden Gefühle auseinanderzuhalten.

Angenommen, du bist schließlich mit einem gutaussehenden Mann zu Hause gelandet und ihr seid beide nackt. Plötzlich verkündet er, er habe sich noch nie bumsen lassen, möchte es aber lernen. Von deiner Reaktion hängt alles ab. Willst du es mit einem Neuling aufnehmen? Vielleicht bist du daran nicht interessiert – oder im Gegenteil: du fühlst dich geschmeichelt. Wenn du dir nicht die Zeit nehmen willst, um es richtig zu machen, dann laß das Ganze sein.

Die Einweihung eines Neulings verlangt Geduld und Behutsamkeit.

Du mußt ihm beibringen, sich zu entspannen, ihm klare, unzweideutige Anweisungen geben, ihn beruhigen, ihm versichern, daß er die Sache gut macht, und niemals drängen. Verkrampften Menschen ist selten bewußt, daß ihr Körper starr, ihre Muskeln angespannt sind. Sage und zeige ihm, wo er verkrampft ist. Massier diese Stellen ein bißchen. Du mußt kein Profi sein, damit er sich wohl und entspannt fühlt (☛ *Massage).*

Dringe behutsam mit einem Finger in ihn ein. Wenn er sich an diesen einen gewöhnt hat, nimm zwei Finger – aber nicht zu schnell. Hast du erst einmal beide Finger in seinem Arsch, dann masturbiere deinen Partner mit der anderen Hand. So verbindet sich das angenehme, vertraute Gefühl des Wichsens mit dem neuen der Penetration. Du kannst ihn masturbieren oder lutschen, bis er kurz vorm Kommen ist. Necke ihn ein bißchen, laß ihn auf seinen Höhepunkt warten.

Vielleicht möchtest du, daß er das Gleiche bei dir tut oder daß ihr die Rollen sogar tauscht – abwechselnd blast oder wichst, bis er sich wohl und geil fühlt.

Jetzt ist es soweit, daß du ihn bumsen kannst. Sagen wir, er liegt auf dem Rücken und hat dir seine Beine um die Schultern gelegt. Während du ihm mit der einen Hand den Schwanz massierst, erforschst du mit den Fingern der anderen sein Arschloch; dann mit deiner Eichel. Frag', wie es sich anfühlt. Wenn er geil und vollkommen entspannt scheint, steck deine Eichel hinein, aber nicht ganz. Gib ihm erst Zeit, sich an das Gefühl zu gewöhnen.

Beim ersten Mal sollte die Penetration langsam und sachte geschehen. Bist du teilweise eingedrungen, dann ist es schon halb geschafft; versuch nicht, mit Gewalt weiterzumachen. Wenn sich dein Partner verspannt, zieh dich zurück und massiere ihm wieder das Arschloch. Sollte er beim Bumsen in Panik geraten, dann hör damit auf. Bist du aber ganz oder teilweise in ihm, so frage ihn, ob du wieder rausgehen sollst. Sprich dabei ganz ruhig und gelassen. Fang sogar an, dich etwas zurückzuziehen. *Es ist sein Körper, in den hier eingedrungen wird; laß dich von ihm leiten.* Manchmal genügt schon das Wissen, daß er dir vertrauen kann, damit er sich entspannt.

Sag ihm, was du spürst und empfindest – wie aufregend es ist, in ihm zu sein, und wie sexy er selbst ist. Masturbiere ihn dabei immer weiter, aber nicht bis zum Höhepunkt. Bring ihn soweit, daß er seine eigenen Gefühle formuliert. Sich in Worten Luft zu machen, wird helfen, daß er die Sache angenehm findet (☛ *Verbalerotik; Lustgeräusche*).

Bumse ihn langsam und bedächtig. Laß von Zeit zu Zeit ihn die Bewegungen anfangen; variiere seine Position, bis dein Penis ihm die Prostata massiert – eine Stelle, die Lustgefühle garantiert. Am Schluß, wenn ihr beide gekommen seid, küß ihn, halte ihn fest und sag ihm, wie schön es war, in ihm drin gewesen zu sein.

FÄKALSEX (SCAT, KAVIAR)

Einige Schwule beziehen in ihren Sex gern Fäkalien ein. Das Wort kommt aus dem Lateinischen und bedeutet nichts anderes als „Kot". Wahrscheinlich redet man über diese sexuelle Vorliebe aber mehr, als daß sie praktiziert wird.

Leute, die sie anmacht, scheißen aufeinander, essen die Scheiße des anderen oder beschmieren sich gegenseitig damit. Manchmal ist es aber nicht so sehr der physische Aspekt der Scheiße als ihr symbolischer Wert, auf den es ankommt. In diesen Fällen wird die Scheiße weniger benutzt, um sich und seinen Partner herabzuwürdigen, sondern eher – oft, ohne sie auch nur anzurühren – auf eine vielfältige sinnbildliche, ja, selbst rituelle Weise: Man erlebt Scheiße als etwas, das von dem anderen erzeugt wurde, verherrlicht sie mitunter sogar (fast genauso, wie Kleinkinder damit spielen, als staunenswertem Produkt ihres eigenen Körpers), stopft sie in Kondome und gebraucht sie als Ersatzpenis.

Fäkalsex mag für einige als S/M gelten, aber das stimmt nicht unbedingt. Ein paar Ledertypen stehen auf diese Nummer: Der Herr scheißt auf den Sklaven, um ihn dadurch ein weiteres Mal herabzuwürdigen. Für Masochisten, die das Extreme suchen, muß Fäkalsex die ultimative Erniedrigung sein – und deshalb das Geilste überhaupt. Doch es besteht kein Grund zu der Annahme, daß jemand, der beim Sex Scheiße ißt, auch im alltäglichen Leben zu Demütigungen herausfordert oder sich dergleichen gefallen läßt. Das Wort „Fäkalsex" beschreibt lediglich eine Sexualpraktik, keine soziale Rolle.

Wie beim Arschlecken setzt man sich auch bei Fäkalsex einer Reihe von Gefahren aus: Hepatitis, Parasiten und bakterielle Ruhr (☛ *HIV-Krankheit; Arschlecken; Sexuell übertragbare Krankheiten*).

Diese Fäkalnummer reizt Psychologen zu Vermutungen. Sie haben keine Ahnung, woher eine solche Vorliebe kommt, aber man nimmt an, daß der Kot durch irgendein kindliches Seelentrauma erotisiert wird. Der Durchschnittsmensch betrachtet Fäkalsex als eine abartige Spezialvorliebe, der Fachmann als eine der Paraphilien (☛ *Gefährlicher Sex).*

FAUSTFICK

Hierfür wird oft auch das englische Wort *Fisting* benutzt. Es bedeutet, daß die ganze Hand, manchmal bis hin zum Unterarm, in Mast- und Dickdarm eingeführt wird. Manchmal hinterläßt ein scharfer Fingernagel im Mastdarm einen tiefen, schmerzhaften Riß, der erst nach Wochen verheilt. Trifft eine Faust den Dickdarm – den Bereich rund 20 Zentimeter innerhalb des Afters –, so kann das tödlich enden.

Das Innengewebe des Dickdarms hat die Beschaffenheit von nassen Papierhandtücher, d.h. es ist hochempfindlich. In manchen Fällen weitet es sich genug aus, um eine geballte Faust aufzunehmen, doch können daraus nicht nur innere Blutungen entstehen, sondern auch eine Bauchfellentzündung. Innere Blutungen sind nun einmal nicht sichtbar. Zu ihren Symptomen gehören Bauchkrämpfe, Schüttelfrost und Fieber. In diesen Fällen sollte man schleunigst zum Arzt gehen. Schon manchen Männern hat eine Kolostomie – ein künstlicher Darmausgang – das Leben gerettet.

Mögliche Verletzungen beim Faustfick spürt man nicht sofort, weil die Eingeweide keine Schmerzrezeptoren besitzen. Der Gefistete merkt nicht, was in ihm vorgeht. Und wenn Faustfick mit Drogen einhergeht, ist die körperliche Empfindlichkeit herabgesetzt. Außerdem können Drogen das Urteilsvermögen beeinträchtigen (☛ *Alkohol und andere Rauschmitel; Drogen*).

Viele Schwule werden die obige Beschreibung als naiv und als Panikmache ansehen. Trotz seiner offensichtlichen Gefahren war Faustfick früher ziemlich beliebt, besonders unter Sadomasochisten, und einige der erfolgreichsten Pornofilme aus der Zeit vor Aids – *L.A. Tool & Die; Fists of Fury* – widmeten sich diesem Thema auf höchst erotische Weise.

Wie die FFA *(Fistfuckers of America)* uns versichern, gibt es zahllose Fälle, in denen Männer ohne feststellbaren Schaden eine Faust in sich aufgenommen hätten. Nicht jeder Faustfick dreht sich um Schmerz und Dominanz. Eine ganze Hand in sich aufzunehmen, erfordert so vollkommene Entspannung, daß ein Mann hinterher vielleicht tiefe „Seelenruhe“ empfindet.

Häufig ist Faustfick die Krönung eines sehr intensiven Sexerlebnisses, und der Gefistete wurde schon eine Zeitlang gefickt, so daß seine Mastdarmmuskeln entspannt sind. Der Fister sollte sich Hand und Unterarm dick mit Gleitcreme einschmieren (☛ *Gleitmittel*) und während des gesamten Vorgangs noch mehr davon auftragen. Vorher muß er Fingerringe und Armreife abnehmen, sich die Nägel schneiden und zurechtfeilen. Bemerkt der Mann, der sich fisten lassen will, daß die Nägel seines Partners lang, scharfkantig oder spitz sind, so sollte er darauf bestehen, daß sie hier und jetzt manikürt werden. Am besten wär es, wenn er sich Latexhandschuhe (OP-Handschuhe) überstreift, um so Infektionsrisiken durch mögliche Hautverletzungen auszuschließen.

Faustfick beginnt mit der Einführung von einem oder zwei Fingern, um die Muskeln zu entkrampfen; drei oder vier Finger folgen. Dann zieht der Fister seine Hand heraus, drückt den Daumen in die Handfläche und schiebt mit vorsichtigen Hin- und Herbewegungen seine ganze Hand hinein. Das Schwierige ist, sie durch den Schließmuskel zu bringen.

Der Gefistete darf dabei jede Position haben, die das Eindringen erleichtert. Manche legen sich auf den Rücken, mit den Füßen in der Luft, andere gehen auf alle viere. Eine dritte Position ist Aufrechtstehen, um sich dann langsam auf den senkrecht gehaltenen Unterarm zu setzen.

Gerade im Hinblick auf Aids kann Faustfick gefährlich sein.

Wenn der Darm dabei verletzt wurde und man anschließend ohne Kondom gefickt wird, kann man sich mit dem HI-Virus infizieren. Dasselbe gilt auch in Zusammenhang mit irgendwelchen Gegenständen, die man sich in den Hintern schiebt und eine Verletzung verursachen können (☛ *Gefährlicher Sex; Sexspielzeug*).

FETISCHE

In sexuellem Zusammenhang kann ein Fetisch alles sein, was nicht eindeutig sexuell ist, aber als hocherotisch empfunden wird. Ein Mann, dessen erster körperlicher Kontakt mit anderen Männern beim Sport stattfand, mag z.B. einen Fetisch aus Footballhelmen oder Jockstraps machen, während jemand, der sehnsüchtig zu den Fernmeldetechnikern oder Bauarbeitern draußen vorm Fenster geschaut hat, vielleicht *deren* Helme und Werkzeuggürtel erotisch findet. Leder – sein Aussehen, sein Geruch und wie es sich anfühlt – ist ein sehr verbreiteter Fetisch, und manche Männer bekommen schon einen Ständer, wenn sie seinen Duft wittern. Eine bestimmte Unterwäschenmarke (oder noch besser: gebrauchte Unterwäsche oder Jockstraps), dicke weiße Sportsocken, Stiefel oder Arbeitsschuhe, Füße, Gürtel, Cowboyhemden, der Geruch französischer Zigaretten – all das kann einen erotischen Nebensinn bekommen.

Meist handelt es sich um den Ornat der Männlichkeit in ihren zahlreichen Spielarten, aber manche Schwule haben auch aus Damenslips, Spitzenhöschen oder Frauenkostümen einen Fetisch gemacht. Nichts erscheint ihnen begehrenswerter als ihr eigener Körper oder der eines anderen im Fummel. Seit der schwulen Emanzipation sieht es sogar aus, als sei der Körper selbst, in einem Sportstudio auf Muskeldefinition getrimmt und perfekt gebräunt, zum Fetisch geworden. Man weiß von Männern, die sich schon aufgrund einer bestimmten Bauchmuskelgruppierung (dem sogenannten „Waschbrett") verliebt haben. Andere werden bei Männern schwach, deren Bizeps, Rückenmuskeln, Schenkel oder Gesäß besonders gut entwickelt sind.

Meist stellen solche Fetische nichts als spezielle Vorlieben dar.

Wer mit einem attraktiven Mann zusammen ist, auf seinen Lieblingsreiz aber verzichten muß, der wird trotzdem Sex mit ihm machen und zufrieden sein.

Erst wenn ein bestimmter Fetisch unentbehrlich wird, wenn er weniger zählt als der Sexualpartner, dann wird er zu einem psychischen Hindernis. Schnupperst du beim Onanieren gerne an einem Jock und der Jock bedeutet dir schließlich mehr als ein menschlicher Partner, so hat der Fetisch die Gewalt über deine Sexualität ergriffen. Das Resultat ist wahrscheinlich Einsamkeit. Sollte es so weit kommen, dann ist eine Therapie angesagt, um den Fetisch in deinen Sexualkontakt mit anderen *einzubinden.*

Ein Teil der besten Romane und Erzählungen dieses Jahrhunderts handelt von Fetischen: Der japanische Schriftsteller Junichiro Tanizaki befaßt sich in *Sieben japanische Geschichten* und *Das Doppelleben des Herrn von Musashi* mit Fußfetischismus, Tätowierungen usw.

FICKVERHÄLTNIS

Angenommen, du lernst jemand Neuen kennen, und der gemeinsame Sex ist wunderbar. Wenn ihr euch das nächste Mal in einer Kneipe oder Disco trefft, geht ihr wieder zusammen heim. Danach lauft ihr euch auf der Straße über den Weg, flirtet miteinander, macht euch mit erotischem Gerede an und habt am Ende erneut Sex. Ihr tauscht eure Telefonnummern aus und arrangiert weitere Sextreffen. Dann trefft ihr euch regelmäßig, habt geilen, befriedigenden Sex und freut euch schon auf diese Begegnungen. Euer Verhältnis ist zwar herzlich und liebevoll, aber intuitiv wißt ihr beide, daß daraus nie „etwas Festes" wird. Kein Problem, es gibt einen schönen, absolut zutreffenden Namen für so eine Beziehung, die im schwulen Leben auch ganz geläufig ist: Ihr habt ein Fickverhältnis.

„Fickverhältnis" bedeutet, daß ihr eure Sexualphantasien voll ausleben könnt, ohne Gefühlskomplikationen romantischer Verliebtheit. Natürlich ist ein passendes Fickverhältnis genauso schwer zu finden wie einen festen Freund. Danach suchen, hat keinen Zweck – es passiert einfach. An einem guten Fickverhältnis ist nicht das Geringste auszusetzen, solange du damit zufrieden bist.

Nutze ein solches Verhältnis, um dein technisches Können zu verbessern und deine sexuelle Bandbreite zu erweitern. Es kommt oft vor, daß jemand neue Tricks und Kunststückchen, die er in einem Fickverhältnis gelernt hat, in die Beziehung zu seinem Freund übernimmt. Auf diese Art kann ein Fickverhältnis einer bestehenden Partnerschaft helfen, wobei Safer Sex selbstverständlich sein sollte.

Aktiv/dominante Männer, die für einen Tag passiv bzw. devot sein wollen, und umgekehrt; Männer, die all die geschilderten Varianten von Ficken und Blasen ausprobieren möchten, und Typen, die sich für Experimente mit ausgefalleneren Praktiken interessieren – sie alle können dies ungehindert tun, falls ihr Fickverhältnis einverstanden ist.

Ein Fickverhältnis steht und fällt mit dem beiderseitigen Vergnügen, unter der stillschweigenden Abmachung, daß es jederzeit und in gutem Einvernehmen beendet werden kann.

FREUNDSCHAFT

Bedeutet für schwule Männer mehr als für die meisten Heteros. Allerdings meinen wir damit nicht die „feste" Freundschaft, also die landläufige Bezeichnung für eine schwule Partnerbeziehung (☛ *Paare*), sondern die Freundschaft allgemein. Die meisten Schwulen lernen sie schätzen und pflegen, obwohl auch heterosexuelle Teenager die Nähe, das Vertrauen und die Intensität der Freundschaft kennen; allerdings „entwachsen" nur allzu viele Heteros diesem wilden, hemmungslosen Miteinander und ergießen alle Gefühlsenergien in ihre Beziehung zu Ehepartner und Kindern.

Die Eltern von Homosexuellen zerbrechen sich oft den Kopf darüber, wie ihr Kind die Einsamkeit eines Junggesellendaseins ertragen kann. Da sie für gewöhnlich in ihrer Ehe verwurzelt sind und wenig echte Unterstützung von Freunden oder Bekannten finden, haben sie natürlich oft Schwierigkeiten beim Verständnis eines Lebensstils, in dem Freundschaft eine zentrale Rolle spielt. Der typische Schwule hat zwei, drei enge Freunde oder Freundinnen, mit denen er seine Hoffnungen und Zweifel hinsichtlich Beruf, Gesundheit, geistig-seelischer Reifung und seine persönlichen Zielsetzungen teilt.

Ausnahmen bestätigen natürlich die Regel. Es gibt verheiratete Heteros, die intensive Freundschaften von Mann zu Mann bzw. Frau zu Frau aufrechterhalten, und umgekehrt gibt es schwule Paare, die nur mit anderen Paaren Umgang pflegen.

Freundschaft ist kein Ersatz für Liebe; die steht auf einem eigenen Blatt, und manche Philosophen sehen in der Freundschaft sogar die höhere Form der Zuneigung, weil diese im besten Falle kein Bedürfnis hat, zu beherrschen, zu besitzen oder zu benutzen. Eben weil Freundschaft für das Glück der meisten Schwulen so entscheidend ist, sollten sie sich anstrengen, daß sie wachsen und gedeihen kann. Nichts ist ärgerlicher (und schädlicher für ihn selbst) als der Homosexuelle, der im Moment, wo er einen neuen Partner findet, seine alten Freunde fallen läßt und auf Tauchstation geht.

Verglichen mit dem Zauberglanz einer neuen Liebe mag Freundschaft als eher mäßige Freude erscheinen, aber es ist eine, die fortdauert und reift. Freunde sollte man nicht als selbstverständlich nehmen. Man sollte sie sorgfältig auswählen und sich sensibel in sie einfühlen.

FROTTAGE

Heißt, sich – nackt oder bekleidet – so lange an jemandem zu reiben, bis man zum Orgasmus kommt. Unsympathische Heteromänner mit Glotzaugen – und auch weniger schlechtaussehende Schwule – praktizieren sie in überfüllten Fahrstühlen, U-Bahnen und Bussen oder während sie vor einer Kasse Schlange stehen. In den Fünfzigern und Sechzigern trieben Teenager auf den Rücksitzen ihrer Rostlaube bis zum Exzeß „Frottage" – die Medien nannten das damals *Petting*. Auch Männer können sie praktizieren, daheim und zusammen. Manchen ist der sogenannte „Bauchfick" heute sogar am liebsten, weil er in Sachen Aids keine Gefahr birgt.

Man schmiert den Bauch seines Partners mit Gleitcreme ein, legt sich darauf und „bumst" los. Wenn dein Arsch aus irgendwelchen Gründen nicht einsatzbereit ist, so kann Bauchficken ein guter Ersatz sein, aber es hat seine eigenen Reize und braucht nicht bloß als Notbehelf zu gelten. Manche Männer mögen das Gefühl, wenn sich ihre Geschlechtsteile an denen eines anderen reiben, und dabei zu kommen. Falls die Haut zwischen den Schenkeln deines Partners glatt ist, dann kannst du auch dort hineinficken (das nennt sich „interfemoraler Geschlechtsverkehr"). Achselhöhlen, die Mulde zwischen den Brustmuskeln, die Pospalte, der Raum zwischen Kinn und Schlüsselbein, wenn man den Kopf seitwärts dreht – all das steht dir auf ähnliche Art zur Verfügung. Bei einem kleinen Ringkampf könnt ihr euch aneinander reiben bis zum Orgasmus. Man kann einen Schwanz sogar mit der weichen Mulde der Fußsohlen masturbieren.

GEFÄHRLICHER SEX

Gefahren lauern überall im Leben. Schon ein kleiner Spaziergang durch die falsche Straße kann dich in die Statistik der Überfälle auf Schwule bringen. Dinge dieser Art sind vielleicht „höhere Gewalt", doch ein Großteil von Gefahren im schwulen Leben läßt sich vermeiden. Es gibt zwei große Risikobereiche: bestimmte soziale und bestimmte sexuelle Verhaltensweisen. Beide können erregend sein, aber tödlich enden.

Manche Männer werden nur dann geil, wenn beim Sex eine gewisse Gefahr besteht, daß man sie festnimmt oder ihnen wehtut. Warum sie die Katastrophe ganz bewußt herausfordern, warum sie damit regelrecht kokettieren, ist für die Betreffenden selbst sicher ebenso ein Rätsel wie für Außenstehende. Vielleicht hatten sie ihr erstes Sexualerlebnis irgendwo in der Öffentlichkeit, und die Gefahr der Entdeckung wurde demzufolge erotisiert.

Die größte Gefahr – und eine, die sich in manchen Fällen als tödlich erweist – tritt ein, wenn ein Mann ausschließlich auf Kontakte mit halbwüchsigen Rowdys oder psychopathischen Homosexuellen steht. Falls du nur in Erregung kommst, wenn du nachts in einen berüchtigten Park gehst, einen Ort, wo Straßenräuber und brutale Banden ihr Unwesen treiben, dann solltest du deine sexuellen Vorlieben genau überprüfen, ehe du massakriert oder umgebracht wirst.

Eine zweite Gefahr ist das potentielle Sexabenteuer, das unbedingt klarstellen muß: „Eigentlich bin ich ‚normal', ich steh' auf Mösen." Solche Dementis sind ein sicheres Zeichen, daß jemand seine Homosexualität haßt – und seine Wut an dir austoben könnte, wenn ihr erst mal allein seid.

Diese „Tollkühnheit" von Männern, die ihr Leben in Gefahr bringen, sagt nicht zwangsläufig etwas über ihr alltägliches Verhalten aus. In Beruf, in Gesellschaft von Freunden und Bekannten sowie in jedem anderen nicht-sexuellen Rahmen sind sie vielleicht vorsichtig und haben ein gesundes Eigeninteresse. Der sexuelle Reiz der Gefahr jedoch – und besonders die erotischen Phantasien, die eine Bedrohung auslöst – machen diese Männer blind und lassen ihren Wirklichkeitssinn verkrüppeln.

Manche Männer praktizieren auch Formen von Sexualverhalten, die nicht ungefährlich sind. Das naheliegenxdste Beispiel für gefährlichen Sex ist heute die Ausübung unsafer Sexualpraktiken, z.B. daß man keine Kondome verwendet (☛ *Safer Sex)*. Andere gesundheitsgefährdende Praktiken sind u.a. die unzulängliche Reinigung von Sexspielzeug (z.B. Dildos) oder der Verstoß gegen Hygieneprinzipien beim Stechen von Ringen (☛ *Piercing; Sexspielzeug*).

Das Sexualverhalten gefährdet auf jeden Fall die eigene Sicherheit, wenn es dabei zur Ansteckung kommen kann (☛ *Arschlecken; Fä-*

kalsex), wenn Haut oder innere Organe verletzt werden (☛ *Faustfick*) oder wenn man zerbrechliche Gegenstände benutzt (z.B. Glasstäbe, die in die Harnröhre eingeführt werden). Manchmal sind solche Praktiken nicht nur gefährlich, sondern auch peinlich. So wurde ein Soldat aufgefunden, der das Pech hatte, daß sein Schwanz in der Scheide seines Seitengewehrs steckengeblieben war, und ein anderer Mann wurde gerettet, als sein Schwanz im Wasserhahn seiner Badewanne festsaß. Die Sozialwissenschaft weiß nur wenig über den Ursprung solch exotischer Befriedigungsmethoden. Man bezeichnet sie als „Paraphilien" (wörtlich: „Falsche Vorlieben"), und sie alle sind in *einer* Hinsicht gleich: Ein Verhalten, das die Allgemeinheit als abstoßend, ekelhaft oder schmerzhaft empfindet, wird mit tiefem sexuellem Reiz erfüllt.

Eine Paraphilie ist genauso gefährlich, als würde man im Park zusammengeschlagen: die „autoerotische Erstickung". Das ist eine ausgefallene Form der Selbstbefriedigung, die zum Tode führt. Die Methode besteht z.B. darin, daß man sich beim Onanieren im wahrsten Sinne des Wortes erhängt. Der Betreffende schnürt sich immer fester die Luftröhre zu, um an ein Ziel zu gelangen, das man unter der Bezeichnung „das blaue Licht" kennt – einen körperlich-geistigen Zustand, in dem das Bewußtsein zunehmend verengt und die Körperkonzentration vermeintlich gesteigert wird, so daß es zu einem intensiven Orgasmus kommt. Das Problem dabei liegt auf der Hand: Ob der Onanierende die Schlinge nach dem Kommen noch lösen kann und nicht erst die Besinnung, dann sein Leben verliert?

Die Fachleute haben keine Ahnung über den Ursprung dieser Art, den Sensenmann herauszufordern, und wissen auch nicht, wie man daran etwas ändern kann. Aber ganz offensichtlich hat diese Paraphilie ihre Anhänger. Oft kommt es zu Todesfällen, und aufgeschreckte Familien finden dann die nackten oder halbnackten Leichen von Brüdern oder Söhnen vor.

Ein gesundes Urteilsvermögen ist der beste Maßstab, um Gefahren zu vermeiden. Dazu gehört auch, daß man sich seine Partner und Sexualpraktiken bewußt aussucht. Zweifellos gibt es ein paar Männer, die mit der Welt der Paraphilien keine Probleme haben, d.h. Sex gefahrlos ausleben können. Aber es gibt auch andere, deren

Sicherheit auf dem Spiel steht. Wir hoffen, daß sie sich an Freunde oder Therapeuten wenden, damit sie ihr Verhalten letztendlich ganz aufgeben oder lernen, Sex auch dann als etwas Erregendes zu empfinden, wenn ihr Leben *nicht* in Gefahr schwebt.

GESICHT ZU GESICHT

Dem Partner ins Gesicht zu schauen, während man ihn fickt, ist die Lieblingsstellung der meisten schwulen Männer. Man kann einander ansehen, einander küssen, man kann im Gesicht des anderen nach Reaktionen auf gegebene oder empfangene Lust suchen. Für manche Männer ist eine solche Position auch diejenige, die das tiefste Eindringen ermöglicht.

Einige finden diese Penetration *zu* tief (☛ *Das erste Mal*). Andere lassen sich nicht gerne in dieser Stellung bumsen, weil sie sich untergeordnet oder als Frau behandelt fühlen. Wieder andere macht gerade diese Passivität an. Manche haben aus praktischeren Gründen etwas dagegen, sich Bauch an Bauch ficken zu lassen: Die Beine werden steif (an den Extremitäten eine unerwünschte Erscheinung). Wenn Sex nämlich über längere Zeit dauert, dann ermüdet es den, der unten liegt, vielleicht irgendwann, seine Beine um die Schultern des anderen zu schlingen, während seine Knie ihm auf die Brust drücken.

Falls ihr beide aber voll erregt seid und es bequem habt, so stimuliere und entspanne das Arschloch deines Partners mit einem Finger und schmiere es auch innen mit Gleitcreme ein. Hast du dir dann ein Kondom übergezogen, ist alles soweit, daß du ihn bumsen kannst (☛ *Kondome*). Vor Aids war das Arschlecken (*rimming*) sehr verbreitet, denn die Stimulierung durch die Zunge macht beiden Partnern viel Spaß, und Speichel ist außerdem ein gutes Gleitmittel. Aber leider besteht die Gefahr, sich eine sexuell übertragbare Krankheit zu holen (☛ *Arschlecken; Aufs Gesicht setzen*).

Knie dich zwischen die Beine deines Partners, heb seine Füße hoch und lege sie dir auf die Schultern. Vielleicht schlingt er sie dir auch lieber um den Hals (selbstverständlich nicht wie einen Schraubstock!). Diese Stellung gibt mehr Bewegungsspielraum, und das Arschloch wird in leicht unterschiedliche Winkel zu deinem Schwanz gebracht. Das ermöglicht oft ein besseres Eindringen.

Von Angesicht zu Angesicht miteinander zu bumsen, kann zwar der erregendste Sexualakt zwischen zwei Männern sein, aber die meisten Probleme treten in dieser Position gerade beim Eindringen auf. Infolge von Größen-, Figur- und Gewichtsunterschieden ergeben sich hier oft echte Schwierigkeiten. Aber mit ein wenig Geduld und gutem Willen ist kein Problem unüberwindbar. Möglich, daß du es kaum erwarten kannst, richtig loszulegen, aber kühl dich ein bißchen ab und nimm Rücksicht auf das Wohlbefinden deines Partners, dann habt ihr beide mehr von der Sache.

Die Penetration sollte langsam und sachte geschehen, damit der Schließmuskel sich entspannen und deinem Schwanz anpassen kann. Bist du erst einmal ganz drin und fühlt dein Partner sich wohl dabei, dann kannst du dich nach vorn beugen und seine gesamte obere Körperpartie küssen oder lecken. Und ist euch *beiden* dabei nicht unangenehm, könnt ihr es daraufhin mit richtigem, festem Bumsen versuchen. Manche Typen fahren darauf voll ab. Sie schreien und schlagen sich gegenseitig auf den Hintern, um die Erregung noch zu steigern, während sie sich dem Orgasmus nähern (☛ *Hinternversohlen*).

Wenn ihr beide gelenkig seid und körperlich irgendwie zusammenpaßt, dann ist es vielleicht auch möglich, gleichzeitig zu bumsen und zu blasen. Setz dich in die Hocke und zieh den Partner auf deinen Schoß; er sollte dir seine Beine um die Taille schlingen. Je tiefer seine Beine liegen, desto direkter und spürbarer der Druck auf seine Prostatadrüse (und desto größer sein Lustgewinn). Er sollte nicht versuchen, sich aufzusetzen, damit er dir seine Arme um den Hals legen kann (das ist eine andere Stellung, die ihre eigenen Vorzüge hat).

Wenn du jetzt deinen Kopf zwischen seine Beine senkst, müßtest du in der Lage sein, ihm den Schwanz zu lutschen. Kann sein, daß du seinen Schwanz zu deinem Mund biegen oder deine andere Hand nehmen mußt, um eine „Verlängerung“ zu bilden (☛ *Blasen*). Tief hineinstoßen wirst du nicht können, aber du hast schon einigen Bewegungsspielraum. Versuch es doch einmal so: Wenn du deinen

Schwanz nach hinten ziehst, senke dich mit dem Mund auf deinen Partner; stößt du wieder hinein, zieh deinen Kopf zurück. Oder du kannst deinem Partner einen runterholen, während du ihn bumst.

Um ihn tief zu bumsen, biege ihn nach hinten, bis seine Knie beinah an die Schultern stoßen. Sein Gewicht wird auf Nacken und Rückgrat ruhen und sein Arsch direkt nach oben weisen. Stell dich auf Zehen und Fingerspitzen wie bei Liegestützen. Ergreif die Knöchel deines Partners und zieh ihm die Beine auseinander. Kann sein, daß du dein Gewicht von den Zehen auf die Knie verlagern mußt, um dein Gleichgewicht zu halten.

Noch eine andere Position: Stell dich aufrecht neben das Bett oder geh davor in die Knie (du könntest deinen Partner auch leicht anheben, indem du ihm ein Kopfkissen unterschiebst). Sein Rücken ruht jetzt auf der Matratze, deine Brust auf seinen ausgestreckten Beinen. Um nicht aus dem Gleichgewicht zu kommen, beug dich nach vorn und stütze dich an der Wand ab. Ansonsten kannst du ihn auch an den Knöcheln packen und ihm die Beine möglichst weit auseinanderziehen, je nachdem, ob sein Körper stark genug ist, dich am Vornüberkippen zu hindern. Wenn du die Kraft hast, kannst du deinen Partner sogar vom Bett heben und ihn herumtragen, während du in ihm bist.

Wenn *du* dich bumsen läßt und dein Partner dich dabei masturbiert, dann schieb kurz vorm Kommen seine Hand weg und bring dich selber zum Abspritzen. Auf diese Weise ist ein gleichzeitiger Orgasmus eher möglich. Wenn dir aber deine Beine oder dein Rücken allmählich wehtun, dann ertrag es nicht grinsend, sondern sag deinem Partner, daß du eine Pause machen oder es mit etwas anderem probieren möchtest.

Diese Art miteinander zu bumsen bietet eine Vielfalt von sexuellen und emotionalen Ausdrucksmöglichkeiten, und die Partner können sich von liebevoller Zärtlichkeit bis hin zu feuriger Leidenschaft steigern.

Ob so oder so, sich bumsen zu lassen, ist reine Gewöhnungs- und Geschmackssache. Denk daran: Sage deinem Partner, was sich gut anfühlt.

GEWALT IN DER PARTNERSCHAFT

Seinen Freund zu schlagen, ist eine Form von „häuslicher Gewalt“, die sich in ihren Ursachen und ihrer Wirkung nicht vom Verprügeln der Ehefrau und der Kinder unterscheidet. Meist beginnen solche Tätlichkeiten mit einer Ohrfeige hier und da oder einem derben Knuff, der bagatelisiert wird oder „nicht so gemeint“ war und auf den Entschuldigungen folgen, ja sogar Sex. Wenn der Betreffende merkt, daß er damit durchkommt, muß sein Freund feststellen, daß sich die Gewaltakte von Woche zu Woche verschlimmern. Dabei wird der angebliche Grund für die Ohrfeige, den Tritt oder den Fausthieb immer banaler.

Irgendwann einmal fürchtet sich der Freund vor jedem Verhalten, dem sein Partner nicht ausdrücklich zugestimmt hat. Er stellt fest, daß er alles tut, um dem anderen zu gefallen und Schlägen aus dem Wege zu gehen. Außerdem ist er plötzlich in der merkwürdigen und erniedrigenden Lage, Dritten gegenüber Ausreden für die blauen Flecke zu erfinden, die sie an ihm bemerken – sogar Rechtfertigungen für das Verhalten seines Freundes. Vielleicht macht er sich am Ende auch noch Selbstvorwürfe wegen seiner Dummheit oder seiner Unfähigkeit, die sein Partner als Grund für die Prügel angibt: Sie seien eine liebevolle Züchtigung, die ihn zu einem besseren Menschen, einem besseren Freund und Liebhaber machen soll.

Zuletzt ist der Mißhandelte so weit, daß er unaufhörlich um Leib und Leben bangt, sich aber trotzdem nicht von dem Mann losreißen kann, der ihn in der einen Minute leidenschaftlich küßt, in der anderen brutal bestraft.

Was steckt wirklich hinter so einer Beziehung? Zweifellos Homophobie, in irgendeiner Form; wahrscheinlich ist es Selbsthaß, der auf den Freund übertragen wird. Und im Falle des Opfers mag es heimliche Furcht sein, die ihn zum Prügelknaben zum Abreagieren der Ängste seines Partners macht – die Furcht, daß er der Liebe eines andern niemals würdig ist.

Wer wird zum Mißhandelten innerhalb einer Beziehung? – Das kann jeder sein, egal, ob intelligent, gebildet, reich oder berühmt. Wer wird zum gewalttätigen Beziehungspartner? Hier ist die Liste ein bißchen kürzer. Das Potential steckt in vielen Schwulen, besonders den homophoben und solchen, die Ärger, Wut und Verbitterung mit sich herumschleppen, die anderen die Schuld für eigene Unzulänglichkeiten geben. Durch Alkohol und anderen Drogen wird das oft noch verstärkt. Die Mischung von Alkohol und Feindseligkeit kann mit tätlichen Mißhandlungen enden.

Hat dein Freund einen kurzen Geduldsfaden? Geht er leicht in die Luft? Schlägt er auf Gegenstände und Haustiere ein? Zertrümmert er Sachen im Haus oder in der Wohnung und wirft damit um sich? Wird er ausfallend gegen andere? Beschimpft er sie? Ist er übertrieben eifersüchtig und besitzergreifend geworden? Wenn diese Beschreibung auf deinen Freund paßt und wenn er dich über einen gewissen Zeitraum oft geschlagen hat (selbst wenn er später weint und um Verzeihung bettelt), dann laß diese Beziehung zur Hölle fahren!

Aber wie kommt man aus so etwas heraus? Hol jemanden zu Hilfe, dem du vertraust. Du könntest dich auch an eine Notrufstelle für Opfer von partnerschaftlicher Gewalt wenden. Verrate davon nichts deinem „Freund", denn der wird nur wieder heulen und sich entschuldigen – und dich beim nächsten Wutanfall um so stärker schlagen.

Arrangiere mit deinem Vertrauten alles so, daß du möglichst viel von deinem persönlichen Besitz aus der Partnerschaft rettest. Notfalls aber verschwinde mit nichts außer dem Hemd an deinem Leibe. Geh nirgendwohin, wo dein Partner dich vermuten wird. Such dir eine neue Bleibe. Und vergewissere dich, daß dein Partner sie nicht herausfinden kann.

Bleib von ihm weg! Nimm keine Anrufe oder Briefe entgegen. Wenn du dich mit ihm treffen mußt, um sachliche Dinge zu regeln, dann *nur an einem öffentlichen Ort* und nur in Begleitung. *Triff dich nie allein mit ihm!*

Es ist mehr als wahrscheinlich, daß dieser Typ sich jemand anderen für seine Mißhandlungen sucht, und vielleicht fragst du dich unwillkürlich, ob du diesen neuen Partner nicht warnen solltest. Aber er wird deine Warnungen genauso wenig akzeptieren können wie du die Warnungen *deiner* Freunde und Bekannten damals. Das soll dir nicht noch einmal passieren!

GLEICHBERECHTIGUNG

Was wollen die eigentlich?" fragen manche verständnislosen Heteros, wenn Aktivisten der Schwulenbewegung ihre Bürgerrechte verlangen. „Das Gleiche, was ihr habt", antworten wir, „nicht mehr und nicht weniger!" In den meisten Städten und Staaten Amerikas und Europas sind wir Schwulen, ob Männer oder Frauen, nicht vor Benachteiligung geschützt. Obwohl sich auch andere Minderheiten schrecklichen Diskriminierungen ausgesetzt sehen, haben manche wenigstens die Möglichkeit zu juristischen Maßnahmen. Wir Schwule dagegen können uns selten vor Gericht gegen Diskrimierung wehren. Selbst der oberste Gerichtshof Amerikas hat unsere soziale Identität für gesetzwidrig erklärt.

Gleichberechtigung ist der wichtigste Punkt im schwulen Befreiungskampf (☛ *Schwulenemanzipation*). In fast jedem amerikanischen Staat versuchen Schwulengruppen, die Abgeordneten zu Gesetzen gegen Diskriminierung daheim und am Arbeitsplatz zu bewegen. Bigotte Strömungen haben sich einem Gesetzeserlaß zu unserer beruflichen Gleichstellung widersetzt und argumentierten dabei mit der verleumderischen Behauptung, schwule Feuerwehrmänner oder Polizisten würden versuchen, ihre Kollegen zu verführen, und schwule Lehrer, ihre Schüler zu verderben. Daß Schwule schon seit Jahren in diesen Berufen arbeiten, ohne derartige Probleme zu machen, wird bequemerweise übersehen (☛ *Mythische Ursprünge der Homosexualität*). Zum Glück bekennen sich mittlerweile auch schwule Polizisten und Feuerwehrleute zu ihrer Homosexualität und erteilen ihren Kollegen eine Lektion über Schwulenfeindlichkeit.

Ein zweites Gebiet schwulen Rechtsstreits betrifft Kinder aus geschiedenen Ehen. Früher lehnten es Richter prinzipiell ab, das Sorgerecht einem homosexuellen Elternteil zu übertragen; manchmal untersagten sie ihm sogar den Besuch seines Kindes.

Schwule Paare wollen Kinder adoptieren, was in Deutschland theoretisch möglich ist, da kein Gesetz dagegen spricht. Leider sieht aber die Praxis anders aus, denn Jugendämter und Gerichte sprechen sich in der Regel gegen schwule Adoptiveltern aus. In der Vergangenheit hat es vereinzelte makabre Fälle gegeben, wo Schwule HIV-infizierte Kinder adoptieren „durften".

In Dänemark können lesbische und schwule Paare heiraten, und in einigen amerikanischen Städten können sich uneheliche Gemeinschaften inzwischen registrieren lassen. San Francisco hat eine amtliche Registrierungsstelle für homosexuelle und unverheiratete heterosexuelle Paare, die schon eine bestimmte Anzahl von Jahren zusammenleben und ihren „Familien"-Status anmelden wollen, d.h. daß sie in Fragen der Wohnung, der Haushaltsführung, der Erwerbstätigkeit und der Krankenhausunterbringung als eine solche behandelt werden möchten. (In Deutschland wird so etwas bislang nur diskutiert. Von einer Gesetzesbestimmung ist man allerdings leider noch weit entfernt. *Anm. des Lektors*).Eine Reihe von Städten, darunter Boston, Seattle, New York und West Hollywood, haben ihren Angestellten, die in einer eheähnlichen Gemeinschaft leben, bestimmte Rechte eingeräumt, und andere Gemeinden ziehen allmählich nach. Viele Privatunternehmen betreiben eine diskriminierungsfreie Personalpolitik, die gleichgeschlechtliche Paare schützt.

Diskriminierung im Zusammenhang mit Aids kann noch überall beobachtet werden. Viele Heterosexuelle haben Angst, daß sie oder ihre Familie sich infizieren werden, und schwulenfeindliche Politiker leisten der Hysterie noch Vorschub. In den USA kamen schon HIV-positive Männer ins Gefängnis, nur weil sie überhaupt Sex hatten, selbst wenn sie die Safer-Sex-Richtlinien dabei befolgten. Manche Staaten (z.B. Colorado) führen Listen von Menschen, die HIV-positiv sind oder HIV-Symptome aufweisen. Aber Schwulenaktivisten fragen: Wozu? HIV-Zwangstests und die Rückverfolgung von Kontakten sehen sie als neue Instrumente in den Händen der Schwulenfeinde, um homosexuelle Menschen zu diskriminieren. Praktische Mediziner und Sozialarbeiter halten diese Maßnahmen letztlich für wertlos. Es ist schon erstaunlich, daß man in solche panikgetriebenen Bemühungen Geld investiert, während die Mittel für Forschung und Aids-Aufklärungskampagnen gleichzeitig gekürzt werden.

Viele Länder, beispielsweise die USA, haben das Recht, jedem HIV-Positiven die Einreise zu verweigern. Die amerikanische Staatsbürgerschaft kann einem jedoch nicht mit der Begründung, man sei schwul, verwehrt werden.

Es gab Siege und Niederlagen, Gewinne und Verluste im Kampf

um die rechtliche Gleichstellung. Die Siege kamen zustande, weil homosexuelle Menschen in ihren Forderungen militanter geworden und wirksamer organisiert sind (☛ *Schwulenpolitik*). Auch heute ist nicht weniger Militanz nötig als in der Nacht des Stonewall-Krawalls, 1969, wo Transvestiten die Polizei attackierten und sie mit Handtäschchen und Stöckelschuhen in Grund und Boden prügelten. Wir glauben daran, daß jeder einzelne von uns den Schwulen, die nach uns kommen, eine gewisse Verantwortung schuldet – die Verantwortung, ihnen das Leben ein klein wenig leichter zu machen, als es unseres war und ist.

Diese Aufgabe läßt sich z.B. durch den Beitritt zu einer Organisation erfüllen, die für die schwule Gleichberechtigung kämpft – mag diese Organisation nun kämpferisch politisch sein oder unserer Gemeinschaft im stillen dienen. Einige Schwule meinen, erst ein solches Engagement sei das wahre Schlußstadium des Coming-out. Es ist auf jeden Fall eine bereichernde Erfahrung.

GLEITMITTEL

Unerläßlich fürs Bumsen, oft eine echte Hilfe beim Wichsen und ein Vergnügen, wenn es um rutschig-flutschige (☛) *Frottage* geht – das sind Gleitmittel. Es gibt sie in vielen Varianten, manche sind teuer, haben besondere Geruchs- und Geschmacksnoten, andere nüchterne oder erotische Namen. Nimm wasserlösliche Gleitcremes wie z.B. KY, eine der beliebtesten Marken bei Schwulen, weil es sich leicht von Körper und Bettzeug abwaschen läßt. Das einzige Problem an wasserlöslichen Gleitmitteln ist, daß sie mitten in der Ekstase trocken werden können. Vaseline und pflanzliches Backfett sind zwar preiswert, zuverlässig und bleiben stundenlang schmierig, aber weil sie nicht wasserlöslich sind, sollte man sie *niemals* zusammen mit Latexkondomen verwenden, denn das zersetzt sie. Crisco ist die Lieblingsmarke eingefleischter Faustficker (☛ *Faustfick* und *Safer Sex*).
Die neuesten Gleitcremes enthalten Spermizide („Spermienkiller"), die viele der bakteriellen Krankheitsauslöser töten (siehe *Sexuell übertragbare Krankheiten*). Diese neuen, speziell für Safer Sex entwickelten und daher „risikoarmen" Cremes kommen in allen möglichen Verpackungen auf den Markt, von Plastiktöpfchen bis hin zu Tuben im Hosentaschenformat, und sie enthalten wasserlösliches Nonoxynol-9, welches im Laborversuch das HIV-Virus abtötete. *Eine* solche Creme heißt *ForPlay*. Vielen Safer-Sex-Gleitcremes liegt auch ein Kondom bei, was sie besonders praktisch macht.

GRUPPENSEX

Technisch gesprochen, handelt es sich immer um Gruppensex, wenn mehr als zwei Personen miteinander Sex haben. Im Lauf der Jahre sind „flotte Dreier" zwar nicht unbedingt gang und gäbe, aber doch wenigstens zu etwas geworden, das nicht weiter aufsehenerregend ist, besonders in manchen Dauerbeziehungen (☛ *Dreier*). Zum Gruppensex dagegen gehören meist mehr als drei Leute.

Das Kino hat einen Großteil unserer Vorstellungen von Gruppensex bestimmt. Bibelepen aus den Zwanzigern, den Dreißigern und vor allem den technicolor-bunten Fünfzigern setzten den

Maßstab: Massen von nackten und halbnackten, sich windenden Leibern, eine „exotische" Musik und die Gesamtatmosphäre eines zwiespältigen „Alles ist möglich". Cecil B. DeMille war ein Filmemacher, der es besonders gut verstand, im Rahmen eines religiösen Themas solche Orgien zu entfalten.

Wie die besten Filme werden auch die besten Gruppensexparties sorgfältig im voraus organisiert und bis zuletzt (mit gelegentlichen Korrekturen) gesteuert. Manche Orgien bleiben natürlich auch weiterhin ganz spontan, aber das sind leider viel, viel zu seltene Einzelfälle und deshalb nur umso denkwürdiger.

Mehr als ein schwuler Jüngling entdeckte mit Staunen, daß seine Gegenwart (in einem Zustand der Erregung, wenn nicht völliger Nacktheit) das einzige war, was zum Auslösen einer Männerorgie noch fehlte. Solche „Orgienzünder" schlagen den richtigen Funken. Aber sie sind *noch* seltener zu finden als Spontaneität. Folglich ist das Veranstalten einer Gruppensexparty im besten Falle schwierig. Es gibt mehrere Möglichkeiten, die Teilnehmer zusammenzubekommen. Solltest du umwerfend hübsch, hinreißend charmant, steinreich oder berühmt sein (wenn nicht alles zusammen) und demzufolge viele (wir hoffen: Safer-)Sexpartner haben, dann lade sie einfach ein und sag ihnen, sie sollen einen geilen Bekannten mitbringen. Wenn dein erotischer Geschmack sehr begrenzt ist, dann könntest du zuletzt ein Zimmervoll blonder Zwei-Meter-Kerle haben, die alle gern bumsen und sich weigern, sich bumsen zu lassen – für dich vielleicht das Paradies, aber nicht für sie. Oder du gehst aus und trommelst vielversprechende Kandidaten zusammen. Du wirst staunen, wie viele sich durch deine Einladung geschmeichelt fühlen, egal, ob sie sie annehmen oder nicht. In Fire Island Pines z.B. galt es als Gipfel der Beliebtheit, wenn man eine Stunde vor Schließung der Disco zugeflüstert bekam: „Orgie in *Surfside Six!*" – ein Haus, das für seine Gruppensexparties bekannt war.

Manche Schwulen erhalten auf ihre Sexanzeigen so viele Antworten und Telefonate, daß sie sämtliche Interessenten zu einem einzigen Treff einladen, sprich: zum „Rudelbumsen" (☛ *Kontaktanzeigen*). Andere haben im Aufziehen von Gruppensexparties solche Meisterschaft erlangt, daß sie jede Woche eine geben – für

Eingeweihte schon bald ein feststehender Termin und schließlich eine lokale Institution. Heutzutage findet man in größeren Städten halb-private oder klubähnliche Orgien, die allwöchentlich (selber Ort, selbe Zeit) in einem Schwulenzentrum einer großräumigen Wohnung in der City oder in einem Haus außerhalb veranstaltet werden. Bevor man hineingeht, entrichtet jeder seinen Obolus.

Sind erst einmal alle (oder zumindest eine „beschlußfähige Mehrheit") versammelt, dann ist das Hauptproblem, die Orgie in Gang zu bringen. Eine Möglichkeit, das Eis zu brechen, besteht darin, daß du deine Gäste nackt, in einem Jock-strap oder im Slip (einem zerfetzten selbstverständlich) an der Tür empfängst. Noch besser ist, du bittest deinen verführerischsten Freund, ein bißchen früher zu kommen, und läßt sie durch ihn begrüßen. Eine dritte Möglichkeit wäre, daß du dich mit zwei, drei „Helfershelfern" absprichst, um den Ball auf ein gemeinsames Signal hin ins Rollen zu bringen.

Ein paar praktische Tips: Stell reichlich flüssige Erfrischungen bereit – obwohl nicht unbedingt Alkohol, denn der kann zu Problemen führen. Wenn du die Party in deinen eigenen vier Wänden veranstaltest, solltest du alle Zimmer abschließen, in denen du keine Eindringlinge möchtest. Schließ auch deine Wertsachen weg und lege an gut sichtbaren Stellen Handtücher oder Küchenrollen, Gleitmittel und viele Kondome aus. Falls du strikt gegen Drogengebrauch bist, dann sag das den Leuten im voraus. Die richtige Musik kann einer Orgie zum Erfolg verhelfen. Popmusik sollte nicht allzu sanft oder sentimental sein. Auf ruhigen Jazz (aber nicht Blues) und Techno- oder Discorhythmen mit ihrem gleichförmigen, beharrlichen Sound ist ziemlich Verlaß, wenn es ums Anheizen und Aufrechterhalten einer pulsierenden sexuellen Stimmung geht.

HAARE

Colette hat einmal gesagt, langes Haar sei jede Sekunde lästig – außer morgens beim Liebemachen. Dann könne man es nach vorn werfen, dem Partner damit über die Haut streichen, und (hier gehen wir einen Schritt weiter als Colette) durch einen dichten Vorhang dem anderen in die Augen schauen, während man zu seinem

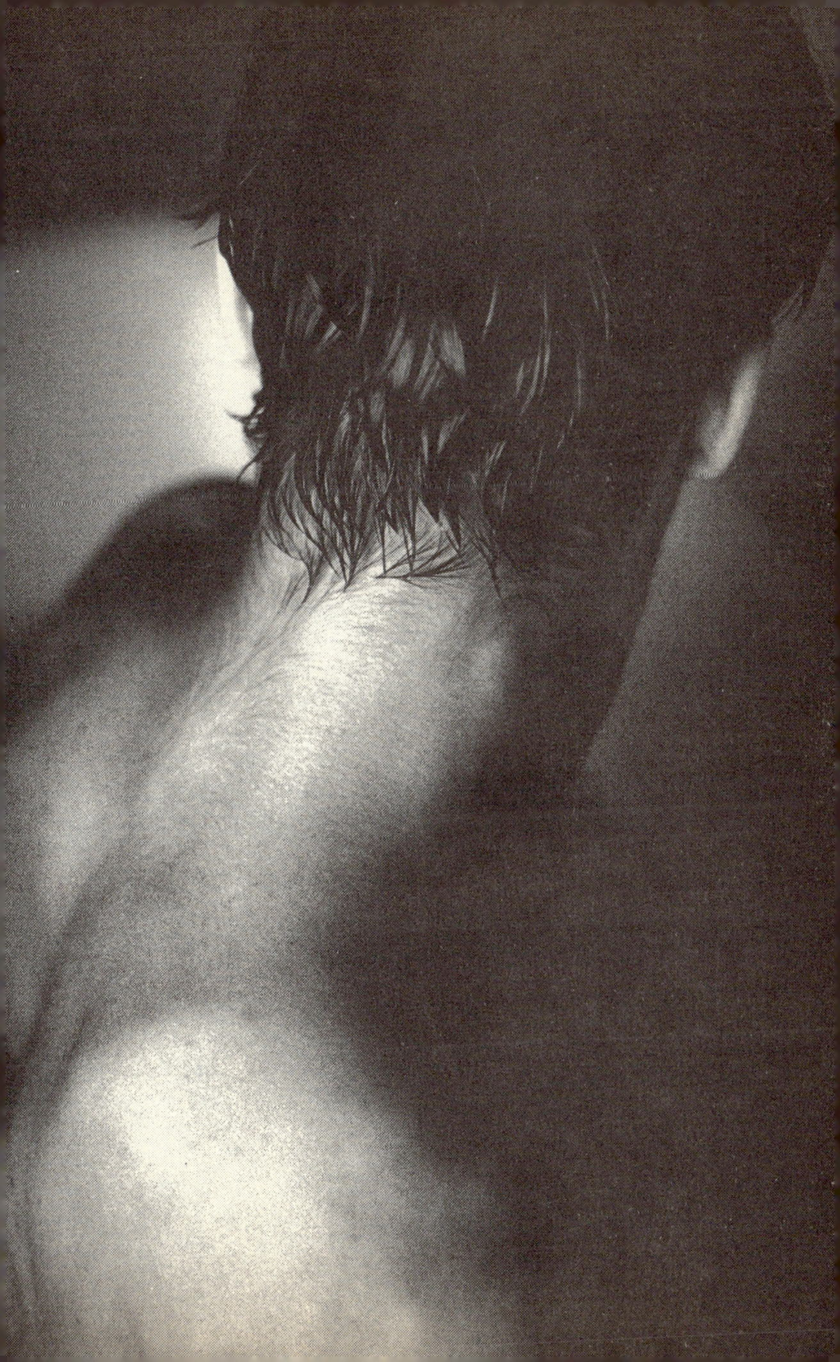

Schwanz hinabgleitet. Aber auch Kurzhaar hat seine Reize: Obwohl man mit einer Stoppelfrisur aussieht wie ein geschorener Kadett, fühlt es sich für den Liebespartner wie eine Bürste aus dickem Zobelpelz an, wenn du mit deinem Kopf in seiner Achselhöhle oder zwischen seinen Beinen wühlst.

Fast jede Frisur hat ihren erotischen Reiz, zumindest auf die Distanz. Aus der Nähe jedoch können Haare, die starr von Gel oder Frisierschaum sind, unappetitlich wirken. Wenn dir die Haare ausgegangen sind, dann polier deine Platte und laß jeden Lichtstrahl darauf erstrahlen. Eine Glatze ist etwas sehr Maskulines, besonders für jene, die glauben, sie komme von einem Überschuß an männlichen Hormonen. Wenn du deine Platte nicht ertragen kannst, dann mußt du eine teure und schmerzhafte Transplantation machen lassen. Aber trag bloß kein Toupet oder kämme dir lange Strähnen über die Dürrezone – damit täuschst du niemanden!

Auch Körperbehaarung hat ihre Fans. Der „Bären"-Typ besitzt Pelz im Überfluß (☛ *Neues Macho-Image*). Ein sicheres Zeichen ist ein Haarbüschel, das aus dem Kragen oder hervorschaut.

Nichts ist vielseitiger als Haare. Ein Vollbart verleiht dem Gesicht ein strenges (manchmal sogar satanisches) Aussehen, vor allem, wenn er exakt geschnitten ist. Ruppigere Bärte decken die ganze Skala von „windzerzaust und philosophisch" (alter Einsiedler in Gebirgshöhle) bis zu „rauh und naturburschenhaft" (Holzfäller auf einen Tag Stadturlaub, wo er die Sau rauslassen will). Ein langer, hängender Schnurrbart kann poetisch erscheinen und Seelentiefe in die Augen legen. Ein säuberlich gestutzter, kantiger Schnauzer kann dich in einen Wilhelminischen Lebemann verwandeln. Manche bestehen darauf, daß ihr Partner einen Schnäuzer haben muß, andere werden von Gesichtsbehaarung vergrault, weil sie unhygienisch sei.

Wenn du damit experimentierst, wirst du vielleicht feststellen, daß du bei jeder Änderung deiner Haartracht auch eine neue Kategorie von Verehrern anlockst. Dein Erscheinungsbild und deine Ausstrahlung lassen sich vor allem dadurch abwandeln, daß du mit deiner Gesichtsbehaarung herumspielst. Hat ein hübsches Jungchen die Nase voll von einer Welt vernarrter Daddys, die es „süß", „putzig" oder „niedlich" finden, dann kann es sich in einen zähen Punk verwandeln, indem es sich einen Dreitagebart wachsen läßt, die langen Locken abschneidet oder seinen Kopf fast kahl rasiert. Ein kerliger Typ mittleren Alters, mit Bart, Glatze und Lederjacke, der die Bitten seiner Sexabenteuer satt hat, sie anzupissen oder ihnen die Brust zu versengen, kann seriöse Gestalten anlocken, wenn er sich rasiert und in Schlips und Kragen schmeißt (☛ *Rasur; Traumtypen*).

Natürlich ändert sich die Haarmode mit jedem Jahrzehnt: Der Schnäuzertyp der Siebziger verschwand Mitte der Achtziger von der Bildfläche, um durch einen klassischeren Fünfziger-Jahre-Look ersetzt zu werden, mit glattrasiertem Gesicht. Wer weiß? Vielleicht ist auch das in ein paar Jahren passé.

HÄNDE

Da die Hände unsere empfindlichsten Instrumente (nach den Geschlechtsteilen), exakt aufeinander abgestimmt und voller Nervenenden sind, läßt sich mit ihnen die größte Feinarbeit verrichten. Sie können die Körperbehaarung eines anderen Mannes hauchzart und gerade noch spürbar berühren oder streifen – besonders den winzigen Flaum über dem Steißbein, im Nacken, rings um die Brustwarzen, an den Innenseiten der Schenkel und auf den Eiern.

Um das Wohlgefühl schätzen zu lernen, das Hände schenken können, leg dich neben deinen Partner und küsse ihn, vermeidet aber jeden anderen Körperkontakt. Wenn dein Partner in größere Erregung gerät, streiche mit deinen Fingerspitzen über seine empfindliche Bauchdecke. Beende den Kuß, zieh dich zurück und fahre mit deinem Finger leicht um den Mund deines Partners. Erkunde das Innere seines Mundes mit den Fingern. Dann greif nach unten und zieh langsam an den Haaren auf seinen Eiern. Befeuchte deine Hände mit Spucke und zieh zwei Linien auf seinem Unterleib, neben das Glied (ohne es jedoch zu berühren). Dann fahre mit deiner Hand leicht über seinen Schwanz.

Hände können auch andere Körperpartien stimulieren: Sie können mit dem Arschloch spielen, können deinem Partner die Schenkel und die Rückseite seiner Beine streicheln, ihm die Fußsohlen reiben oder ihn in die Brustwarzen zwicken.

Denk daran: Je mehr dein Partner in Erregung gerät, desto besser wird er auch etwas unsanftere Berührungen vertragen und sie genießen. Wenn ihm der Schweiß ausbricht und er sich dem Höhepunkt nähert, legt eine kurze Verschnaufpause ein. Puste einen kühlenden Luftstrom über seinen verschwitzten Körper, und folge diesem Luftstrom mit leichten Bewegungen deiner Fingerspitzen. Wenn du deinem Partner den Schwanz lutschst oder wenn er dich fickt, kannst du ihm als zusätzlichen Reiz einen Finger in den Arsch stecken. Das wird ihn zum Jubeln bringen (und er hat dann auch einen intensiveren Höhepunkt.) Oder du greifst nach unten und packst ihn an den Eiern, während er dich bumst. Manche Typen fahren darauf ab, daß man ihnen die Eier langzieht.

Bei etwas härterem Sex können Hände einen unentbehrlichen Beitrag leisten. Du kannst deinen Partner mit den Handgelenken an die Matratze fesseln, während du ihn in den Mund fickst. Du kannst ihm in die Brustmuskeln kneifen und sie quetschen oder ihm auf den Arsch hauen. Und wenn alles vorbei ist und eure Körper zu berührungsempfindlich sind, könnt ihr zwei einfach daliegen, durchatmen und fest händchenhalten.

Von der ersten Kontaktaufnahme an – dem ersten Moment, da sich eure Hände in einer Bar, am Strand oder über einen kerzenbeleuchteten Tisch hinweg begegnen und anfangen, einander kennenzulernen – bis hin zum Ende des Liebesspiels kommunizieren Hände und feilen die Sprache der Liebe aus (☛ *Berühren und Festhalten*).

HINTERN NACH OBEN

Für jemanden, den der Anblick oder die Berührung eines Hinterns antörnt, gibt es nichts so Erregendes, wie wenn sein Partner mit gespreizten Beinen auf dem Bauch liegt und darauf wartet, daß man ihn bumst. In dieser Stellung wirkt die Form der Arschbacken runder, ihr Fleisch glatter und samtiger. Wenn du jemanden bumst, der auf dem Rücken liegt, dann rammst du manchmal nur in harte Knochen und verspannte Muskeln (was, zugegeben, ebenfalls ganz nett sein kann). Liegt dein Partner aber auf dem Bauch, dann ist sein Po rund, geschmeidig und empfänglich. Ein Kissen unter dem Becken wird seinen Arsch noch mehr anheben und einen günstigen Winkel schaffen.

Manche Männer bumsen gern, wenn ihr Partner sich über die breite Arm- oder die niedrige Rückenlehne eines Sofas bzw. Polstersessels streckt. Andere haben ihren Gefährten gerne an der Wand, am Fenster oder gar vor einem Spiegel stehen (☛ *Spiegel*), und wieder andere bevorzugen die klassisch schlichte Stellung, wenn ihr Partner mit dem Gesicht nach unten und alle viere von sich gestreckt auf der Matratze liegt.

Für den Passiven kann eben diese unbewegliche Position erregend oder langweilig sein – je nach Stimmung und allgemeinem sexuellem Empfinden. Um zu küssen, um das Geschehen zu verfolgen oder gar zum Wichsen, sind das keine sehr guten Stellungen. Man kann ab und zu nach hinten greifen, wenn man sich einen Kuß holen will, man kann sich in einem Spiegel beobachten, man kann die Matratze bumsen oder eine Hand unter sich schieben – noch besser wäre die des anderen –, um sich einen runterzuholen. Der eigentliche Reiz dieser Stellung aber liegt in ihrer Passivität.

Für S/M-Freunde kann sie die Unterwürfigkeit des Sklaven bedeuten. Hauptsache – ja, vielleicht sogar das homosexuelle Urerlebnis – ist jedenfalls das Gefühl beim Eindringen und immer wieder von innen massiert zu werden.

HINTERNVERSOHLEN

Die Empfindungen während des Sexspiels lassen sich auf vielfältige Weise steigern. Eine der beliebtesten alten Methoden ist ein gelegentlicher Klaps auf den Arsch. Das ergibt einen guten Kontrast zu den sanfteren, zärtlicheren Berührungen und törnt manche Männer erst noch richtig an, wenn sie gebumst werden.

Glaub nicht, daß jeder Partner darauf steht – finde es heraus. Nehmen wir einmal an, du hast Sex mit jemandem, der dir fremd ist. Du liegst da, und er lutscht dir den Schwanz. Nach zirka einer Minute gib ihm einen kurzen, festen Schlag auf den Arsch – gerade so fest, daß es überraschend kommt, aber nicht schmerzhaft. Irgendwie wird dein Partner darauf reagieren. Wenn er nichts dagegen einzuwenden hat, gib ihm noch einen Schlag. Diesmal wird er entweder bereits stöhnen oder deine Hand wegschubsen und sagen: „Hör auf!" Oder er bricht die ganze Sexnummer ab, um dir einen Vortrag zu halten (Thema: „Ich steh' nicht auf diesen S/M-Kram"). Eine andere Möglichkeit zum Einstieg besteht darin, daß dein Partner sich flach auf den Bauch legt, während du anfängst, ihm den Arsch zu versohlen.

Solltest du selbst gerne hier und da eins auf den Hintern kriegen, dann nur heraus mit der Sprache! Je nach Situation könntest du deinem Partner auch die entsprechende Bitte stellen oder seine offene Hand führen und dich damit selbst schlagen, bis er kapiert.

Die meisten Männer, die sich ganz gern ein paar Hiebe auf den Arsch geben lassen, bauen dies in eine übergreifende Sexszene ein. Hinternversohlen ist oft (aber nicht immer) Bestandteil einer „Vater-Sohn"-Nummer, in der der Junge belohnt oder bestraft wird (☛ *Vater-Sohn-Phantasien*). Ebenso beliebt ist Hinternversohlen im Rahmen einer „Burschenschafts-Szene". In dieser Phantasie spielt einer der Partner den Neuling, der in die Verbindung aufgenommen und mit bloßen Händen, mit der Rute oder mit einem flachen Holzprügel geschlagen wird. Manchmal muß er dem Rangältesten sogar sexuelle Dienste leisten. Es gibt eine Vielzahl von Pornovideos, Spezialmagazinen und Informationsblättern, die sich dem Thema „Hinternversohlen" widmen.

HIV-ERKRANKUNG (AIDS)

Anfang der 80er Jahre sprach man von „GRID" *(Gay-Related Immunodeficiency), der „Schwulenbezogenen Immunschwäche"*. Dann wurde das Ganze in AIDS umgetauft: *Acquired immunodeficiency syndrome* („Erworbenes Immunschwächesyndrom"). Jetzt erwägt die amerikanische Gesundheitsbehörde die neue Bezeichnung „HIV-Erkrankung". Dieser Terminus wird auch im deutschsprachigen Raum immer öfters verwendet, der geläufigere Ausdruck ist aber nach wie vor *Aids.*

„HIV" steht für „menschliches Immunschwächevirus" *(Human*

Immunodeficiency Virus), das man für die Krankheitsursache hält.

Nachfolgend das Mindeste, was du über Aids wissen solltest. Es wurden ganze Bücher geschrieben, damit du diese Krankheit und deine Rolle bei ihrer Eindämmung bzw. Ausbreitung besser verstehen kannst. Manche davon kehren traditionelle medikamentöse Behandlungsweisen hervor, andere empfehlen alternative oder ganzheitliche Methoden. Da nicht nur die Aids-Therapie, sondern auch die Aids-Aufklärung rasante Fortschritte macht, kann es sein, daß einige der hier gegebenen Informationen sehr rasch überholt sind. Es ist unser aller moralische Pflicht, uns über Forschung und Behandlung auf dem laufenden zu halten. Dazu sollten wir am besten Schwulenzeitschriften lesen und uns von Schwulenorganisationen und Aids-Aufklärungsstellen regelmäßig Informationsmaterial schicken lassen.

Was verursacht Aids?

Federführende Mediziner glauben, daß ein bestimmtes Virus bzw. eine eng miteinander verwandte Virengruppe die Krankheit auslöst, und daß dieses Virus vorwiegend durch Blut und Sperma übertragen wird. Manche (aber nicht alle) Forscher meinen darüber hinaus, es könne auch Nebenursachen geben, die eine Erkrankung fördern, d.h. das Virus richte vielleicht keinen weiteren Schaden an, solange nicht irgendein anderer, ganz bestimmter Erreger oder Gesundheitszustand vorliegt. Diese Ansicht beruht darauf, daß bei einigen HIV-Positiven die Krankheit sehr bald ausbricht, während andere zehn Jahre oder noch länger keine Symptome zeigen. Deshalb vermuten die betreffenden Wissenschaftler, die erste Gruppe von „Positiven" habe diesen Erreger (oder die Nebenursache) gehabt, die den Virus in ihrem Körper erst aktivierte. Wir wissen nicht mit Bestimmtheit, ob HIV von selbst oder nur bei gleichzeitigem Vorhandensein eines anderen Erregers tätig wird. Aber wir wissen, daß Menschen mit guter gesundheitlicher Verfassung länger gesund bleiben als solche, die ihren Körper durch Drogen, Alkohol und nicht-behandelte Erkrankungen mißbrauchen. Einige Schwule z.B., von denen im Rahmen einer Hepatitis-Studie Mitte der siebziger Jahre Blutproben eingefroren wurden, erfuhren 17 Jahre später, daß sie zur Zeit der Blutentnahme bereits HIV-positiv waren, haben jedoch trotzdem noch keine Symptome entwickelt.

Niemand kennt den allerersten Ursprung des HIV. Manche glauben, es sei ein völlig neuer Virus, den es vorher auf dieser Welt nicht gab; andere meinen, das HIV sei zwar schon immer vorhanden, aber auf ein bestimmtes geographisches Gebiet begrenzt gewesen, und erst die modernen Transportmittel hätten seine Ausbreitung ermöglicht.

Sollte ich mich testen lassen?

Es gibt einen Test, der das Vorhandensein von *Antikörpern* gegen das Virus nachweist. Wer die Antikörper im Blut hat, den bezeichnet man als *HIV-positiv.*

War man früher, in Anbetracht kaum wirksamer Heilverfahren gegen eine Früherkennung, gab es in den letzten Jahren Fortschritte bei der medizinischen Behandlung verschiedener HIV-bedingter Krankheiten, und praktisch alle Schwulenorganisationen empfehlen, sexuell aktive Männer sollten einen HIV-*Antikörper*-Test machen. Gleichzeitig empfehlen sie aber auch eine Beratung, damit man bei einem positiven Testergebnis medizinische und emotionale Hilfe bekommt. Schon der bloße Test macht manchem ja schwer zu schaffen. Viele Gemeinden bieten heute anonyme Tests entweder durch den Hausarzt oder durch örtliche Kliniken an. Du solltest dich bei den Schwulenverbänden in deiner Nähe beraten lassen, damit im Falle eines positiven Testergebnisses keine Informationen an Versicherungen, Behörden oder Arbeitgeber gehen.

Trotz dieser Empfehlungen bleibt die Frage, ob man sich testen lassen sollte oder nicht, eine ganz persönliche. Falls du den Test machst, mußt du dich auf Einschneidungen und Umgewichtungen in deinem Leben gefaßt machen – weg von dem, was einmal war, zu einem sehr gesundheitsbewußten. Und natürlich solltest du dich auf jeden Fall testen lassen, wenn du mit Bestimmtheit glaubst, HIV-bedingte Krankheitssymptome zu haben, oder wenn bei irgendeinem deiner Sexpartner die Krankheit ausgebrochen ist.

Fällt der Test positiv aus, dann wird dein Arzt noch einen anderen machen wollen: die Bestimmung der T-Helferzellen. Sie werden auch T-4- oder CD4-Zellen genannt und bilden einen wichtigen Bestandteil unseres Immunsystems, das den Körper vor Erkrankungen schützt. Die normale T-Zellen-Anzahl liegt irgendwo zwischen 600 und 1000 oder leicht darüber, doch kann sie zeitweilig heruntergehen, wenn du krank bist oder gerade mit irgendeinem Bazillus kämpfst. Auch im Tagesverlauf kann sie sehr unterschiedlich sein. Am besten läßt man die T-Helferzellen also dann bestimmen, wenn man weder akut erkrankt ist noch unter einer Infektion leidet.

Ein positives Ergebnis bei dem HIV-Antikörper-Test bedeutet nicht, daß man Aids bereits hat. Es heißt nur, daß man dem Virus ausgesetzt war und sich als Reaktion auf ihn Antikörper gebildet haben. Erst der *Befund* (also die Diagnose) von Aids besagt, daß der Betreffende spezifische Krankheiten entwickelt hat.

Wie wird die Diagnose ermittelt?

Die HIV-Erkrankung oder Aids wird binnen ein, zwei Tagen diagnostiziert. Dabei orientiert sich die älteste Methode an HIV-bedingten Erkrankungen, meist *opportunistische Infektionen* genannt, weil sie die Abwehrschwäche ausgenutzt haben, um den Körper zu attackieren (eine Auflistung solcher Infektionen folgt). Allerdings ist es der modernen Medizin sogar teilweise gelungen, viele HIV-bedingte Krankheiten zu verhüten und in den Griff zu bekommen. Das amerikanische Zentrum für Seuchenkontrolle spricht sich deshalb dafür aus, jeden, der weniger als 200 T-Helferzellen hat, auf HIV zu untersuchen, selbst wenn sonst keine HIV-typischen Symptome vorliegen. Das bedeutet, daß man viele Schwule, die rein äußerlich keine Symptome aufweisen, als HIV-krank diagnostizieren wird und sie damit für bestimmte Arten der Invalidenversicherung und andere medizinische bzw. finanzielle Unterstützung in Frage kommen. Jeder HIV-Kranke sollte sich bei den Verbänden der Aids-Hilfe über die Möglichkeiten zu solcher Unterstützung beraten lassen.

Worin bestehen die Symptome?

Es gibt eine ganze Reihe von Frühsymptomen für eine HIV-Infektion, die aber auch ohne das Virus auftreten und auf ein völlig anderes, weniger gefährliches Virus oder Bakterium zurückgehen können. Darum betrachte dich nicht gleich als Aids-krank, wenn du eines oder mehrere dieser Symptome hast. Hier eine Aufzählung der gängigsten, relativ harmlosen Symptome:

❶ *Lymphknotenschwellung* tritt häufig zuerst unter der Kinnlade auf. Solche Schwellungen sind nicht schmerzhaft, und eine Behandlung ist weder nötig noch derzeit möglich.

❷ *Nachtschweiß* (während des Schlafs) ist nicht nur das Schwitzen unter einer zu dicken Bettdecke; dein Laken und Schlafanzug werden klatschnaß sein. Es ist schmerzlos – und nicht zu behandeln.

❸ *Soor (Mundfäule)* ist eine Hefepilzinfektion. Es bilden sich weiße Flecken im Mund und auf der Zunge. Je weiter sich der Pilz ausbreitet, desto entzündeter fühlt sich dein Mund an, und im fortgeschrittenen Stadium kann die Infektion in den Rachen wandern, durch die Speiseröhre und in den oberen Lungenbereich, wo sie starke Beschwerden auslöst. In akuten Fällen hast du Schmerzen beim Schlucken, und das führt zu Appetitlosigkeit. Es gibt Behandlungsmethoden, durch die Soor zwar immer noch lästig ist, aber nicht gefährlich; in den meisten Fällen läßt sie sich eindämmen.

❹ *Leukoplakie oder (pelzige) Weißschwielen* sind weiße Verhärtungen unter der Zunge. Sie sind zwar nicht schmerzhaft, können aber beim Essen stören, gerade wenn es vielleicht auf eine Gewichtszunahme ankommt. Die Behandlung ist zufriedenstellend.

❺ *Gürtelrose* ist ein schmerzhafter, Bläschen bildender Hautausschlag, im allgemeinen an den Beinen, im Kreuz oder um die Hüften. Er wird von einem Virus des Herpestyps hervorgerufen – dasselbe, auf das man auch Windpocken zurückführt – und folgt streifenförmig einem Nervenstrang. Es gibt Behandlungsmethoden sowohl gegen den Schmerz als auch die Gürtelrose selbst, obwohl sie erst nach zwei, drei Wochen verschwinden wird und vielleicht Narben bleiben.

❻ *Seborrhoische Dermatitis* ist eine Hautentzündung, die sich als trockener, schuppenähnlicher Ausschlag auf Brauen, Kopfhaut und seitlich an der Nase äußert. Sie ist nicht schmerzhaft und bestens zu behandeln.

❼ *Unerklärlicher Gewichtsverlust und Fieberanfälle.* Unter diese Kategorie fällt alles Mögliche, und sie ist der Grund, weshalb man Aids in Afrika auch unter dem Namen „Schlankheits-Seuche" kennt. Es gibt keine spezifischen Behandlungsmethoden, solange nicht durch Labortests eine ganz bestimmte Krankheit als Ursache nachgewiesen wird. Im allgemeinen hält man unerklärlichen Gewichtsverlust und Fieberanfälle für eine unmittelbare Folge des Virus, weniger für eine opportunistische Infektion.

Zu den schweren Erkrankungen gehören vor allem:

❶ *Pneumocystis carinii pneumonia (PCP).* Diese Lungenentzündung war früher die Haupttodesursache von Aids-Patienten, und da ein HIV-Test oft fehlte, war es das erste Indiz für eine Erkrankung des Infizierten. Heute läßt sich PCP etwas besser verhindern und ist, wenn sie auftritt, behandelbar. Während sie früher einen langen Krankenhausaufenthalt bedeutete, wird sie inzwischen meist mit einer Reihe sehr wirkungsvoller neuer Medikamente bekämpft. Die Verhütung von PCP gehört heute zur regulären Behandlung der HIV-Erkrankung. Viele Patienten erhalten ein–, zweimal im Monat eine vorbeugende Inhalationstherapie. Symptome von PCP sind u.a. hohes Fieber, ein trockener (schleimfreier) Husten, zunehmende Kurzatmigkeit, besonders bei körperlicher Anstrengung, und ein starkes, messerscharfes Stechen in Rücken und Gelenken.

❷ *Kaposi-Sarkom (KS).* Diese Krebsart äußert sich für gewöhnlich in dunklen Flecken, die überall am Körper erscheinen können. Zuerst sind sie lila, dann werden sie tiefbraun oder fast schwarz. KS gilt nicht als lebensgefährlich, solange es keine inneren Organe befällt. Tritt es als einzige opportunistische Infektion auf, dann spricht das nach einiger Erfahrung sogar für eine gewisse Langlebigkeit des Aids-Patienten. Die Gründe dafür sind unbekannt. KS-Geschwüre können, über die Haut verbreitet, sehr unansehnlich sein und sind am Anfang zwar nicht schmerzhaft, aber im späteren Verlauf der Krankheit manchmal sehr berührungs- und druckempfindlich. Gegen ein großflächigeres KS gibt es lokale Behandlungsmethoden. Neue Therapien werden zur Zeit erprobt, aber keine bringt eine echte Heilung.

❸ *Toxoplasmose* ist eine Infektion des Gehirns. Zu den Symptomen gehören hohes Fieber, starke Kopfschmerzen, Sprechschwierigkeiten und einseitige Muskelschwäche, mitunter auch Krämpfe. Da Toxoplasmose sehr rasch (sogar stündlich) voranschreitet, sind umgehende Diagnose und Behandlung allesentscheidend. Man kann sich leicht auf das Risiko, diese Krankheit zu bekommen, untersuchen lassen. Sie ist sehr gut behandelbar. Den Erreger findet man in Fleisch, das nicht ganz „durch" ist, und in Katzenkot.

❹ *Kryptokokken-Meningitis* ist eine Entzündung der Membranen, die das Rückenmark bedecken. Wie bei Toxoplasmose kann man Fieber- und Kopfwehanfälle bekommen, aber manchmal verspürt der Patient auch eine Genicksteife, und die ist kein Symptom von Toxoplasmose. Die Infektion ist bei frühzeitiger Erkennung gut behandelbar.

❺ *Dementia (Schwachsinn).* Wenn dieses Krankheitssymptom auftritt, dann erst im Spätstadium. Es hat eine Reihe von Erscheinungsformen, darunter Gedächtnisschwäche (besonders des Kurzzeitgedächtnisses), psychomotorische Störungen, Schwierigkeiten beim Gehen, Verlust von Spontaneität und äußeren Interessen, allgemein niedergedrückte Stimmung (Schwachsinn wird manchmal als Depression fehldiagnostiziert) und jähe Stimmungsschwankungen nach der Redensart: „Himmelhoch jauchzend, zu Tode betrübt". Es gibt keine Behandlung, um die entstandenen Gehirnschäden zu heilen.

Herpesviren und Aids

Herpes ist eine Virusfamilie, die eine Reihe von Krankheiten hervorruft, von Fieberbläschen bis Mundfäule. Zur Gruppe der Herpesviren gehören auch das Cytomegalo- und das Epstein-Barr-Virus (CMV bzw. EBV). Keines davon verursacht Aids. Auf der anderen Seite kann HIV aber Herpesviren in dem davon befallenen Menschen *aktivieren*, und dann können die schlafenden Hunde CMV und EBV ein ohnehin schon gefährdetes Abwehrsystem zusätzlich schwächen. Die Symptome sind unscheinbar, vielleicht gibt es auch gar keine, oder der Infizierte leidet an einer grippeähnlichen Erkrankung. Natürlich ist nicht jeder Mensch Herpes-infiziert, und deshalb hat nicht jeder HIV-Kranke herpesbedingte Komplikationen. Es gibt einfache Tests, um Herpes festzustellen, und mehrere Behandlungsmöglichkeiten.

Vielleicht sollten wir noch hinzufügen, daß eine Reihe ganz alltäglicher Krankheiten im Falle einer HIV-Erkrankung schwerer zu heilen ist. Die wichtigste davon heißt „Syphilis“ – ein Grund mehr, Safer Sex zu betreiben (☛ *Safere Sex; Sexuell übertragbare Krankheiten*).

Aids selbst ist zur Zeit nicht heilbar, aber man ist dabei, die Krankheit durch entsprechende Medikamentkombinationen und unterschiedliche Behandlungsmethoden in Schach zu halten.

Wer eingehendere Informationen haben möchte, der schreibe an:
Deutsche Aids Hilfe e.V., Dieffenbachstr. 33, 10967 Berlin

HIV-POSITIV

Die Bedeutung des Wortes „Lebenszeit“ ist relativ. Unter normalen Bedingungen suggeriert es eine lange Reihe von Jahren. Aber für einen Schwulen, der gerade erst erfahren hat, er sei *HIV-positiv*, ist die Zukunft ungewiß. Er hört eine Uhr ablaufen, und das verändert seine Wahrnehmung, sowohl von sich selbst als auch von den Menschen um ihn herum.

Männer reagieren in unterschiedlicher Weise auf die Information, sie seien HIV-positiv. Fast immer tritt anfangs ein schwerer Schock ein, gefolgt von der ganz natürlichen Angst, zu sterben. Manche

Männer verfallen in tiefe Depressionen und verstecken sich vor Familie und Freunden – eine Reaktion, die zu noch größerer Isoliertheit führt (☛ *Depression*). Andere stürzen sich in die abenteuerliche Welt des anonymen Sex, als wären wiederholte Samenergüsse ein Opfer an die grausamen Götter, die sie mit dieser Krankheit gestraft haben. Oder sie erliegen ihrem geringen Selbstwertgefühl und sagen: „Wenn ich nicht schwul wäre, dann hätte ich auch nicht Aids." Einige Männer sind jedoch erleichtert über die Diagnose, weil die vorherige Unsicherheit womöglich viel qualvoller war als die Realität.

HIV-positive Schwule nehmen ihr Leben selbst in die Hand, indem sie sich über die Krankheit und deren potentielle Behandlungsmethoden gründlich informieren. Das geht ganz hervorragend in einer Selbsthilfegruppe, zusammen mit anderen HIV-positiven Männern. Solche Positiven-Gruppen gibt es in fast jeder Stadt. Die Adressen bekommt man am besten bei den regionalen Aids-Hilfen.

Das Gemeinschaftserlebnis innerhalb solcher Gruppen ist von unschätzbarem Wert. Durch die Teilnahme lernt man, daß es im Leben (sowohl als HIV-Positiver als auch als Aids-Kranker) darum geht, *gut zu leben*, nicht um eine Vorbereitung auf den Tod. Erfahrene Gruppenmitglieder helfen den neuen, sich objektiv zu betrachten und nicht nur mit ihren irrationalen Ängsten, sondern auch mit realen Problemen fertigzuwerden. Telefonnummern und Adressen von Selbsthilfegruppen in deiner Nähe findest du in fast allen Schwulenzeitschriften, und das Telefonbuch nennt Aids-Beratungsstellen, die dich gegebenenfalls weitervermitteln können.

Einem Menschen, dem sein HIV-positiver Status gerade erst bekannt geworden ist, stellen sich einige konkrete Fragen. Davon lautet die vielleicht häufigste: „Soll ich einem potentiellen Sexpartner sagen, daß ich ‚positiv' bin?" Dieses Thema führt unter schwulen Männern zu einem Meinungsstreit. Manche sagen, nein. Sie glauben (mit gutem Grund), daß ein potentieller Sexpartner Angst bekommen und fliehen könnte. Erhält man unter diesen Umständen einen Korb, so ist das eine weitere Wunde. Damit fertigzuwerden, fällt desto schwerer, da das sinkende Selbstwertgefühl, die Gefühle von Einschränkung und mangelndem Verständnis seitens der Freunde, der Bekannten und der Familie zusätzliche Belastungen darstellen. Vom

Standpunkt dieser „positiven" Männer aus ist man nicht verpflichtet, einem anonymen Partner Bescheid zu sagen, solange Safer Sex praktiziert wird. Das mag stimmen, aber selbst nach ihrer Ansicht muß man jemanden, der möglicherweise zu einer festen Beziehung wird, schon nach wenigen Treffen informieren.

Andere Schwule lehnen es strikt ab, zu verheimlichen, daß sie HIV-positiv oder an Aids erkrankt sind. Sie glauben, ihre Mitmenschen hätten ein Recht darauf, es zu wissen. Nachdem sie anfangs ihre Homosexualität immer geheimhielten und davon die Nase voll haben, setzen diese Männer Freunde, Bekannte, potentielle Partner und die Familie über ihren HIV-positiven Status in Kenntnis. Sie rechnen mit der Möglichkeit der Ablehnung. Einer drückte dieses vorherrschende Verhalten einmal so aus: „Wenn sie einen Rückzieher machen wollen – leckt mich am Arsch!" Aber viele erinnern sich daran, wie oft sie schon hörten: „Was? Du auch?"

Ein Hinweis am Rande: Ein Gericht kann auf schwere Körperverletzung erkennen, wenn du einen Sexualpartner nicht klipp und klar über deinen HIV-positiven Status informierst!

Was uns zu einer anderen oft gestellten Frage führt: Muß man Safer Sex machen, wenn sowohl du als auch dein Partner positiv sind? Antwort: Ja! Speichel und Sperma können Herpes simplex, Hepatitis, das Cytomegalovirus (CMV) und das Eppstein-Barr-Virus (EBV) übertragen (☛ *HIV-Erkrankung*). Bei Vorhandensein des HIV werden CMV und EBV aktiviert, und mit denen willst du doch weder einen Partner noch dich selbst infizieren. Auch eine Reihe von Geschlechtskrankheiten hängt nicht unmittelbar mit dem HI-Virus zusammen, kann aber dennoch zwischen zwei Sexpartnern übertragen werden. Bei Syphilis z.B. ist eine Ansteckung durch oralgenitalen Kontakt möglich, und außerdem ist sie bei gleichzeitigem Vorliegen des HIV schwerer zu behandeln. Der Gesundheit beider Männer zuliebe sollte man die Safer-Sex-Richtlinien befolgen. Paaren ist zu empfehlen, daß sie diese Probleme mit ihrem Hausarzt besprechen (☛ *Sexuell übertragbare Krankheiten*).

Manche HIV-positive Männer fragen sich, ob sie überhaupt Sex haben können. Selbstverständlich können sie! Das sollten sie sogar, aber natürlich nur Safer Sex (☛ *Safer Sex*). Das HIV beeinträchtigt selten den Geschlechtstrieb, und es besteht kein Grund, das eigene Sexualleben einzuschränken, solange du andere keiner Gefahr aussetzt. Das erlegt HIV-Positiven eine besondere Verantwortung auf: Sie sollten sich hinsichtlich der HIV-Übertragung stets auf dem laufenden halten.

Jeder HIV-positive Mann fragt sich, ob das Virus durch Arzneimittel oder andere Therapien auf Dauer inaktiv bleibt. Behandlungsprobleme überschreiten den Rahmen dieses Buches, teils auch deshalb, weil sich so viele neue Medikamente in unterschiedlichen Erprobungsphasen befinden.

Wie werden Freunde und Familie die Nachricht aufnehmen? Manche helfen bestimmt, soweit sie nur können. Andere zeigen vielleicht aus Angst eine übertriebene Sorge um deine Gesundheit und fragen ständig, wie es dir geht. Ein paar Bekannte werden von der Bildfläche verschwinden. Hab keine Scheu, deinen Freunden zu sagen, ob du die Information vertraulich halten möchtest oder ob sie es auch anderen Freunden erzählen können.

Eltern sind in ihren Reaktionen genauso unberechenbar wie Freunde und Bekannte (☛ *Eltern*). Die meisten wissen bedauernswert wenig über das HIV und seine Auswirkungen auf den Körper. Manche Eltern werden bei der Nachricht in Panik geraten, während andere sich beharrlich weigern, zu glauben, daß du das Virus haben könntest; vielleicht leugnen einige sogar – um ihre eigenen Ängste zu beschwichtigen – die ganz reale Möglichkeit der Erkrankung. Die meisten Eltern haben Anteilnahme gezeigt und Unterstützung gewährt, selbst wenn sie von der Nachricht überwältigt waren. In manchen Fällen beschließen HIV-Positive, es den Eltern überhaupt nicht zu sagen, oder erst beim Auftreten von Symptomen – besonders, wenn sie keinen engen Kontakt zu ihrer Familie haben.

Der HIV-positive Status bringt praktische Erwägungen mit sich, zumal für fest befreundete Männer. Es ist nötig, daß ihr euch zusammensetzt und Pläne für den Fall der Erkrankung macht – auch, wie man schwulenfeindliche Familienangehörige daran hindert, eure diesbezüglichen Absichten zu stören

(☛ *Versicherungen; Patientenverfügung; Testamente*).

Wie sollte man auf die Nachricht reagieren, daß ein guter Freund HIV-positiv ist? Es ist ganz normal – wenn auch logisch nicht begründbar –, plötzlich Angst zu bekommen, sowohl vor der Krankheit als auch vor einer Ansteckung durch diesen Freund. Hab deswegen keine Schuldgefühle! Man *muß* sich vor der Krankheit ja auch fürchten, aber mach dir klar, daß zwischenmenschlicher Kontakt, im alltäglichen Umgang und in Gesprächen, *kein* Übertragungsweg ist. Anders ausgedrückt: Deine Angst ist okay – aber dann komm darüber hinweg. Genauso normal ist es auch, sich schrecklich unbedarft oder überfordert zu fühlen, wenn dein Freund seinen HIV-Status mit dir bespricht. Kann sein, daß es dir nicht klar ist, aber im Grunde *weißt* du, was er von dir braucht – genau das, was du dir von einem Freund wünschen würdest, wenn du selber HIV-positiv wärst: den Fortbestand einer rückhaltlosen Liebe und Unterstützung. Vielleicht sagt dir dein Instinkt zuerst, schnell einen Rückzieher zu machen, aber vergiß nicht: Dein Freund braucht dich mehr als je zuvor. Berühre ihn, damit er sich nicht wie ein Aussätziger vorkommt. Nimm ihn fest in die Arme, damit er sich geliebt fühlt. Küß ihn, damit er weiß, du hast keine Angst vor ihm. Diese Dinge werden dir genausoviel bringen wie ihm (☛ *Berühren und Festhalten*).

Ist die Zuneigung zwischen dir und deinem Freund erst einmal wieder gefestigt, dann werdet ihr Zeit brauchen, um genau festzustellen, was sein HIV-positiver Status für eure Zukunft bedeutet. Versuch nicht, die Beziehung in irgendeiner einschneidenden Weise zu verändern. Mach alles mit, was du vorher mitgemacht hast. Diskutiere nur dann über den HIV-Status deines Freundes, wenn er damit anfängt. Oft wollen gute und weniger gute Bekannte Ratschläge zur Behandlung geben, beispielsweise, welche Medikamente oder Therapien man wählen und welchem Arzt (oder Heilpraktiker) man sich anvertrauen sollte. Fragt dein Freund dich nach deiner Ansicht, dann sage sie ihm, ohne seine eigenen Überzeugungen abzuwerten.

HOMOPHOBIE

Warum werden Schwule seit Jahrhunderten verfolgt und geächtet? Was sind die Wurzeln der Homophobie (der Angst und dem

Abscheu vor Homosexualität)? Es gibt drei Haupttheorien. Der einen zufolge leidet unsere Gesellschaft an sexueller Verdrängung, so daß Homophobie nur *eine* Seite einer allgemeineren Verurteilung der Sexualität sei. Daß die westliche Gesellschaft dem Einzelnen emotionale Zwänge auferlegt, dieser Ansicht würden die meisten zwar zustimmen, aber sie erklärt nicht, warum ausgerechnet Schwule solcher Feindseligkeit begegnen.

Eine zweite, von Freud herrührende Theorie behauptet, wir alle seien bisexuell auf die Welt gekommen, also mit der Fähigkeit, auf beiderlei Geschlechter erotisch zu reagieren. Homophob wäre nach dieser Theorie ein Mensch, der mit seiner eigenen latenten („verkappten") Homosexualität nicht zurandekommt und sie weder richtig verdrängt noch richtig anerkannt hat. Statt gegen sich selbst richtet der Homophobe seinen Haß und seine Wut auf andere Homosexuelle – ein klassischer Fall von „Projektion".

Die dritte Theorie ist neueren Datums. Sozialpsychologische Untersuchungen deuten darauf hin, daß Homophobie in einer Gesellschaft aufkeimt, wo eine strikte Trennung zwischen Männer- und Frauenrollen vorgenommen wird, besonders, wo man den Männern Macht und große Bedeutung zuordnet, während Frauen einen niedrigen Stellenwert besitzen und abhängig sind. Homosexuelle Menschen werden gefürchtet und gehaßt, weil man in ihnen eine Kampfansage an diese Trennung sieht, eine Verunklarung der sonst reinen Gewässer geschlechterspezifischen Verhaltens. Ein schwuler Mann, der ja alle Privilegien der Männlichkeit genießen könnte (Ansehen, gute berufliche Stellung, rechtliche und wirtschaftliche Überlegenheit), gilt als jemand, der diese Vorteile in voller Absicht und aus Perversion über Bord wirft, um statt dessen den niedrigen Status einer „Frau" zu ergreifen. Sämtliche Klischees, die die Heterowelt zur Bestrafung homosexueller Menschen erfunden hat (die weibische Tunte, das lesbische Mannweib) sind dazu bestimmt, einen Zusammenbruch der Geschlechtertrennung und damit der ungerechten Verteilung von Macht, Status und Reichtum zu verhindern. Wir bezeichnen das als die *Geschlechtertheorie der Homophobie*, denn sie besagt, daß weniger die Homosexualität als sexuelles Verhalten, sondern als soziale Rolle einige Heteros in Rage bringt.

Es ist ironisch, daß die Gesellschaft Homosexualität als unzulängliche Männlichkeit definiert. Die Weltgeschichte wimmelt von Beispielen für schwule (oder bisexuelle) Militärführer, die in der vermeintlich männlichen Arena von Mord, Totschlag und Eroberung nicht einen Deut weniger tüchtig waren als heterosexuelle Generäle. Julius Cäsar, Alexander der Große, Friedrich II. (»Der alte Fritz«), General Gordon von Khartum und Lord Kitchener – sie alle hatten männliche Liebhaber.

Es gab einmal eine Zeit, da reagierten Aktivisten der Schwulenbewegung empfindlich auf Fragen über die Männlichkeit von Homosexuellen. Wir sagten damals immer, unsere geschlechtliche Identität (unser Männlich- oder Weiblichkeitsempfinden) sei unabhängig von unserer sexuellen (schwul oder hetero). Wie die Gesellschaft um uns herum wollte sich niemand als unzulänglicher Mann identifizieren lassen – oder anders ausgedrückt: wollte nicht, daß man ihn als Frau ansah. Obwohl wir es nicht wußten, identifizierten wir uns damals noch mit den Männlichkeitsbegriffen der Gesellschaft und stellten effeminierte (oder „weibische“) Homosexuelle an den Pranger, denn sie wären nicht maskulin genug.

Es gibt viele Schwule, die sich gerade deshalb so wohl in ihrer Haut fühlen, weil ihre Persönlichkeit männliche *und* weibliche Komponenten enthält. Manche Schwulen empfinden ihre feminine Seite als stärker und geben sich größte Mühe, sie noch weiter zu pflegen. Man findet auch „androgyne“ („zwitterhafte“) Schwule, die je nach Anlaß Männlichkeit oder Weiblichkeit bekunden (☛ *Androgynität*). Wer irgendeinen von ihnen ablehnt oder kritisiert, ist homophob, sei er selbst nun schwul oder heterosexuell (☛ *Effeminiertheit*).

Wir glauben, daß die oben skizzierte *Geschlechtertheorie der Homophobie* den Haß am besten erklärt, den ein Großteil der Heterogesellschaft gegen homosexuelle Männer und Frauen empfindet. Ja, wir glauben, sie erklärt sogar die *verinnerlichte Homophobie.* Ein Schwuler, der sich selbst haßt, tut dies, weil er sich als Mann unzulänglich fühlt, und sein Selbsthaß wird auf alle anderen Schwulen projiziert. Er kann Sex im Dunkeln haben oder die Maskulinität von Heterosexuellen bewundern, aber er vermag keine enge, vertrauensvolle Beziehung aufzubauen; die würde nämlich seinen Selbsthaß widerspiegeln (☛ *Schuldgefühle; Lustunfähigkeit; Heteromänner*).

Homosexuelle, die sich selbst hassen, leben in einem seelischen Konflikt. Schuldgefühle stürzen sie in ein Verhaltensschema von „Annäherung und Vermeidung", d.h.: Wenn sie einen Partner kennenlernen und ihm menschlich näherkommen, sind sie glücklich, haben Hoffnungen. Sobald es aber aussieht, als könne die Sache klappen, machen sie einen Rückzieher und gehen dem Geliebten aus dem Weg, weil sie mit dieser Nähe und Vertraulichkeit nicht zurandekommen. Bei diesem Rückzug atmen sie erleichtert auf, weil sie ihre neueste Gefühlsverstrickung vom Hals haben... aber dann sind sie wieder allein und unglücklich. Ihre Einsamkeit treibt sie dazu, die nächste Beziehung zu versuchen, mit dem gleichen katastrophalen Ergebnis. Diese Dynamik äußert sich nur selten auf der bewußten Ebene. Immer gibt es an dem neuen Partner etwas auszusetzen: Er ist schlecht im Bett, er ist zu jung, zu alt, zu sehr nach außen oder nach innen gekehrt. Aber der wahre Grund, weshalb ein solcher Mensch seinen Freund wieder verstößt, besteht im Selbsthaß, weil er selbst kein Mann ist, wie es seine Eltern (und die Gesellschaft) von ihm verlangt haben.

HÜNDCHENSTELLUNG

Sie ist die klassische schwule Fickposition – die Realität, die in diesen alten Witzen ausgedrückt wird wie „Ich heiße Erich – vorne er, hinten ich" oder: „Dauernd hab' ich in der Dusche meine Seife fallenlassen – damit vielleicht was passiert". Bei der Hündchenstellung gehst du auf alle viere, und dein Partner nimmt dich von hinten. Für manche Männer ist das die Lieblingsposition. Schließlich muß man sie auch für eine rektale Untersuchung beim Arzt einnehmen, da sie nämlich das leichteste Eindringen ermöglicht. Dem aktiven Partner gestattet sie die schnellstmöglichen Beckenstöße; rein von der Fickgeschwindigkeit her gesehen ist sie unschlagbar – und vom Winkel her für viele Männer die beste Position, um tief und über die längste Zeit hinweg zu bumsen.

Außerdem ist diese Stellung sehr geil. Derjenige, der bumst, hat vollen Ausblick auf das Hinterteil, in das er eindringt, und kann seinen eigenen Schwanz hinein- und herausgleiten sehen. Er kann seinen Blick langsam am Rücken des Gefickten hinaufwandern und an den angespannten Schultern, dem belasteten Bizeps innehalten lassen, oder er kann sich vornüberbeugen, um Taille oder Brust des anderen zu umschlingen, ihm am Genick oder am Ohr zu knabbern. Wer sich bumsen läßt, ist sich in dieser Stellung seines eigenen Körpers vielleicht mehr bewußt, als wenn er auf dem Bauch oder auf dem Rücken liegt (☛ *Gesicht zu Gesicht; Hintern nach oben*). Außerdem kann er bei der „Hundenummer" aktiver sein: Er kann sich nach hinten auf den Schwanz seines Partners stoßen, er kann sein Gewicht nur auf dem einen Unterarm ruhen lassen und dadurch mit seiner freien Hand onanieren – oder er kann sich auf den Bauch werfen, ausstrecken und dann mit seinem Partner seitwärts rollen (☛ *Nebeneinander*). Es ist auch möglich, sich aus der Hocke aufzurichten, bis man selbst und der Partner senkrecht hintereinander knien. In dieser Stellung kann man sich wunderbar umdrehen und küssen.

Aber Küssen ist bei der Hundenummer eher die Ausnahme. Wenn der Gefickte nicht gerade einen Schlangenhals hat oder sein Partner außergewöhnlich lang ist, bleibt ein voller Mund-zu-Mund-Kuß praktisch unmöglich (☛ *Küssen*).

IMPOTENZ

Jeder Mann hat ab und zu Potenzprobleme. Das schlimmste dabei ist unsere Scham, es auszusprechen. Wir verheimlichen dieses Problem, so gut wir können.

Im Schlafzimmer natürlich läßt sich Impotenz nicht geheimhalten. Wenn die Hüllen fallen, wird die Unfähigkeit, einen Ständer zu kriegen und zu behalten, offensichtlich. Und dann fängt der Betreffende an, nach Gründen zu suchen. Er schreibt es dem Alkohol zu, den Drogen, etwas, das er gegessen hat, der Müdigkeit, der Erschöpfung, ja, sogar dem Partner. Doch obwohl an all diesen Erklärungen etwas Wahres sein mag, sind es im großen ganzen nur Ausflüchte, um die Gefühle der Demütigung erträglicher zu machen.

Das sind Beispiele für vereinzelt auftretende, nicht chronische, Impotenz.

Ehe du zu dem Schluß kommst, daß du ein Potenzproblem hast, stell dir ein paar Fragen. Tritt diese Impotenz nur periodisch oder gelegentlich auf? Wenn ja, dann keine Sorge; jeder Mann erlebt Schwankungen in seiner Sexualkraft, und ein einzelner oder sporadischer Kampf mit einem arbeitsunwilligen Schwanz kann auch einfach bedeuten, daß dein Partner dich nicht richtig anmacht, daß du an diesem Abend zuviel anderes im Kopf hast oder daß du krank wirst. Übermäßiger Alkohol- und Drogenkonsum beeinträchtigen die sexuelle Funktionstüchtigkeit fast immer und können zu zeitweiliger Impotenz führen (☛ *Alkohol & andere Rauschmittel; Drogen*).

Wiederholte Erektionsunfähigkeit setzt dein Sexualleben jedoch unter Druck. „Werd' ich ihn auch hochkriegen?" wird zu einer so beängstigenden Frage, daß man Sexualkontakte lieber gleich vermeidet. Aus Demütigung wird Hoffnungslosigkeit.

Früher war Psychoanalyse die bevorzugte Therapie gegen Impotenz, denn man hielt Impotenz für ein psychisches Problem, das ungelösten seelischen Konflikten hinsichtlich der Eltern oder der Familie entsprang. Meistens blieb diese Behandlung wirkungslos.

In den Siebzigern, mit dem Aufkommen der Sexualtherapie, verlagerte sich die Behandlung weg von einer Tiefenanalyse hin zu einem direkten Eingriff in das menschliche Verhalten. Die Sextherapeuten glaubten, Erektionsstörungen entwickelten sich aus unrichtigen Gewohnheiten oder Einstellungen im sexuellen Bereich. Sie behaupteten, 80% der Impotenz gingen auf psychische Faktoren zurück und nur 20% auf physische. Aber die Sextherapeuten hatten nicht mehr Erfolg als die Psychoanalyse.

Innerhalb der letzten paar Jahre kam es zu einer Revolution bei der Behandlung von Impotenz. Heute schätzen wir, daß rund 80% der Impotenz physischen und nur 20% psychischen Ursprungs sind. Die neueste Theorie besagt, Impotenz könne von einem chemischen Ungleichgewicht von Nitroxid im Körper kommen, aber noch wurde die diesbezügliche Untersuchung nicht in anderen Laboratorien überprüft. Es müssen Diagnoseverfahren eingesetzt werden, um zwischen körperlich und seelisch bedingten Erektionsproblemen zu unterscheiden.

Ein paar Krankenhäuser haben Beratungsstellen für Erektionsgestörte, meist innerhalb der Urologiestation. Die dortigen Ärzte werden deine sexuelle Vorgeschichte aufnehmen, dich ärztlich untersuchen und deinen Hormonpegel prüfen. Danach gibt es eine Reihe von Spezialtests mit hochentwickelten eigenen Instrumenten. Zuerst gibt man dir eine Computervorrichtung mit nach Hause – sie ähnelt einem Cockring –, die du beim Schlafengehen um deinen Schwanz legen mußt. Diese mißt Anzahl und Härte der Erektionen, die du während des Schlafs hast. Es ist der einzige verfügbare Test, um zwischen physisch und psychisch bedingter Impotenz zu unterscheiden. Handelt es sich um ein körperliches Problem, so wirst du während der Nacht weniger und nicht so harte Ständer haben. In diesem Fall macht man einen zweiten Test.

Er soll ein medizinisches Gesamtbild deines Penis' geben. Ein Präparat, das dir in den Schwanz injiziert wird, ruft einen steinharten Ständer hervor. Wie lange er braucht, um steif zu werden, wie steif er wird und wie lange er steif bleibt, gibt dem Arzt einen guten Begriff, ob das Problem arterieller oder venöser Natur ist.

Erklären wir, wie ein Ständer entsteht. Auf ein Signal des Gehirns strömt Blut in deinen Penis. Es kommt durch die Arterien und bleibt in deinem Schwanz, weil die Venen (die aus deinem Schwanz zurückführen) zusammengezogen sind. Der so erzeugte Flüssigkeitsdruck macht den Schwanz steif.

Bei diesem Prozeß können drei Probleme auftreten. Erstens: eins, das mit der Zuckerkrankheit zusammenhängt. Leider sprechen die meisten Ärzte bei der Feststellung von Diabetes nicht über Impotenz, weil ihnen das Thema Sex nicht behagt. Beim zweiten Problem spielen arterielle Defekte eine Rolle. Zu ihrer Messung wurden spezielle Tests entwickelt, die Eingriffe und Injektionen erfordern; heute allerdings diagnostiziert man sie per Ultraschall. Erst mißt der Arzt mit einem Ultraschallgerät die Arterien in deinem Schwanz und dann deren Ausdehnungsfähigkeit, also inwieweit sie Blut zuführen können.

Schadhafte Venen im Schwanz führen zur dritten Problemkategorie. Um den Blutgefäßriß zu ermitteln, spritzt der Arzt Farbstoff in eine Schwanzarterie und verfolgt mit einem Röntgengerät den Weg des Farbstoffs durch deine Venen.

Zur Zeit ist eine Reihe von Behandlungen möglich, und manche erfordern Eingriffe in den Körper. Die einzige rein äußerliche Methode besteht aus einem Instrument, das eigentlich nicht mehr als ein wissenschaftlich entworfener Schwanzring ist. Manchen Patienten hilft sie. Von den Behandlungsmethoden, die in den Körper eingreifen, nimmt man die harmloseste noch selbst vor. Unmittelbar vor dem Sex spritzt du dir ein Mittel, das einen Ständer hervorruft (dazu verwendet man eine ultrafeine Nadel). Je mehr du davon injizierst, desto länger hält der Ständer (bis zu 90 Minuten). Das sexuelle Erlebnis ist mit diesem Präparat genauso wie normal. Manchen Männern wird beim Gedanken an die Injektionen ein bißchen angst, aber die Sache klappt. Benutz ein bißchen deine Phantasie. Vielleicht können du und dein Partner ja Onkel Doktor spielen!

Die anderen heute verfügbaren Behandlungsmethoden greifen viel tiefer in den Körper ein. Viele Urologen sind auf den Prothesen-Zug aufgesprungen, wobei „Prothese" ein Implantat ist, das man dir operativ in den Schwanz einsetzt. Diese Implantate werden inzwischen mit unterschiedlichen Ergebnissen verwendet. Ein Modell besteht aus einem Flüssigkeitsbehälter mit Pumpe. Die Pumpe sitzt in der Eichel; wenn du daraufdrückst, wird Flüssigkeit in den Schaft gepreßt und eine Erektion entsteht. Auch das Abflußventil befindet sich in der Eichel. Bei einem zweiten Modell, dem „voll aufblasbaren", wird die Pumpe in den Hodensack eingepflanzt und der Flüssigkeitsbehälter in den Unterleib. Den Ständer gibt's, wenn man auf die Eier drückt.

Noch andere Verfahren werden zur Zeit von Urologen perfektioniert. Durch Mikrochirurgie lassen sich lecke Venen abschnüren und verstopfte Arterien öffnen. Aber ehrlich gesagt, stecken all diese Verfahren noch in den Kinderschuhen. Darum heißt die Frage: Funktionieren sie überhaupt? Noch gibt es über ihre Erfolgsquote keine zuverlässigen Zahlen. Es kann schrecklich sein, wenn man all diese Test- und Operationsprozeduren hinter sich bringt, nur um festzustellen, daß *er* genauso schlapp ist wie zuvor. Die Verfahren, die am wenigsten in den Körper eingreifen, lassen sich auch am leichtesten rückgängig machen. Wenn aber ein Implantat nicht funktioniert, dann ist der Schaden, welchen die Operation deinem Schwanz zufügt, irreparabel.

Wir raten zu einer medizinischen Untersuchung und dem „Cockring"-Test, bei dem deine nächtlichen Ständer gemessen werden. So kann sich der Arzt ein gutes Bild darüber machen, inwieweit dein Problem körperlichen bzw. seelischen Ursprungs ist. Sollte der Test zeigen, daß du ein psychisches Problem hast, dann geh zu einem Profi in Behandlung, der dein schwules Sexualleben respektiert.

Erweist sich das Problem hingegen als körperlich bedingt, dann wirf dich nicht gleich unters Messer, egal, was irgendein Arzt zu dir sagt. Du wirst erst mit vielen anderen Fachleuten sprechen müssen, ehe du dich auf so schwerwiegende Eingriffe einläßt. Zieh deinen Hausarzt zu Rate, und wenn du mit ihm oder ihr nicht über deine sexuellen Probleme reden kannst, dann geh zu einem andern. Zweitens: Nimm dir einen qualifizierten Psychotherapeuten, mit dem du deine sexuellen Empfindungen besprechen kannst. Es ist wichtig, daß dein Therapeut eine gute Zusammenarbeit sowohl mit deinem Hausarzt als auch mit der Sexualklinik pflegt. Es sollte ein Mensch sein, der dir nach der Operation zur Seite steht und dich in deiner Entwicklung leitet.

Beratungsgespräche vor und nach der Operation dienen einem wichtigen Zweck. Manche Männer schieben all ihre Probleme in Liebe, Freundschaft und zwischenmenschlichen Beziehungen auf ihre Unfähigkeit, einen Ständer zu kriegen. Mitunter bilden sie sich ein, ihr Leben wäre nach Wiederherstellung der vollen sexuellen Leistungsfähigkeit wie verwandelt. Sie malen sich idyllische Liebschaften und eheliches Glück aus. Aber die Behandlung sexueller Funktionsstörungen hat nichts mit Zauberei zu tun. Selbst wenn der Eingriff erfolgreich ist, bleibt immer noch die schwierigste Aufgabe, eine Partnerschaft aufzubauen und zu erhalten, mit all den Freuden und Leiden, die das Streben nach einem liebenden Miteinander begleiten. Der Beratungsprozeß ist unentbehrlich, um dem Patienten bei der Unterscheidung seiner körperlichen Probleme und seiner Suche nach Liebe zu helfen.

Natürlich wollen alle Männer „gut im Bett" sein. Der Wunsch, die eigene Impotenz zu überwinden, um dadurch endlich mal wieder richtig schön zu bumsen, hat haargenau die gleiche Berechtigung wie der nach einer dauerhaften Beziehung. Manchmal geht es beim

Sex um heiße Liebe, ein andermal um animalische Geilheit. Wir sollten in beiden Situationen bestehen.

IM STEHEN BUMSEN

Im Stehen bumsen wird noch erregender, wenn ringsherum Spiegel sind. Außerdem erleichtert es die Sache, wenn der passive Partner sich nach vorn lehnt und sein Gewicht an der Wand (oder an einem Spiegel) abstützt. So hat er einen festen Stand und kann sich nach hinten stoßen. Besteht zwischen beiden Männern ein Größenunterschied, dann läßt er sich ausgleichen, indem der eine sich auf etwas draufstellt.

Auf den ersten Blick scheint diese Position zwar nicht die liebevolle Intimität anderer Stellungen zu bieten, kann aber trotzdem ziemlich geil sein, wenn der hintere Mann (derjenige, der bumst) an Hals und Rücken des anderen knabbert, beißt und küßt. Außerdem kann er seinem Partner auch die Brust streicheln und massieren oder mit den Brustwarzen spielen. Manche Typen lieben diese Art von Zuwendung: Es ist möglich, sich ficken zu lassen, sich gleichzeitig einen runterzuholen, und man wird dabei noch gut festgehalten und mit Zärtlichkeiten verwöhnt.

Spaß macht auch eine andere Variante: Man hebt den Partner von hinten in die Luft, während man ihn bumst. Das geht auch, wenn man Auge in Auge steht – seine Arme umschlingen deinen Hals, seine Beine deine Taille. Jeder, der beim Orgasmus schon einmal mitten in der Luft schwebte, wird bestätigen, daß er ein einzigartiges Vergnügen ist. Diese Stellung (manchmal auch „Luftexpreß“ genannt) wird sogar noch besser innerhalb eines Dreiers, wenn du dir beispielsweise einen blasen läßt, während ein anderer dich von hinten bumst (☛ *Dreier*). Und das ist nicht ihr einziger Vorteil: Bei Sexnummern, an denen mehr als zwei beteiligt sind, ist Aufrechtstehen ideal – nicht nur im oben skizzierten Sinne, sondern z.B. auch, wenn jemand vor dir kniet und dir einen bläst, während du dich bumsen läßt und gleichzeitig jemand anderem den Schwanz lutschst. Dem Wechselspiel sind nur durch Phantasie und Räumlichkeit Grenzen gesetzt.

JACK-OFF-PARTIES

Spezielle „Jack-off-Parties" gab es, wie der Name vermuten läßt, erst in Amerika. Aber sie wurden auch in anderen Ländern weithin beliebt, als die HIV-Krise risikoarmen Sex unverzichtbar machte („Jack off" bedeutet schlicht und einfach „wichsen"). Als geschlossene Veranstaltungen, aber für jedermann zugänglich, entstanden sie während der Siebziger aus Privatparties von Schwulen, die auf Wichsen standen. Man lud Leute ein, die diese Neigung teilten, nämlich: Gruppensex ohne Blasen und Bumsen. Es wurde lediglich geküßt, gestreichelt, massiert, gefummelt und gewichst – das allerdings meist gegenseitig (☛ *Gruppensex*). Im Laufe der Zeit vergrößerte sich die Gruppe und lockte nicht nur Exhibitionisten und Männer mit Übergröße an (besonders Angehörige des Zwanzig-Zentimeter-und-mehr-Klubs), sondern auch solche, die darauf standen, große Schwänze zu sehen und anzufassen. Bald waren die J.O.-Parties so überfüllt, daß man die vierzehntägigen Treffen erst in große Dachgeschosse, dann in Tanzklubs verlagern mußte .

Was J.O.-Parties von Darkrooms unterscheidet (die es immer noch gibt, wenn auch in stark verringerter Anzahl (☛ *Klappen und Darkrooms*), ist das Verbot von Analverkehr. Ein eingefleischter Jack-off-Liebhaber sagt, diese Parties seien ausschließlich für „richtige Schwänze und Schwanzverehrer"; bei jedem Eindringen, erklärt er, werde der Schwanz „versteckt".

In Deutschland haben die Gesundheitsreferate einiger Großstädte Jack-off-Parties als unterstützungswürdig anerkannt, d.h. als Maßnahme gegen Aids bzw. als Propagierung von Safer Sex. „Spielregeln" und „Garderobenordnung" können sich je nach Veranstalter aber unterscheiden (*Anm. d. Übersetzers*).

Bei J.O.-Parties ist es oft egal, ob du noch etwas anhast oder ganz nackt bist, ob du groß, klein, dick, dünn, schön oder unattraktiv sein magst: Wenigstens optisch wird hier jeder auf seine Kosten kommen und zudem die Atmosphäre des Gemeinschaftserlebnisses spüren. Besonders beliebt sind natürlich extralange, -dicke oder außergewöhnliche Schwänze, Typen, die viele Male hintereinander abspritzen können, oder solche, die andere aufgeilen.

Für gewöhnlich finden J.O.-Parties bei schwacher Beleuchtung und pulsierenden Rhythmen statt; sie sind ein Strudel von sinnlichen Wahrnehmungen. Statt auf Betten, Sofas oder Bänkchen zu liegen, steht jeder oder bewegt sich von einem Aktionsknäuel zum nächsten, von einem Grüppchen zum andern. Küchenrollen (und mitunter auch Gleitcreme) stehen bereit, in manchen Fällen gibt es sogar einen eigenen Raum, in dem kein Sex stattfindet, sondern wo man gesellig zusammensitzen bzw. einen Drink nehmen kann.

Neuerdings entwickeln sich viele J.O.-Parties wieder zu Treffen, bei denen es der Verantwortung jedes einzelnen überlassen bleibt, inwieweit er sich vor Ansteckung schützt. Sei vorsichtig mit solchen Veranstaltungen! Bedenk das eine: Die Männer, mit denen du Sex hast, haben es an diesem Abend wahrscheinlich schon mit vielen anderen getrieben. Geschlechtskrankheiten und HIV gehören zu den ungebetenen Gästen.

KINDESMISSHANDLUNG

„Das Kind ist der Vater des Mannes", sagt William Wordsworth, und wir könnten nicht nachdrücklicher zustimmen. Kindheitserlebnisse legen einen wichtigen Grundstein für die Sexualität des Erwachsenen. Aber leider kommen manche von uns aus kaputten oder gestörten Familien, wo sie körperliche, verbale oder sexuelle Mißhandlung erlitten.

Kindesmißhandlung hat viele Gründe. Seelisch gestörte und alkohol- oder drogenabhängige Eltern terrorisieren ihre Kinder oft nur deshalb, weil sie am leichtesten dafür greifbar sind. Manche Eltern mißbrauchen ihre Kinder auch sexuell (☛ *Vergewaltigung*). Subtilere Schäden treten auf, wenn man in einer Familie groß wird, wo Eltern und Kinder alle Gefühle voreinander verbergen und das Familienleben sich auf das Funktionale beschränkt, wie auf einer Bühne. Kein Wunder, wenn Kinder, die in solch ein Elternhaus hineingeboren werden, mit einem geschärften Mißtrauen heranwachsen und später in Liebe und Sex eine zu starke Kontrolle über ihre Gefühle entwickeln.

Ein paar Schwule schreiben ihre Homosexualität der Mißhandlung durch ihren Vater zu, aber das ist ein Irrtum und nichts als verinnerlichte Homophobie. Häufiger trifft man auf Schwule, die wegen ihres Liebeslebens Schuldgefühle haben. Es ist paradox, daß manche diesen Gefühlen mit einem unersättlichen Sexhunger begegnen, der sie Nacht für Nacht Typen ohne Namen und ohne Gesicht „konsumieren" läßt. Einer dieser Männer sagte einmal, für ihn sei das „Zuneigung um jeden Preis". Ein paar lösen ihren sexuellen Gefühlskonflikt durch Enthaltsamkeit, andere durch sorgfältige, kontrollierte Wahl ihrer Sexkontakte, für gewöhnlich nur eine beschränkte Zahl. Aber alle diese Männern leiden an *einem:* Sie können zu keinem anderen Vertrauen und Verbundenheit empfinden. Kontrolle wird zu ihrem Schutz vor Verwundbarkeit, selbst wenn sie in den Armen eines liebevollen, anteilnehmenden Partners liegen.

Das Problem ist, wie man sie dazu bringt, ihre Mißhandlung als Kind von ihrer Sexualität als Erwachsener zu trennen. Eine Reihe von Hindernissen kommt hinzu. So sucht sich der eine vielleicht Partner aus, die ihn haargenau so mißhandeln wie sein Vater (☛ *Gewalt in der Partnerschaft*). Freunde können über diese Erscheinung nur traurig den Kopf schütteln, wenn sie sehen, daß ihre besten Ratschläge ignoriert werden und der Betreffende von einem gewalttätigen Partner zum anderen stürmt.

Aber obwohl sich die meisten Männer ihre Partner klüger aussuchen, kann ihr Sexualleben gezwungen und festgefahren sein. Ellen Ratner, die Autorin von *The Other Side of the Family; A Book for Recovering from Abuse,* sagt uns: „Das Mittel zur Lust (der Körper) ist auch das, was den Schmerz enthält." Sie meint, daß ein Mensch, der in seiner Vergangenheit mißhandelt oder mißbraucht wurde, sich sexuell nicht gehenlassen kann, weil er seine schmerzlichen Kindheitserlebnisse dabei erneut durchmachen wird. Es ist, als säße sein Gedächtnis eher in den Muskeln statt im Gehirn. Erinnerungen an Mißbrauch und Mißhandlung kehren beim Sex mit einem Freund wieder, vielleicht als blitzschnelle Rückblende oder als Reaktion auf den Geruch eines Kleidungsstücks. Psychologen bezeichnen so etwas als Erinnerungsauslöser.

Wenn man dich als Kind mißhandelt hat, solltest du dir überlegen, ob du nicht eine Psychotherapie machen oder in eine Selbsthilfegruppe gehen willst. Stört die Erinnerung an diese Mißhandlung(en) das Sexualleben mit deinem Partner, dann bitte ihn, sich an dem Therapieprozeß zu beteiligen. Sonst wird er nur schwer verstehen, wie du dich schämen und verkrampft sein, gleichzeitig aber eine Erektion haben kannst. Dir selbst ist vielleicht klar, daß nicht dein Partner Schuld an diesem Unbehagen trägt, aber ihm nicht unbedingt.

Einstweilen können du und dein Freund aber einiges tun, um volleres Vertrauen in eure Beziehung zu bringen. Versucht es doch einmal damit: Der Partner sagt: „Berühr mein(e/n)... " Je nachdem, wie du dich dabei fühlst, könnt ihr die Berührungsübungen fortsetzen oder abbrechen; macht sie nackt oder angezogen.

Eine zweite Methode geht so: Man zeichnet die Umrisse eines Körpers auf ein Stück Pappkarton und malt die Partien, an denen Berührung angenehm oder unangenehm ist, mit unterschiedlichen Farben aus. Verändere diese Farben, wenn du dich beim Sex allmählich wohler fühlst. Versuche, die Hand des Partners auf deinem Körper entlangzuführen, und sage ihm dabei, welche Art von Berührung und welche Körperstellen du nicht als unangenehm betrachtest. Zum Schluß baut Vertrauen auf, indem ihr es mit „blindem Gehen" probiert. Dein Freund verbindet dir die Augen und führt dich an der Hand in der Wohnung herum, wobei er immer wieder stehenbleibt, damit du die einzelnen Objekte betasten und raten kannst, was es ist. Wenn ihr auf dem Lande wohnt, geht nach draußen und betastet Laub oder Blumen. Danach vertauscht die Rollen, indem du *ihn* führst.

KLAPPEN & DARKROOMS

Klappe heißt im schwulen Jargon jede öffentliche Toilette, in der Männer Sex miteinander haben. Anscheinend verfügen alle größeren Gemeinden über mindestens eine berühmt-berüchtigte Klappe – am Busbahnhof, an einer Raststätte, in der Leihbücherei, in der U-Bahn-Station, im Studentenwohnheim. Allerdings ist die Klappenszene in Deutschland im Aussterben, da die öffentlichen Toiletten nach und nach durch Ein-Mann-High-Tech-Klos mit Münzeinwurf ersetzt werden.

Es herrscht eine ausgeklügelte Klappen-Verhaltensform. Nehmen wir einmal an, zwei Männer stehen nebeneinander an der Rinne oder am Pinkelbecken. Jeder bekommt einen Ständer. Wenn niemand sonst in der Nähe ist, fangen sie an, sich gegenseitig zu befummeln. Sind Dritte anwesend und stehen bloß herum, dann sind sie vermutlich selber schwul und wollen vielleicht zusehen bzw. mitmachen.

Seine eigenen Rituale hat das Cruising von einer Klokabine zur andern. In manchen Fällen wurden kleine Löcher durch die Trennwände gebohrt (manchmal sogar durch eine Kachel. Wann? Mit welchem Instrument?). Der eine guckt durch das Loch und sieht einen anderen an sich herumspielen. Jetzt steht einer von ihnen vielleicht auf, damit er seine Erektion besser zeigen kann. Dann wird das Verfahren umgekehrt. In manchen Klos ist das Loch groß genug, um seinen Schwanz hindurchzustecken. Solche *glory holes* verwendet man zum Blasen. Gibt es kein Loch in der Trennwand, dann können die beiden Männer einen Stepptanz beginnen. Hans tritt mit seinem Schuh auf, Gerd klappert zurück. Hans schiebt seinen Schuh ein paar Zentimeter auf Gerds Schuh zu, und Gerds Schuh schiebt sich auf den von Hans zu. Zu guter Letzt berühren sich ihre Schuhe. Gerd greift unter der Trennwand durch, und Hans geht in die Hocke, daß Gerd ihm an den Schwanz fassen kann. Dann langt Hans unten durch und betastet Gerd. Schließlich rutscht Hans so weit wie möglich unter die Trennwand, und Gerd lutscht ihm den Schwanz, oder umgekehrt. Es kann auch einer dem anderen eine Notiz aufs Klopapier schreiben: „Wollen wir zu dir gehen? Hast du Zeit?"

Klappensex stellt in Deutschland eine Ordnungswidrigkeit dar („Zweckentfremdung" von öffentlichen Toiletten). Darüber hinaus läuft man Gefahr, Kriminellen zu begegnen. Beispiel: Du fängst an, mit einem Typen herumzumachen, dem das Herz klopft und der keinen hochbekommt – vielleicht ist er ängstlich oder nervös, vielleicht überfällt er dich aber auch gleich. Schläger und Kriminelle sprechen einen Schwulen häufig erst an und treiben ihn dann in die Enge. Wenn du irgendwelche Zweifel hast: Mach den Reißverschluß zu und verschwinde!

Klappen wurden wegen ihrer Allgegenwart in der amerikanischen Szene auch schon zum Gegenstand einer soziologischen Untersuchung, die manche Aufschlüsse gibt. Viele der Stammgäste auf Klappen entpuppen sich als „Heterosexuelle“ – d.h. als verheiratete oder „versteckt“ lebende Schwule, die sich nie in einschlägigen Lokalen, Klubs oder Restaurants sehen lassen. Ihr Altersspektrum kann von zwanzig bis siebzig Jahre reichen.

Der Sex läuft auf Klappen oft nach dem Kettenprinzip ab. Das heißt: Markus bläst Dieter einen. Dieter geht, und Thomas, der das Ganze mitangesehen hat, bläst Markus einen. Dann geht Markus... und so weiter. Auch flotte Dreier und Gruppensex sind auf Klappen nichts Ungewöhnliches (☛ *Gruppensex; Dreier*).

In den belebtesten Klappen (nach Feierabend, in der Mittagspause) entwickeln sich für gewöhnlich bestimmte „Wachhunde“ – Männer, die sich nicht selbst betätigen, sondern nur beim Sex zuschauen. Sie stehen an der Eingangstür, halten Ausschau, wer kommt, warnen vor der Polizei, vor Banden oder sonstigem Gesindel. In New York hatten Klappenfans vor der Schließung der dortigen Toiletten detailgetreue Karten des U-Bahn-Netzes angelegt, samt Anmerkungen, wann man das jeweilige Klo am besten besuchen sollte und welche Leute man dort antreffen würde. Manche dieser Karten gaben sogar ganz bestimmte Männertypen an, die man auf den Klappen des U-Bahn-Systems finden könne.

Darkrooms, gelegentlich auch deutsch als „Dunkelräume“ bezeichnet, sind unbeleuchtete Räumlichkeiten in schwulen Kneipen, wo Männer Sex miteinander haben. Das kann einfach ein Hinterzimmer, ein Kellerraum oder (in anderen Ländern) eine ganze Etage sein. Ende der 70er Jahre und die ganzen Achtziger hindurch waren Darkrooms die Antwort des emanzipierten Schwulen auf die Klappen. In diesen Räumen ist es so dunkel, daß man kaum sehen kann, wem man gerade einen bläst oder wen man bumst. Wer im Darkroom einen tollen Typen kennenlernt und ihm eine Einladung zu sich nach Hause zuflüstert, dem steht vielleicht eine (freudige oder sonstwie geartete) Überraschung bevor.

Darkrooms sind weit weniger gefährlich als Klappen. Man braucht praktisch keine Angst zu haben, daß man zusammengeschlagen und ausgeraubt wird. Taschendiebstahl dagegen ist in Darkrooms an der Tagesordnung, und die Räume können eine Brutstätte für Krankheiten sein. Achte darauf, daß du dein Geld, deine Papiere und deine Kreditkarten daheim läßt, oder versteck sie in deinem Schuh. Leider werden Darkrooms heute wieder zu einem unsafen Pflaster

KNABBERN & BEISSEN

Sinnlicher Genuß erfordert Unberechenbarkeit. Wenn Sex erst einmal zur Routine wird, verliert er seine Faszination, und genau wie ein anregender Gesprächspartner seinen Tonfall ändert, Humor und Ernst, Plauderei und große Gedanken, Ausführlichkeit und abrupte Themensprünge einander abwechseln läßt, genauso hält auch ein anregender Liebespartner seinen Gefährten auf wunderbare Weise in Spannung. Während eines langen, ruhigen, verträumten Zusammenseins kann ein Biß oder ein Knabbern die sanften Wolken durchzucken wie ein Blitz.

Nehmen wir an, dein Partner küßt dich tief und innig – dann aber beißt er dir kurz in die Unterlippe. Oder er leckt jeden Quadratzentimeter deines Körpers ab, von der Stirn bis zu den Zehen, als er aber zu dem zarten Fleisch an der Innenseite deiner Schenkel gelangt, tief zwischen den Beinen, knabbert er verspielt. Oder ihr macht euch gegenseitig das Ohr mit Speichel naß und blast einen kühlen Luftstrom über die heiße Haut – bis du dich plötzlich auf deinen Partner stürzt, um ihn ins Ohrläppchen zu beißen. Für manche ist es das Größte, wenn sie eine bestimmte Stelle mit einem tiefen, stürmischen Kuß bearbeiten, so daß dort ein Knutschfleck bleibt – etwas, das man am nächsten Tag mit einem Hemdkragen verstecken muß, aber abends wieder sehen wird. Anderen sind Knutschflecke zu teeniehaft – sie knabbern und saugen lieber an Eiern, Brustwarzen und Po. Das alles schmeckt unterschiedlich. Verwende bei deinen Liebesbissen viel Speichel, dann wird sich dein Partner wahrscheinlich winden vor Lust.

Es liegt auf der Hand, daß bei jeder Praktik Vorsicht geboten ist, welche die Haut, sei es auch noch so geringfügig, verletzen und dadurch HIV übertragen könnte.

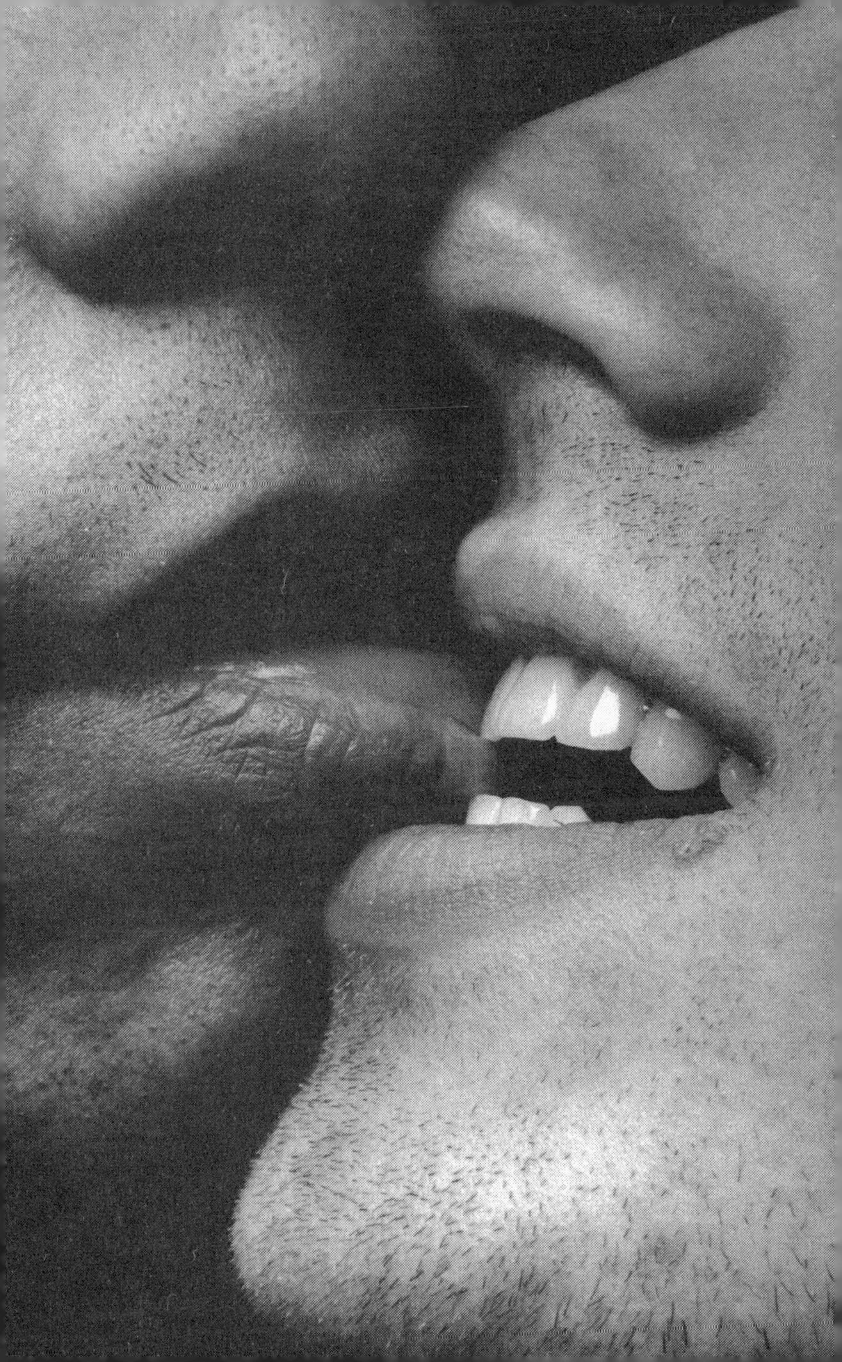

KÖRPERFLÜSSIGKEITEN

Nach Überzeugung der medizinischen Fachwelt wird das HIV-Virus durch „Körperflüssigkeiten" übertragen, d.h. in diesem Fall: Blut, Samen und Vaginalflüssigkeit. Es steht unumstößlich fest, daß es möglich ist, das HIV-Virus durch Blut zu übertragen, bei Schwulen hauptsächlich beim Analverkehr. Weniger sicher ist, inwieweit Sperma (oder die sogenannten „Lusttropfen", die körpereigene Gleitflüssigkeit) beim Oralsex das Virus übertragen kann. Es gibt zwar bloß eine Handvoll verbürgter Fälle, in denen Männer behaupten, sie hätten sich beim Oralsex infiziert, aber trotzdem empfehlen die meisten Autoritäten ein „konservatives" Verhalten gegenüber dem Schwanzlutschen, d.h.: Man sollte ein Kondom verwenden. Höchstens ein paar Fachmediziner glauben heute, daß sich das Virus durch Zungenkuß übertragen läßt. Kot – keine Körperflüssigkeit im strengen Sinn – scheint kein Ansteckungsweg für HIV zu sein, obwohl Geschlechtskrankheiten durch ihn übertragen werden können (z.B. Hepatitis). Körperflüssigkeiten eines Freundes oder Partners, der HIV-positiv ist oder Aids hat, sollte man nur vorsichtig entfernen. (☛ *Kondome; HIV-Erkrankung; Safer Sex; Sexuell übertragbare Krankheiten*).

KÖRPERGEFÜHL

In *Krieg und Frieden* gibt es eine Frauenfigur, die sich ihrer Schönheit nie bewußt ist. Das frappierendste an ihr ist ihr Blick, ihre wunderbar vergeistigt wirkenden Augen, wenn sie sich aber vor dem Spiegel studiert, erlischt alles Leben in ihnen. Sie wird starr, unzufrieden, mißmutig – und sie erfährt nie, was sonst jeder weiß: daß sie die Frau mit den schönsten Augen ist.

Viele sind nicht imstande, ihr Äußeres richtig einzuschätzen. Wir alle haben, wenn schon kein fertiges Gemälde, dann doch eine Skizze von unserem Erscheinungsbild im Kopf, und nur allzu oft ist diese Skizze unvorteilhaft. Manchmal, wenn man uns draußen stark anbaggert, wird sie etwas aufgebessert. Aber sobald wir uns das nächste Mal mißachtet fühlen oder abblitzen, wird die Skizze zur Karikatur.

Nicht jeder erlebt diese qualvollen Schwankungen des Selbstwertgefühls, aber es gibt zwangsläufig eine Wechselbeziehung zwischen der Art, wie Leute auf deinen Körper reagieren, und der Art, wie du ihn betrachtest. Wenn alle sagen, du siehst umwerfend aus, dann wirst du ihnen allmählich glauben – zumindest, bis du das nächste Mal vor dem Spiegel stehst und dich zwischen ein paar Kleidungsstücken entscheiden oder dir darüber klarwerden mußt, ob du dir einen Schnäuzer wachsen läßt.

Es ist sicher nicht schlecht, auf das Urteil anderer zu hören, aber es ist schrecklich, wenn man sich davon beherrschen läßt. Du solltest schon einmal bedenken, daß das, was du für das Schlimmste an dir hältst, für andere vielleicht das Beste ist.

Menschen, die ihren Körper geringschätzen, vermitteln neuen Bekanntschaften ein Gefühl der Unsicherheit, und diese *Unsicherheit* ist abtörnend. So scheint sich ihre Angst, häßlich zu sein, automatisch zu bestätigen. Ein paar verwenden die Geringschätzung, mit der sie ihren Körper betrachten, um andere auf Distanz zu halten. Das läuft etwa nach dem Motto: „Ich bin häßlich. Er kann unmöglich auf mich stehen. Niemand kann auf mich stehen, deshalb brauch' ich es gar nicht zu riskieren, daß ich mit jemandem in engen Kontakt komme." Wunderhübsche Logik, aber eine schrecklich Art, zu leben.

Ein schlechtes Verhältnis zum eigenen Körper läßt sich verbessern. *Eine* Methode, das Licht der Wirklichkeit in diese Düsternis fallen zu lassen, besteht darin, daß du einfach einen Freund oder einen netten Bekannten fragst, was ihm an deinem Körper am besten gefällt. Du wirst staunen, wenn der andere von deinen kleinen Ohren schwärmt, den „männlichen" Adern auf deinem Handrücken (Männlich? Deine *Hände?)* oder die Haare, die sich von deinem Nabel zum Schwanz hinunterkräuseln – Eigenheiten, an die du kaum einen Gedanken verschwendet hast, weil du immer nur an deine Riesennase oder deinen hoffnungslosen Hintern denkst.

Wenn es darüber hinaus jemanden gibt, dem du voll und ganz vertraust, dann könntest du ihn bitten, bei einem Experiment mitzumachen. Er soll sich auf einen Stuhl setzen und dich ansehen, während du dich vor dem Spiegel begutachtest. Sag ihm alles, was dir an dir gefällt: dein schiefes Lächeln, deine großen Augen, dein starker Hals – sogar der abgebrochene Zahn, auf den du insgeheim stolz bist. Natürlich wird dich diese Selbstbespiegelungs-Orgie erst verlegen machen, aber sie *hilft* dir. Du kannst dich nackt oder bekleidet ansehen. Wenn du das lieber allein machen willst, dann tu es, aber achte darauf, daß du deine äußeren Vorzüge laut aussprichst. Warum es auf dieses Laut-aussprechen ankommt, ist nicht sicher, doch die Sache funktioniert. Vielleicht muß man Positives über die eigene Person nicht bloß denken, sondern auch hören.

Wenn du etwas tun willst, um deinen Körper zu verbessern, dann geh schwimmen, nimm eine neue Sportart auf oder besuch ein Fitneßzentrum – egal. Und wenn dein Körper die ersten Früchte dieser Betätigung aufweist, dann kehr sie durch entsprechende Kleidung hervor, durch Besuche im Schwimmbad oder am Strand. Gib anderen Gelegenheit, dir etwas über dich zu sagen! Nur allzu oft würgen wir Komplimente ab, aus Angst, Unsicherheit oder falscher Bescheidenheit. Befaß dich auch mit anderen Seiten deines Erscheinungsbilds – deiner Kleidung oder deiner Frisur; verändere jede Kleinigkeit an dir, die dir und anderen ein sichtbares Zeichen geben wird, daß du mit dir selbst zufriedener bist.

Und laß dich von niemandem runtermachen!

Unsere Ratschläge laufen darauf hinaus, daß du, was dein Äußeres betrifft, lieber deine eigenen Maßstäbe setzen solltest, als dich den (wirklichen oder vermeintlichen) Maßstäben anderer zu unterwerfen. Du mußt bei dir selbst anfangen. Danach wird das gute Gefühl, das du ausstrahlst, die Männer anziehen wie ein Magnet.

KONDOME

Niemand weiß, wie lange es schon Kondome gibt. Manche Wissenschaftler behaupten, Anspielungen darauf in den Werken Virgils und der altrömischen Satiriker entdeckt zu haben. In England tauchten Kondome (und künstliche Schwänze) erstmals anno 1660 auf, vermutlich als Import aus Italien, und waren schon Anfang des 18. Jahrhunderts weithin in Gebrauch, als ganz Europa von Geschlechtskrankheiten heimgesucht wurde. Damals waren sie bereits so üblich, daß man sie in London und Paris fabrikmäßig herstellte, sie öffentlich verkaufte und sogar Reklame dafür machte – als „Sicherheitsmittel, welche die Gesundheit gewährleisten". Eine Mrs. Lewis hatte nach 1740 das Londoner Monopol inne, ehe es 1770 an Mrs. Phillips überging. Sie wurde für ihre Erzeugnisse berühmt. In der Literatur von damals finden wir viele Anspielungen auf Kondome: Samuel Johnsons Biograph, James Boswell, erwähnt in seinen Tagebüchern sexuelle Erlebnisse, bei denen er „unverhüllt" war – also kein Kondom trug. Der junge Schriftsteller sorgte sich zu Tode, ob er sich eine Geschlechtskrankheit zugezogen hätte und sich einer langwierigen, schmerzhaften Kur gegen „den Tripper" unterziehen müsse (☛ *Sexuell übertragbare Krankheiten*).

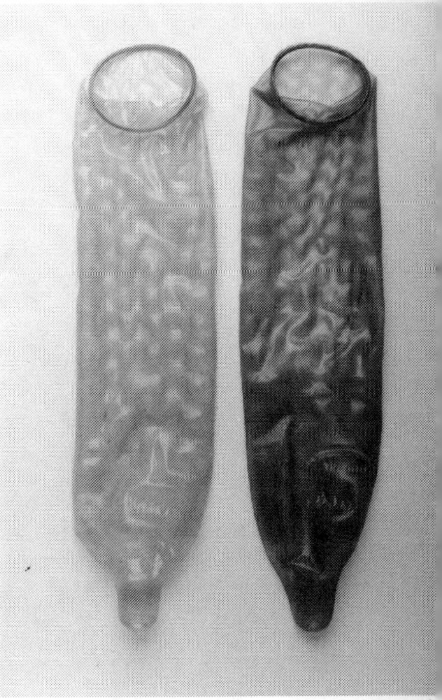

Die frühen Kondome waren teure, wenn auch natürliche Erzeugnisse, in der Regel aus Schafsdarm, die man sich mit einem roten Schleifchen an den Eiern festband. Obwohl sie oft schlecht saßen und einen strengen Geruch verbreiteten, wurden sie während der Industriellen Revolution immer teurer und immer schwerer erhältlich, weil nämlich die bäuerlichen Gebiete schrumpften und das sexuelle Heuchlertum an Stärke gewann. Ende des 19. Jahrhunderts ersetzte Gummi den Tierdarm als Kondommaterial, aber diese frühen Produkte rissen schnell, falls sie nicht von Haus aus so dick waren, daß die schönsten Gefühle völlig abgetötet wurden. Die Perfektion des vulkanisierten Gummis am Beginn unseres Jahrhunderts ermöglichte nicht nur den haltbaren Gummireifen, der den Aufstieg des Automobils gewährleistete, sondern auch billigere, sicherere, dünnere und daher genußintensivere Latexkondome, die man so oft auf Parkplätzen und in diversen Liebesalleen verstreut findet.

Schon im Zweiten Weltkrieg enthielt jeder Tornister, wie er Millionen von Männern in der US-Armee ausgehändigt wurde, seinen Anteil an „Gummis" – der Name, unter dem Kondome inzwischen bekannt waren – zum Schutz vor Geschlechtskrankheiten. Zur selben Zeit schien die Entdeckung von Penizillin und Antibiotika eine Zukunft ohne alle die Plagen zu verheißen, die das Sexualleben unserer Vorfahren belastet hatten. Noch bis circa 1970 schleppten junge Männer Portemonnaies mit sich herum, die vom Abdruck eines zusammengerollten Parisers für immer verformt waren; nur taten sie dies in etwas anderer Absicht: zur Empfängnisverhütung. Mit dem Erscheinen und der schlagartigen Beliebtheit der Antibabypille, die von Frauen täglich eingenommen wurde, verschwanden Kondome nahezu von der Bildfläche.

Unter Schwulen waren sie von jeher kaum in Gebrauch; hielten sie überhaupt ins schwule Schlafzimmer Einzug, dann meist nur neugierdehalber, als Sexspielzeug. Kondome galten, soweit man überhaupt an sie dachte oder sie benutzte, als ein ausgefallener Reiz, manchmal sogar als etwas gewagt, besonders bei jenen Schwulen, die ihr Coming-out nach dem Stonewall-Aufstand von 1969 gehabt und niemals heterosexuelle Erfahrungen gemacht hatten. Mit der Ausbreitung von Aids wurden Kondome zu einem Muß in unserem Leben – buchstäblich zu einer Frage von Leben und Tod.

Auch unter den Namen „Präservativ", „Pariser", „Lümmeltüte", „Überzieher" oder „Verhüterli" bekannt, ist ein Kondom nichts anderes als ein Schlauch, meist aus extrem dünnem Latexgummi, am einen Ende geschlossen, wo er sich zu einem „Reservoir" hin verschmälert. Kondome werden beim Bumsen, Blasen, Wichsen und anderen Sexpraktiken verwendet, um den aus dem Harnröhrenausgang spritzenden Samen aufzufangen. Sie bieten einen nachhaltigen Schutz gegen Krankheitserreger.

Für gewöhnlich kommen Kondome flach zusammengerollt auf den Markt; sie haben dann etwa die Größe von 5-Mark-Stücken oder sind zu einem Oval zusammengepreßt, und jede versiegelte

Hülle enthält ein Kondom. Latexgummi ist für Viren und Bakterien weniger leicht zu durchdringen als Kondome aus Naturmaterial, z.B. Schafsdarm. Viele Kondome sind bereits mit einem Gleit- oder Feuchtigkeitsfilm überzogen, manche mit Nonoxynol-9, das Samenzellen abtötet, denn in lebenden Spermien befindet sich nach wissenschaftlicher Überzeugung auch das für die HIV-Krankheit verantwortliche Virus. Verwende ausschließlich Gleitcreme, die Nonoxynol-9 enthält.

Beim Kondomkauf solltest du die Informationen auf der Außenverpackung lesen und prüfen, ob die Einzelverpackung fest versiegelt ist. Die meisten Kondompackungen tragen ein Verfallsdatum, das nicht überschritten werden darf.

Um ein Kondom überzuziehen: Hol es aus seiner Einzelverpackung. Untersuche es auf etwaige Löcher, Risse oder poröse Stellen. Das geht natürlich nicht immer, ohne die Stimmung zwischen dir und deinem Partner kaputtzumachen. Manche Männer werden sofort „feucht“ (d.h. sie sondern eine Menge Gleitflüssigkeit ab), sobald ihr Schwanz steht. Wenn auch du dazugehörst, dann überspring die folgenden Sätze. Wer aber bei einer Erektion „trocken bleibt“, der wird die Innenseite des Kondoms vielleicht gern mit einer Gleitcreme befeuchten. Dadurch läßt es sich leichter überziehen, aber diese Methode hilft auch, um dich beim Sex zu stimulieren. Verwende *ausschließlich* wasserlösliche Gleitcremes wie K-Y oder ForPlay – kein Crisco, kein Babyöl, keine Vaseline oder sonst ein petroleumhaltiges und fetthaltiges Produkt (☛ *Gleitcremes*). Die vertragen sich nämlich nicht mit Latex und machen ihn vielleicht spröde. Zum Wichsen kannst du sie allerdings nehmen.

Steck deinen Schwanz in das Kondom und roll es dann über den Schaft. Es sollte fest anliegen, aber nicht zu eng. Achte darauf, daß du das Kondom an seiner Spitze hältst, damit sich keine Luftblasen zwischen Latex und Schwanz bilden. Dann könnte es nämlich platzen oder reißen. Manchmal werden auch Schamhaare im Kondom eingezwickt. Das ist ziemlich schmerzhaft. Also mach langsam.

Wenn du das Kondom abnimmst, roll es über die Eichel. Sollte dein Schwanz schlaff werden, während du jemanden fickst, dann halte beim Herausziehen das Kondom an deiner Schwanzwurzel fest.

Manche Männer verwenden gleich zwei Kondome übereinander. Wer beim Blasen Präservative benutzt, bevorzugt solche ohne Reservoir; dieser „Auffangzipfel“ kann sich nämlich zwischen den Zähnen festhängen und reißen.

Die meisten Kondome haben die gleiche Größe. Sollte dein Schwanz zu dick sein oder so dünn, daß er darin herumschlabbert, dann kannst du Spezialkondome finden. Die längeren und breiteren Größen laufen unter der Bezeichnung „Max“ (für „Maximum“). Erkundige dich danach in Fachgeschäften, z.B. in schwulen Sexshops und in den sogenannten Kondomerien. Wenn du auf dem Land lebst, dann schau in schwulen Zeitschriften oder in Sexmagazinen für Heteros nach Kondomwerbung.

Sei dir bewußt, daß Kondome bei länger anhaltendem und energischem Arschficken reißen können. Das ist *ein* Bereich, wo sich falsche Sparsamkeit nicht lohnt. Benutze jedes Kondom nur einmal! Wirf es weg, selbst wenn du nicht darin gekommen bist, und zieh ein neues über. Es ist keine schlechte Idee, Kondome in Reichweite aufzubewahren. Männer, die sich darüber beschweren, das Überziehen mache „die Stimmung kaputt“, haben offensichtlich noch nicht probiert, das von ihrem Sexpartner erledigen zu lassen. Wenn ihr euch gleichzeitig mit Gleitcreme einschmiert und über eure Sexphantasien redet, kann das wahnsinnig geil sein.

Wer noch nie ein Kondom benutzt hat und unsicher in dessen Gebrauch ist, der sollte es allein ausprobieren, beim Wichsen. Versuch es mehrmals, bis du glaubst, es mühelos überstreifen und wieder abziehen zu können.

Bitte beachte, daß sich die Fachwelt in dieser Frage zur Zeit nicht einig ist und daß Arschficken heute zwar als der Hauptübertragungsweg des HIV gilt, aber die Safer-Sex-Richtlinien empfehlen selbst beim Blasen ein Kondom. Das kann problematisch sein, denn viele Männer beklagen sich über die verminderte Reizempfindlichkeit, wenn sie ein Kondom tragen, und höchstens Gummifetischisten lutschen gern einen latexbedeckten Schwanz. Viele umgehen diese Schwierigkeit, indem sie überhaupt nicht blasen oder dem Partner verbieten, in ihrem Mund zu kommen. Falls dein Schwanz aber viele „Lusttropfen“ absondert, dann vermeide jede Gefahr und benutz immer ein Kondom, wenn dir jemand den Schwanz lutscht. Vorbeugen ist stets besser als zu späte Reue. Nur verwende kein „feuchtes" Kondom, also eines, das schon vom Hersteller mit einem Gleitmittel versehen wurde. Die schmecken abscheulich.

Egal, was du dir einfallen läßt, um dieses Problem zu umgehen: Trage beim Bumsen *immer* ein Kondom!

KONTAKTANZEIGEN

Schwule Kontaktanzeigen sind nicht nur in einschlägigen Zeitschriften und Magazinen zu finden, sondern auch in vielen anderen, z.B. in Stadtillustrierten. Weil Privatannoncen in manchen Magazinen aber einiges kosten und bestimmte Vorgaben machen, hat sich so etwas wie ein Telegrammstil entwickelt, der manchmal recht genaue Informationen enthält. Hier *ein* solches Inserat:

M, 23/187/78, blond, gutbest., gesund, a/p, sucht M zwischen 30 und 40, für geleg. Treffs. Du solltest ebenfalls gesund und gutbest. sein, mit Interesse an dirty und NS. Aussagekräftige Zuschriften (mit Bild) an Chiffre-Nr xxx.

Wir stellen fest, daß der Inserent mit einer Selbstbeschreibung anfängt. Er ist männlich (M), 23 Jahre, 1,87 m groß und 78 Kilo schwer. Danach nennt er seine Haarfarbe und rühmt sich als „gutbestückt" (d.h. er hat einen großen Schwanz). „Gesund" bedeutet, daß er bei seinem letzten Test nicht HIV-positiv war, und sagt nichts darüber aus, ob sein Status immer noch so ist.

Das Kürzel „a/p" weist auf seine sexuellen Aktivitäten hin: Er ist sowohl „aktiv" als auch „passiv", also „beidseitig bespielbar". Darüber hinaus dürfen wir vermuten, daß auch er die Interessen hat, die er bei seinem Partner sucht: dirty und NS. NS bedeutet „Natursekt", eine andere Umschreibung für „Wasserspiele" (☛ *Wasserspiele*), aber mit der unterschwelligen Andeutung, daß der Urin tatsächlich getrunken wird. Den Begriff „dirty" hätte sich der Inserent fast sparen können; er steht für „schmutzigen Sex", also Spiele mit Kot und/oder Urin. Vielleicht soll dieser Zusatz ja unterstreichen, daß auch ersteres Körperprodukt gefragt ist (☛ *Fäkalsex*).

Die Schlußworte verlangen ausdrücklich ein Foto, das zudem „aussagekräftig" sein muß, d.h. nur Leser, die ein Nacktfoto (wenn schon keins mit voller Erektion) schicken, können mit einer Antwort rechnen. Ob du einem solchen Inserenten vertraust, ist letztlich *deine* Sache.

Hier noch eine Anzeige:

Raum 8: LANDBURSCHE, 38, 1,78, 82, sucht Kumpel für Freizeit oder mehr, vorzugsweise Landarbeiter, Handwerker o.ä. Pkw vorhanden. Zuschriften an PF xyz.

Das bedarf kaum eines Kommentars. Der Mann sagt, daß er auf dem Lande wohnt (die Region bezeichnet er mit der Postleitzahl), daß er ein einfaches Leben, einfache Bedürfnisse und geringe Ansprüche hat. Auf Sex oder ein bestimmtes Aussehen seines Partners legt er weniger Wert als auf eine gewisse Ähnlichkeit in Lebensstil und Interessen. Daß ein eigenes Auto zur Verfügung steht, erwähnt er deshalb, weil man in ländlichen Gebieten oft etwas weiter fahren muß, um andere Schwule zu treffen.

KÜSSEN

Ein Kuß ist sowohl ein Liebesbeweis als auch eine erotische Kunst, und diese Doppelnatur macht Küsse doppelt köstlich. Die Lippen gehören zu den empfindlichsten Körperteilen; nur Fingerspitzen und Handflächen können damit noch konkurrieren. Der Mund ist das erste Lustorgan des Babys, und das ganze spätere Leben hindurch saugt, lutscht, leckt, kaut, schluckt und schmeckt man weiter, um einen Lustgewinn zu bekommen.

Ein geiler oder sinnlicher Kuß ist kein züchtiges Bussi, sondern eine tiefe, facettenreiche Erkundung nicht nur eines anderen Mundes, sondern eines ganzen Körpers. Dein Mund sollte beim Küssen feucht sein; trockene Lippen sind nicht sehr reizvoll. Fahr mit deiner Zunge über das empfindliche Zahnfleisch, zwischen Zähnen und Oberlippe. Steck deinem Partner die Zunge tief in den Mund, so

daß du seinen Gaumen berührst, und laß sie über diese empfindlichen Membranen flattern. Das ist der klassische hocherotische Zungenkuß. Saug auch an der Zunge deines Partners, knabber an seiner Unterlippe, leck ihm die Nasenlöcher, schmier ihm einen Kuß über den Hals bis zu der Vertiefung genau über seinem Schlüsselbein. Küß ihm das Ohr, knabbere dabei am Ohrläppchen oder wühle mit deiner Zunge in der ganzen Ohrmuschel. Dann zieh dich ein kleines Stück zurück und hauche ihm warmen Atem darauf.

Natürlich wehren sich manche Männer gegen das Küssen. Ihr Widerstand kann oft ein letzter Abwehrversuch sein, um sich nicht ganz dem Schwulsein hinzugeben („Cowboys küssen nicht"). Stricher, die sich als hetero betrachten, küssen nicht. Soldaten oder Matrosen, die sich als Hetero verkaufen, weigern sich, zu küssen. Wenn halbwüchsige Jungs die ersten paar Mal miteinander herummachen, ziehen auch sie oft beim Küssen den Strich. Solange ihre Lippen nie aufeinandertreffen, kann ihr Verstand sich vormachen, was sie da tun wäre nicht schwul (ob es nun von Stellung 69 bis zum Bumsen reicht), sondern bloß ein Sich-abreagieren nach dem Motto: „Was raus muß, muß raus". Küsse sind das Herz der Romantik. Zwischen Männern wird ein intimes Zusammensein nicht durch die jeweilige Leidenschaft oder Penetrationstiefe besiegelt, sondern durch Tiefe und Zärtlichkeit eines Kusses.

Natürlich *muß* ein Kuß nicht zärtlich sein. Er kann auch kühl und besinnlich oder stürmisch und aggressiv sein. Der Mund ist nicht nur zum Lutschen und Lecken da, sondern ebenso zum Beißen (☛ *Knabbern und Beißen*). Aber es kann sein, daß dein Partner nicht auf unsanftere Sachen steht. Also frag ihn!

Ob derb, stürmisch oder sanft – Küssen ist ein unverzichtbarer Bestandteil im Experiment der körperlichen Liebe. Die meisten Männer liegen gern auf dem Rücken, wenn einer sie bumst; dann können sie nämlich küssen. Egal, ob vor dem Bumsen oder nachher, kann ein Kuß auf die Lippen zum Ausgangspunkt über den ganzen Körper des Partners werden – die erogenen Zonen der Brustwarzen, der Zehen und der Finger, der Handflächen oder der Achselhöhlen. Der andere wird dir sagen, wo er sich gern küssen läßt, aber meistens kannst du dir ein recht gutes Bild über seine Vorlieben machen, indem du darauf achtest, was er bei dir tut.

Wie wichtig Küssen zu wirklich befriedigendem Sex ist, läßt sich an einer oft gehörten Slang-Beschwerde ablesen: „Er hat mich durchgefickt ohne einen Kuß!"

LEUTE KENNENLERNEN

Der übliche Ort, jemanden kennenzulernen, ist die Szene. Viele mögen jedoch diese Treffpunkte nicht oder sind zu scheu, jemanden anzusprechen. Vielleicht sind sie der Ansicht, daß dabei doch nichts anderes als ein Quickie für sie herausspringt.

Es gibt jedoch andere Mittel und Wege, um mit jemandem in Beziehung zu treten. Zum Beispiel in einer Sport- oder Studentengruppe. Eine beliebte Methode, um jemanden kennenzulernen, ist eine Anzeige in einer (schwulen) Zeitschrift (☛ *Kontaktanzeigen*).

Eine gute Möglichkeit, um neue Freundschaften zu schließen, ergibt sich oft auf privaten Gesellschaften. Wenn du einigermaßen selbstbewußt und kontaktfreudig bist, dann kannst du mit einem Gast ins Gespräch kommen. Alles andere wird sich dann zeigen.

LUSTGESTÖHN

Sex ohne Lustschreie – das ist, als würde man auf einem Klavier mit Schalldämpfer spielen: Gut zum Üben, aber man bringt sich selbst um das prächtige Resultat. Es gibt anscheinend keine Studie über die Wirkung von Schreien, Stöhnen, Keuchen und Flüstern auf die Qualität des Liebesspiels, aber viele Leute berichten, Sex mit Lustgeräuschen sei ein wilderes, tieferes Erlebnis als stummer Sex. Offenbar wird durch die Laute der Begierde Leidenschaft ausgelöst, ganz ähnlich, wie Flamencotänzer oder Gospelsänger sich gegenseitig zu neuen Höhen der Sing- und Tanzlust treiben, indem jeder seine innere Erregung hinausschreit.

Wer Hemmungen hat, seiner Lust Luft zu machen, der könnte mit seinem Partner folgende Übung ausprobieren: Laß dich von ihm wichsen. Dabei solltest du vorerst nichts tun, als dich auf deine eigenen körperlichen Wahrnehmungen zu konzentrieren. Mach dir deine Atmung bewußt. Atme tief ein und gib dann beim Austamen ein Geräusch von dir (so laut oder so leise, wie du willst). Sag deinem Partner, was dir guttut, während er dich wichst. Soll er schneller oder langsamer machen, dann sag ihm auch das. Je stärker du erregt wirst, desto lauter laß auch die Töne und Geräusche sein, die du von dir gibst. Worauf es ankommt, ist die Äußerung deiner Gefühle. Sei bei jedem tiefen Ausatmen so laut du nur kannst. Wenn du aus deinem Lustrausch herauskommst, wirst du feststellen, daß auch dein Partner in fieberhafter Erregung und seinerseits fällig ist.

Hast du beim Sex erst ein paarmal laute Lustgeräusche gemacht, dann wird dir wahrscheinlich einiges auffallen. Erstens: Durch Lustgeräusche kannst du dein Zwerchfell und deine Kehle, aber auch den ganzen Oberkörper, entspannen. Nur allzuviele – die an heimlichen, stillen Sex gewöhnt sind – lassen ihre obere Körperhälfte erstarren und begrenzen erotische Gefühle auf den Bereich unterhalb der Gürtellinie. Zweitens: Die Laute, die du von dir gibst, erregen auch deinen Partner und sagen ihm in jeder einzelnen Sekunde, was du empfindest; durch diese stärkere Kommunikation entsteht eine tiefere, intimere Verbindung.

Verhaltensforscher haben an Tieren in freier Wildbahn zahlreiche, ganz spezifische *Auslösemechanismen* entdeckt, die angeboren sind – Signale, welche die Tiere einander zusenden, um die nächste Verhaltenssequenz bei der Paarung einzuleiten. Niemand weiß ganz genau, ob die Lustgeräusche des Menschen dem gleichen Zweck dienen, aber wenigstens scheinen sie das gleiche zu *bewirken.*

Je höher die Erregung steigt, desto mehr gibt man erregte Laute von sich, die wiederum die Leidenschaft des Partners steigern.

LUSTUNFÄHIGKEIT

Ein lustunfähiger Mann mag anderen zwar gerne Lust bereiten, er selbst aber sucht keine sexuelle Befriedigung. Er sagt, es macht ihm nichts aus, wenn er nicht zum Orgasmus kommt; er möchte dir lediglich geben, nicht empfangen. Für Sexabenteuer scheint er also der ideale Partner zu sein. In einer festen Beziehung aber nimmt das hartnäckige Verschweigen eigener Bedürfnisse das Aussehen von

Feindschaft an. Eine Beziehung ist, auch wenn es nicht ausdrücklich gesagt wird, immer etwas Gegenseitiges, und ein lustunfähiger Mann läßt Gegenseitigkeit nicht zu.

Was bringt manche Menschen dahin, daß sie Befriedigung schenken, aber nicht empfangen? Vielleicht versuchen sie ihre Partner zur Liebe zu erpressen. Der unbewußte Tauschhandel heißt: „Ich erfülle deine sexuellen Bedürfnisse, wenn du dich um meine seelischen kümmerst." Vielleicht haben sie auch Angst, die ganze Gewalt ihrer Sexualtriebe zu spüren, und fürchten, daß diese Triebe, erst einmal entfesselt, zu etwas alles Verschlingendem würden. Oder sie leiden an einem niedrigen Selbstwertgefühl – finden z.B. ihren Körper unattraktiv und glauben, sie verdienten deshalb keinen sexuellen Genuß, hätten bestimmt kein Recht, darum zu bitten (☛ *Körpergefühl; Schuldgefühle*). Vielleicht sind es aber auch Märtyrer, die hoffen, ihre Leidensfähigkeit zu beweisen (und dadurch ihre Partner zu manipulieren). Davon abgesehen, gibt es noch Männer, die aufgrund ihres homosexuellen Selbsthasses unter Lustunfähigkeit leiden.

Egal, woher das Problem rührt: Ein Problem ist es allemal und sollte behandelt werden. Es bringt nicht nur die Partner um das erregende Erlebnis wirklich gemeinsamen Sex', sondern führt auch dazu, daß der Betroffene sich seinem Körper entfremdet fühlt. Zusammen mit dem Freund an diesem Problem zu arbeiten, kann helfen, obwohl die meisten eine Psychotherapie brauchen.

MASSAGE

Es gibt zwei Grundformen von Massage. Die eine zielt auf den Abbau der Muskelverkrampfung, wird z.B. bei Rückenschmerzen empfohlen und von einem medizinischen Masseur vorgenommen.

Die zweite, um die es uns hier geht, ist der eindeutige Versuch, dem Massierten sinnliches Wohlbehagen zu schenken.

Bei der sinnlichen Massage ist es ausdrücklich erlaubt, Lust einfach hinzunehmen. Viele Menschen haben in normalen Sexsituationen nämlich Hemmungen davor und sind entsprechend verkrampft; sie können geben, aber kaum empfangen (☛ *Lustunfähigkeit*). Wenn einen aber ein anderer massiert, dann wird es zu einer ausdrücklichen, festen *Abmachung*, sich Lust schenken zu lassen. Ein Sexualtherapeut wird mit solchen Patienten sehr entschlossen umgehen. Er befiehlt ihnen einfach, sich untätig aufs Bett zu legen und die angebotenen Empfindungen in sich aufzusaugen. Mit anderen Worten: Der Therapeut übernimmt die Regie und Verantwortung für alles, was geschieht. So können sich Patienten, die sich der Lust verweigern, endlich entspannen und ganz den Anweisungen des Arztes unterwerfen. Eine solche Übereinkunft läßt sich auch auf nichtmedizinische Massagen zwischen Freunden, Bekannten oder Fickverhältnissen übertragen.

Hat jemand erst gelernt, sich zu entspannen, dann sollte er zeigen, was ihm gut und was ihm nicht gut tut („Dort bitte noch ein bißchen drüberstreicheln!"). Es ist notwendig, daß du um Wohlgefühle *bittest.* Wer das über die Massage lernt, bereitet sich darauf vor, Wünsche gegenüber seinen Sexualpartnern zu äußern.

Massage verringert Nervosität und Anspannung nicht nur, weil sie das passive Hinnehmen von Lust zu einer Übereinkunft macht, sondern auch deshalb, weil sie sexuelle Betätigung definitiv ausschließt. Das Übel, das dadurch vermieden wird, sind sogenannte „Vollzugsängste" – die Befürchtung, beim Sex ganz oder teilweise zu versagen; nach mehreren Erlebnissen des Versagens kann die sich nämlich auf Dauer einbrennen. Durch erotische Massage lassen sich solche Vollzugsängste überwinden, denn sie bringt zwei Menschen in Tuch- (bzw. Haut-)Fühlung, aber verbietet dabei Sex. Wenn man weiß, daß man keinen Sex haben darf, und wenn der Schwanz einem noch so sehr steht, dann flauen Vollzugsängste allmählich ab.

Es gibt mehrere Arten von sinnlicher Massage, die hier ihrer Intensität nach beschrieben werden, am Schluß die erregendste. Dabei solltet ihr immer beide nackt sein.

Bei der ersten bewegt sich derjenige, der massiert, mit leichten, zärtlichen Handbewegungen von Kopf und Gesicht des Partners zu dessen Füßen und Zehen hinunter. Wenn ihr wollt, könnt ihr auch einen milden Puder benutzen, um eure Hände zu glätten.

An jeder Körperstelle erteilt derjenige, der die Massage erhält, dem anderen Anweisung zu stärkerem oder schwächerem Druck. Die erogenen Zonen werden streng vermieden. Derjenige, der die

Massage gibt, bearbeitet weder Brustwarzen, Schwanz, Eier oder Anus. Gerät der Massierte in sexuelle Erregung, dann sollte er nicht auf Sexspielchen übergehen dürfen. Wenn die Massage beendet ist, tauscht ihr beide die Rollen.

Bei der Genitalmassage, dürfen auch die erogenen Zonen behandelt werden, aber ganz genau so wie andere Körperpartien. Derjenige, der massiert, sollte dem Schwanz nicht mehr Aufmerksamkeit widmen als z.B. den Oberschenkeln oder den Armen. Auf keinen Fall sollte er seinen Partner wichsen! Das Ziel besteht nicht darin, eine Erektion oder gar einen Orgasmus herbeizuführen, sondern daß man Lust schenkt, schlicht und einfach. Dabei sollten sich beide Männer ihre erotischen Phantasien bewußtmachen.

Diese Phantasien werden nachher verglichen. Manchen Männern stehen die Hemmungen, erotische Wunschträume zu haben und sie einem andern mitzuteilen, zu einem reichen, erfüllten Sexualleben im Weg. Dadurch, daß sie sich diese Phantasien bei der Massage bewußtmachen und sie berichten (selbst die flüchtigsten erotischen Gedanken), können sie anfangen, ihre Scheu zu überwinden.

Hat man die leichte, sinnliche Massage und die etwas erregendere Genitalmassage ausprobiert, so können die zwei Beteiligten auch zur offen sexuellen Massage übergehen. Vielleicht dient sie als Vorspiel zu intensiverer sexueller Betätigung. Die beiden Partner können Öl und/oder Puder verwenden; sie können einander nicht nur mit den Händen streicheln, sondern auch mit Lippen, Zunge, Vibratoren, Dildos oder was immer ihnen gefällt. Diese Form der Massage muß nicht so zärtlich sein wie die anderen; sie darf rauh und ungestüm werden, soviel man mag. Dabei können die Partner sich abwechseln, einander gleichzeitig massieren oder die Massage mit Blasen, Bumsen und anderen Sexualpraktiken kombinieren.

MYTHISCHE URSPRÜNGE DER HOMOSEXUALITÄT

Ein Eingeborenenstamm in Neu-Guinea glaubt, Homosexualität rühre vom Essen unbeschnittener Schweine. Das Abendland hat andere, nicht weniger phantasievolle Theorien entwickelt, von denen sich aber keine als stichhaltig erwies. Und nicht ein Wissenschaftler hat jemals auch nur erklärt, wie Menschen heterosexuell werden – eine genauso rätselhafte Geschichte.

Die Theorien über den Ursprung der Homosexualität lassen sich in drei Gruppen unterteilen: volkstümliche oder hausgemachte (die sich oft schon seit Generationen halten), physiologische und psychologische. Die gängigste Hausmachertheorie behauptet, daß Jungen schwul würden, wenn ein älterer Schwuler sie belästigt (die sogenannte „Verführungstheorie“). Aber Verführung hat keinen nachweislichen Einfluß auf die künftige sexuelle Orientierung des Kindes. Es kann jedoch sein, daß das Kindheitstrauma den Betroffenen später vor *jedem* Sex Angst haben läßt (☛ *Kindesmißbrauch*). Die Verführungstheorie ist in Wirklichkeit bloß eine Nebelkerze, mit der davon abgelenkt werden soll, daß es überwiegend Heterosexuelle sind, die Kinder belästigen, und das meist innerhalb der Familie.

Eine zweite Hausmachertheorie behauptet, daß Jungen schwul werden, wenn ihr Vater schwach und untüchtig ist. Diese Theorie, die auf dem Vorbildsglauben beruht, setzt Homosexualität mit Unzulänglichkeit gleich – eine Gleichsetzung, die man bezweifeln darf. Außerdem übersieht sie, daß mehr als die Hälfte aller Ehen mit einer Scheidung enden und eine erhebliche Zahl von Kindern ohne Vater aufwächst. Es gibt nicht den Funken eines Beweises, daß die sexuelle Orientierung durch eine Scheidung (wie bitter diese auch sein mag) oder durch das Fehlen einer Vaterfigur beeinflußt wird.

Eine dritte Hausmachertheorie besagt, Schwule hätten Angst vor Frauen. Sie wird manchmal auch „*Vagina-dentata*-Theorie“ genannt und beruht auf der Vorstellung, daß ein schwuler Mann seine Mutter haßt und diesen Haß dann auf alle Frauen überträgt. Es versteht sich von selbst, daß diese Hausmachertheorie nicht besser untermauert ist als die anderen. Außerdem übersieht sie, daß schon viele Schwule befriedigende Sexualerfahrungen mit Frauen hatten und weiterhin haben werden.

Der erste, der eine biologische Theorie für den Ursprung der Homosexualität vorbrachte, war der altgriechische Philosoph Aristoteles. Er fragte sich, warum manche Männer sich gern bumsen lassen, und meinte, Schwule hätten vielleicht einen zusätzlichen Nerv, der zum Mastdarm führen und beim Geschlechtsverkehr stimuliert würde. Obwohl sehr phantasievoll, ist Aristoteles' Theorie anatomisch nicht stichhaltig.

Ein französischer Arzt des 19. Jahrhunderts, A. Tardieu, behauptete, daß ein aktiver „Päderast" einen dünnen, unterentwickelten Penis hätte, der spitz zulaufe wie der eines Hundes, und daß diejenigen, die die „passive" Rolle beim Analverkehr übernehmen, einen glatten Mastdarm haben würden. Man fragt sich, wie jemand auf so etwas Hirnverbranntes kommen kann.

Das ganze 20. Jahrhundert hindurch wurde eine Reihe von biologischen Theorien über den Ursprung der Homosexualität vorgebracht. Die einfachste davon war genetischer Natur: Homosexualität sei erblich bedingt. Das ist heiß umstritten.

Die nächste biologische Theorie bezog sich auf den Hormonspiegel. Psychologen und Psychiater von etwas einfältigem Denken meinten, schwule Männer hätten in ihrem Blutkreislauf einen Überschuß an weiblichen Hormonen (Östrogenen), aber zuwenig männliche (Androgene). Nach jahrzentelanger Forschung stellte sich diese Theorie als vollkommen abwegig heraus. Es gibt keinen nachweislichen Hormonunterschied zwischen Menschen mit unterschiedlicher sexueller Orientierung.

Die neueste biologische Theorie behauptet, daß sich die sexuelle Orientierung im Gehirn des Fötus entscheide, zwischen dem vierten und dem siebten Schwangerschaftsmonat. Nach Ansicht dieser Pränataltheorie entwickelt sich das Gehirn als entweder männlich oder weiblich. So könne angeblich eine „Anomalie" dazu führen, daß das Gehirn des männlichen Fötus zu einem weiblichen wird und daß ein solcher Junge zum Schwulsein prädestiniert ist. Umgekehrt würde bei einem weiblichen Kind mit männlichem Gehirn eine Lesbe herauskommen.

Wie die anderen, so ist auch die Pränataltheorie am harten Felsen der Beweisführung gescheitert. Aber vielleicht wird eines Tages durch endokrinologische Forschungen das Geheimnis der sexuellen Orientierung gelüftet. Vorläufig bleiben die Erklärungen über den Ursprung der Homosexualität in erbittertem Wettstreit. Anatomische Studien aus neuerer Zeit deuten auf Unterschiede zwischen männlichem und weiblichem bzw. homosexuellem und heterosexuellem Gehirnen. Wie die Ergebnisse dieser Untersuchungen mit denen zusammenpassen, die die Hormonforschung am ungeborenen Kind hervorbringt, bleibt abzuwarten.

Nicht weniger zahlreich waren die psychologischen Theorien. Die erste (und kurioseste), von der wir wissen, brachte vor ein paar hundert Jahren ein persischer Arzt auf den Tisch. Er fragte sich, warum so viele Perser lieber Analverkehr mit Knaben als Vaginalverkehr mit ihren Frauen hatten. Nach seiner Überzeugung war es für die Orientierung der Sexualität ausschlaggebend, wie ein Mann das Onanieren lernte. Er meinte, Männer seien entweder „Schieber" oder „Schwinger". Die Schieber hielten ihren Schwanz sehr fest im Griff und würden als Erwachsene die Enge eines Knabenarschlochs vorziehen, wogegen die Schwinger ihren Schwanz nur locker hielten und darum Freude an einer breiten Vagina hätten. Obwohl offensichtlich unrichtig, was den Ursprung der Homosexualität betrifft, gewährt uns diese Theorie doch ein kleines Guckloch in eine vergangene Gesellschaft, die Selbstbefriedigung und Analverkehr positiver gegenüberstand als unsere.

Von den psychologischen Theorien des 20. Jahrhunderts stammen die meistdiskutierten von Freud und seinen Nachfolgern. Bei der Schilderung des sogenannten „Ödipuskomplexes" schrieb Freud, ein vier- oder fünfjähriger Junge wolle Sex mit seiner Mutter. Der Junge habe Angst, daß sein Vater diesen inzestuösen Wunsch entdecken und ihn, den Jungen selbst, kastrieren könne. Um sich zu schützen, identifiziere er sich darum entweder mit seinem Vater und werde heterosexuell, wodurch er eine indirekte Sexbeziehung mit seiner Mutter genieße, oder er identifiziere sich mit seiner Mutter und werde homosexuell.

Spätere Psychoanalytiker verwarfen Freuds Theorie, die auf dem Glauben beruhte, jeder komme bisexuell zur Welt und könne unter Umständen homosexuell werden. Solchen sexistischen Psychoanalytikern war diese Vorstellung unbehaglich. Statt dessen meinten sie, daß Jungen von „kastrierenden" oder „erdrückenden" Müttern homosexuell gemacht würden – d.h. Frauen, die auf ihre Söhne verführerisch wirken. Weder Freuds Theorie noch die spätere, überarbeitete können sich auch nur auf die Spur eines wissenschaftlichen

Beweises berufen, dennoch hielt dies die überwältigende Mehrheit der Psychoanalytiker nicht von dem Versuch ab, ihre homosexuellen Patienten zu „kurieren".

Inzwischen dürfte jedem Leser klar sein, daß es keine allgemein anerkannte Theorie für die Entstehung der Homosexualität gibt. Noch immer zerfallen die Forscher in zwei Lager, von denen das eine eine psychologische, das andere eine biologische Erklärung ins Feld führt. Aber besteht überhaupt ein Grund, die Ursachen der Homosexualität zu „erklären"? Bezeichnenderweise fehlt jede Untersuchung über die Ursprünge der Heterosexualität.

Egal welche Gesellschaft – über ihre medizinischen Autoritäten – die Homosexualität zu erklären versuchte, waren solche Theorien doch immer nur Vorwand für eine „Heilung". Zu diesen „Heilverfahren" gehörten Entmannung, chemische und elektrische Schocks, Einsperrung und Ächtung. Wer kann es den Schwulen da verübeln, daß sie den Beweggründen heterosexueller Autoritäten skeptisch gegenüberstehen, wenn diese die „Etiologie" der Homosexualität erforschen wollen? Laß nicht zu, daß jemand deine geschlechtliche Orientierung zu ändern versucht. Sie ist genauso natürlich wie dein Bedürfnis, zu essen und zu trinken.

NEBENEINANDER

Das ist eine sehr bequeme und geruhsame Fickposition. Beide Männer liegen auf der Seite, einer mit dem Rücken zum anderen, die Beine leicht angewinkelt. Der hintere Mann cremt sich einen Finger ein und öffnet mit Geduld und Sanftheit das Arschloch seines Partners. Sind die Schließmuskeln ganz entspannt, führt er langsam seinen Schwanz ein. Für Neulinge ist das eine der leichtesten Stellungen: Der Schwanz dringt nicht so tief in das Arschloch ein wie bei etlichen anderen Positionen (☛ *Gesicht zu Gesicht; Drauf sitzen*); der Gefickte ist nicht so unbeweglich, wie wenn er flach auf dem Bauch liegt, zudem ist sein eigener Schwanz greifbar. Der Bumsende kann ganz mühelos seine Arme um den Partner schlingen, ihn wichsen und liebkosen.

NEUES MACHO-IMAGE

Ein Blick in irgendeine alte Zeitschrift oder einen alten Film zeigt, daß es eine Reihe prägnanter Männertypen gegeben hat. Jedes Jahrzehnt brachte Männer hervor, die es schafften, sowohl hübsch als auch geil auszusehen.

Warum legten sich Männer diese jeweilige Erscheinung zu? Offenkundig, um auf andere anziehender zu wirken und als sexuellen Reiz. Ob Motorrad-Johnny, der sein Leder streichelt, oder College-Joe, der Frauen wegen des Sitzes seiner Leinenhose seufzen hört – Männer lassen nichts unversucht, um den Fisch ihrer Wahl zu ködern. Und wirft ein *schwuler* Mann den Köder aus, dann hat er andern gegenüber einen Vorteil: Er weiß genau, welches Aussehen, welche Mode ihn anmacht und wie er sie tragen muß. Er braucht den Spieß lediglich umzudrehen und andere Kerle scharfzumachen.

Den „Schnäuzertyp" der Siebziger brachte man weltweit am häufigsten mit Schwulen in Verbindung. Der Schnauz- (oder manchmal auch Voll-)bart wurde durch Haar ergänzt, das lang genug war, um sich auf natürliche Art zu wellen, und wurde abgerundet von einem muskulösen, schön gebräunten Körper, der in einem Lacoste-Hemd mit hochgestelltem Kragen gut aussah. Männlichkeit war in – je männlicher, desto besser.

Basis des Macho-Looks war schwarzes Leder der S/M-Szene. Auch eine dunkle Brille und die Levi's 501 zum Zuknöpfen, die so eng saß, daß sie wie aufgemalt wirkte, gehörten zu diesem Image. Die obersten Knöpfe dieser (fast) alles zeigenden Jeans trug man im Idealfall offen, um seinen perfekten, steinharten Bauch sehen zu lassen. Ein paar Cowboy-, Springer- oder Bergarbeiterstiefel vervollständigten das Ensemble.

Hört sich das bekannt an? Ein bißchen aufpoliert, zeitgemäß bearbeitet und nackt oder halbnackt über Zeitschriften und Bücher, Film und Fernsehen verstreut, wurde dieses Aussehen zum Standard-Macho-Look, vom Marlboro-Mann bis Calvin Klein, von Ralph-Lauren-Anzeigen bis zu den Chippendales.

Dies vereinheitlichte Macho-Image wurde seinerseits vom „Punk"-Look der frühen Achtziger abgelöst, der vielen zu extrem war und bald der Freizeitklub-Erscheinung wich, d.h. weite Kleidung, glattrasiertes Gesicht und Kurzhaarschnitt. Auch das hielt sich nicht lange, und all diese Erscheinungstypen verschmolzen inzwischen zu einer neuen Kombination, die wir den ACT-UP-Clone nennen (obwohl viele ältere Schwule sich immer noch mit dem früheren Stil wohlfühlen).

Auch manch neues Macho-Image hat sich entwickelt, darunter am gängigsten der Bär, der Börsenhai und der schwule Yuppie (oder Schwuppie). Der Bärentyp erhält neuerdings viel Aufmerksamkeit, was durch Magazine und Klubs für Bart- und Bärentypen zum Ausdruck kommt. Der Bären-Look ist rundum natürlich, sogar naturburschenhaft. Verschwunden ist die zurechtgestutzte Adrettheit des Schnäuzertyps: Vollbärte sind gang und gäbe, genauso buschige Oberlippenbehaarung. Bären sind bodenständige, ungezähmte Männer, die gern Fußball spielen, Forellen angeln, tischlern, klempnern und Elektrogeräte reparieren. Das verkündet ihre Kleidung – für gewöhnlich auf Landlook abgewandelte Versionen vom Outfit des Siebziger-Jahre-Schnäuzertyps, mit einem Schwergewicht auf wollenen Arbeitshemden, die meist offen über T-Shirts oder Flanellwäsche getragen werden, und breiten Gürteln, die große Schnallen haben und normale oder auf Shorts-Länge abgerissene Jeans festhalten. Dazu tragen Bärentypen schwere Wanderstiefel und Holzfällerjacken.

Der Bärentyp ist ausgesprochen behaart, oft auch grauhaarig. Sein Körper ist stark und männlich. Er hat Gewicht, das er stolz, sogar geflissentlich zur Schau stellt. So groß sein Bizeps und so breit sein Brustkorb auch ist, sein Bauch ist doch selten ein Waschbrett, sein Hintern kein discomäßiger Knackarsch. Alles am Bären ist um mehrere Händevoll dicker als beim Durchschnitt. Die Großstadtversion des Bären sieht man häufig in Lederkneipen.

Der Börsenhai kleidet und benimmt sich genau so, wie sein Name vermuten läßt – teuer, zugeknöpft, durch und durch englisch. Er ist von seinen Hetero-Kollegen kaum zu unterscheiden. Die Woche über lockert er Kleidung und Verhalten auf ganz natürliche Weise und wird eher zu einem städtischen Durchschnittsyuppie.

Der Schwuppie-Look erreicht seine Apotheose am Wochenende, und die haarfeinen Unterschiede in diesem Stil schwanken von Ferienort zu Ferienort. Ralph Lauren hat sich perfekt auf den Haifisch/Schwuppie-Look eingestimmt. Die neue Linie aus Zwillich-, breitgerippten Kord- und Denimhosen (allesamt stonewashed) mit ebenso abgetragen wirkenden Hemden aus Cambrai, feingeripptem Kord und gekämmter Baumwolle, die gar nicht dazu passen und noch akzentuiert werden durch übergroße Strickjacken sowie Teile, bei denen es sich nur scheinbar um Rollkragenpullis in ungewöhnlichen Farben und Sweat-Shirts handelt, dann noch über dem Ganzen zwei Nummern zu große Mäntel und Jacken – das alles besitzt dieses unbeschreibliche Etwas, das informierte Schwuppies so lieben. Es kostet mehr, als es aussieht.

Aus irgendeinem Grunde hat weniger der Schwuppie-Look als der des Börsenhais eine unwiderstehliche Anziehungskraft für sein politisches Gegenteil: den ACT-UP-Clone, der sich mit ungewöhnlichen, teilweise militanten Aktionen für die Rechte von HIV-Positiven und Aids-Kranken einsetzt.

Sehen wir uns den ACT UP-Clone genauer an. Er trägt eine Kurzhaarfrisur, die oben manchmal punkartig lang, an den Seiten aber fast völlig kahlrasiert ist. Sie wird andeutungsweise zu den Stacheln der achtziger Jahre geformt oder zu kleinen, länglichen Dreiecken geschnitten, die besonders gut herauskommen, wenn das Haar heller gefärbt ist. Bei Typen mit glattem Haar sind auch Lockenknäuel akzeptabel, sofern sie sich ausschließlich auf der Kopfdecke befinden. Für andere ist eine Art Streichholzfrisur, die an die Fünfziger erinnert, der Passierschein. Natürlich ist bei so viel Aufmerksamkeit für die Kopfdecke Gesichtsbehaarung out, bis auf einen kleinen Kinnbart à la Lenin oder ein winziges Haardreieck zwischen Kinn und Unterlippe. Auch Koteletten sind striktes Tabu – genau wie Körperbehaarung, die im allgemeinen restlos wegrasiert wird, besonders an Arsch und Eiern (☛ *Rasieren*).

Der muskelbepackte Körper scheint allmählich aus der Mode zu kommen. Kreideblässe ist in. Das Ziel besteht darin, wie ein Langzeitstudent aus der Arbeiterklasse zu erscheinen. Deshalb ist die Kleidung billig, frech und klassenbewußt. Schwarze Levi's, die eng an den Knöcheln anliegen, gehören zur Grundausstattung, bei warmem Wetter schwarze Denim- oder Zwillichshorts, die lang genug sind, um sie an den Knien hochzukrempeln. Die Fußbekleidung ist groß, schwer und klobig, vorzugsweise aus Schnürschuhen und -stiefeln mit harten Kappen à la Doc Martens. Dazu trägt man dicke weiße Socken. T-Shirts sind meist tadellos weiß, einfach, billig und mit politischen Parolen oder Porträts von wenig-bekannten Dritte-Welt-Persönlichkeiten bedeckt. Sie haben keine Taschen. Die förmlichere Garderobe besteht vorzugsweise aus langärmeligen, hochgeschlossenen dunklen Hemden mit zugeknöpften Manschetten, der Gürtel aus mehreren Riemen mit jeder Menge Metall – eine der wenigen Verzierungen an diesem Outfit. Hosenträger sind gang und gäbe, sogar zu Shorts und über T-Shirts. Die Jacke kann einfach aus Leder sein oder ein schwarzer Sportblouson von der Stange, so unförmig wie möglich. Ohrringe sind der unentbehrliche Standardschmuck. Mindestens einer ist Grundvoraussetzung; es kann auch ein Knopf sein. Zwei oder mehr Ringe im Ohrläppchen, einer in der Lippe oder seitlich in der Nase sind nicht ungewöhnlich (☛ *Piercing*).

Dieses Erscheinungsbild ist eine echte Absage an den lässigen, wohlhabenden Macho-Look der Schwulen. Alle Menschen können diesen Look tragen – Asiaten, Afro-Amerikaner, Latinos und Anglos (und passen somit zum politischen Programm von ACT UP) –, nur sollte man den geeigneten Körperbau haben.

Es bleibt abzuwarten, ob dieser Look sich weiter durchsetzt. Bis dahin wird er mit anderen Formen des Macho-Image – dem Schnäuzertyp, dem Bären, dem Börsenhai und dem Schwuppie – darum wetteifern müssen, wie schwule Männer sich selbst und ihr Erscheinungsbild definieren (☛ *Traumtypen*). Da sie die Mode und das Design innerhalb unserer Kultur so durch und durch beeinflussen, wird die schwule Mode von heute nächstes Jahr von Heteromännern getragen.

ONANIE & PHANTASIE

Die alten Ägypter glaubten, der Nil steige alljährlich, weil Gott Osiris pausenlos onanieren würde, und daß alles Leben durch dessen Samen entstünde. Leider, leider hat diese positive Einstellung zur

Selbstbefriedigung sich nicht bis ins jüdisch-christliche Zeitalter gehalten.

Jahrhundertelang wurde die Onanie (oder „Masturbation") in der abendländischen Gesellschaft verurteilt und verfolgt, zuerst durch religiöse Autoritäten und dann durch die Tugendwächter der Neuzeit, z.B. die Medizin. Im 18. Jahrhundert nämlich münzte man die sittliche Verdammung der Onanie in ein medizinisches Problem um: Selbstbefriedigung war nicht mehr nur Sünde, sondern auch eine Krankheit. Ein sehr einflußreicher französischer Arzt namens Tissot behauptete, Onanie zerstöre das Nervensystem und führe deshalb zum Wahnsinn.

1834 schrieb Dr. Sylvester Graham, der Verlust des Samens beim Geschlechtsverkehr sei gesundheitsschädlich (damals eine ganz landläufige Vorstellung); Männer sollten höchstens zwölfmal im Jahr Sex haben. Besonders gefährlich wäre die Onanie. Zur Einschränkung des Geschlechtstriebs empfahl Graham milde Kost, welche die sexuellen Gelüste herabmindern sollte. Das Ergebnis war der Graham-Keks! 1884 erschien dieser kuriose Zusammenhang zwischen Sex und Ernährung in einem anderen Gewand: Dr. John Harvey Kellogg erfand Cornflakes, die die Neigung der Kinder zur Selbstbefriedigung eindämmen sollten. Kellogg, selber ziemlich hausbacken, schrieb: „Der *Gebrauch* der Fortpflanzungsfähigkeit ist vielleicht der höchste körperliche Akt, den der Mensch vollbringen kann; ihr *Mißbrauch* gehört zu den bedauerlichsten Freveln wider die Natur, deren der Mensch fähig ist."

Ab dieser Zeit erzählten Eltern ihren Kindern, was alles Schreckliches passieren würde, wenn sie, die Kinder, sich an die Geschlechtsteile fassen würden: Es würden ihnen Haare auf der Handfläche wachsen, oder sie bekämen „Gehirnerweichung". Und da es möglich war, daß selbst „brave" Kinder im Schlaf onanierten, legten manche Eltern ihnen Handschellen aus Pappe an.

Aber trotzdem wurden die Warnungen überhört, und Kinder spielten weiter mit ihren Genitalien. Die (etwas hysterischen) Einwände hielten an. William Acton, ein namhafter Arzt, schrieb: „Es gibt heute in Pennsylvania – die genaue Ortsangabe tut wohl nichts zur Sache – einen 35jährigen Mann mit den Gebrechen eines Greises. Doch seine vorzeitige Alterung, seine gebückte, hinfällige Gestalt, sein runzliges Gesicht und sein graues Haar lassen sich durchaus auf alleinige oder wechselseitige *Unsittlichkeit* zurückführen."

Zwischen 1856 und 1919 wurden beim amerikanischen Patentamt 49 Anti-Masturbations-Vorrichtungen angemeldet: 35 davon waren für Pferde und 14 für Menschen. Die für Menschen bestimmten Apparaturen bestanden entweder aus spitzen Stacheln, die in den Penis des Jungen stechen sollten, falls er eine Erektion bekäme, oder einem elektrischen Gerät, das Stromschläge austeilte. Wir wissen nicht, wie viele von diesen Patenten tatsächlich zum Einsatz kamen oder welche Wirkung sie auf die Kinder hatten.

Obwohl die männliche Selbstbefriedigung wiederholt an den Pranger gestellt wurde, trat man noch viel erbitterter gegen die weibliche an. Frauen, die onanierten, sagte die Medizin des 19. Jahrhunderts eine Kundgabe gefährlicher männlicher Gelüste nach. Ab 1858 unterzog man Frauen einer Klitorisdektomie, durch die jede Möglichkeit zu klitoraler Lust ausgemerzt wurde. Dieser Eingriff hielt sich bis 1937 als Mittel gegen weibliche Onanie, obwohl die Medizin seinen Wert schon vor einem halben Jahrhundert angezweifelt hatte.

Im 20. Jahrhundert gelangten Psychiater zu einem neuen Befund: Selbstbefriedigung sei eine sexuelle Perversion. Obwohl man sich nicht zu der Behauptung verstieg, Onanie führe zum Wahnsinn, sah man darin doch mehr oder weniger einen Ursprung für „abnormes" Sexualverhalten und, so befürchteten manche, für Homosexualität. Bis 1968 blieb Selbstbefriedigung auf der vom amerikanischen Psychiaterverband erstellten Liste von Geistesstörungen. Selbst heute sagen viele Psychiater, die Selbstbefriedigung an sich sei keine geistige Störung – nur, wenn man sie zu oft praktiziert. Anders ausgedrückt: Sie wird anerkannt als Ersatz für heterosexuellen Geschlechtsverkehr, wo dieser nicht möglich ist, aber jeder, der Selbstbefriedigung dem Geschlechtsverkehr vorzieht, gilt als infantil oder gestört.

Das Ziel all dieser Befunde war die Erzeugung von Schuldgefühlen. Die Leute wurden angehalten, ihre eigenen Taten und Gedanken zu überwachen wie eine Sittenpolizei. „Reiß dich zusammen!" sagt das Über-Ich (☛ *Schuldgefühle*). Männer, die noch mit

Anfang 20 nicht onanieren, haben diese Lektion teilweise gelernt, aber nur wenige können behaupten, sie seien in unserer sexuell verklemmten Gesellschaft ohne Gewissensbisse hinsichtlich der Selbstbefriedigung aufgewachsen.

Eine viel vernünftigere, fruchtbarere und realistischere Einstellung scheint uns zu sein, daß Onanie nicht bloß ein Ersatz ist, den man tolerieren muß, sondern notwendige Voraussetzung für eine gesunde psychosexuelle Entwicklung. Nur wenn Jungen und Mädchen sich ungehemmt und ohne Scham selbst befriedigen dürfen, werden sie ihre eigenen sexuellen Wünsche definieren können. Die durch das Onanieren hervorgerufenen Körperreaktionen und Phantasien erlauben dem/der einzelnen, seine bzw. ihre sexuellen Vorlieben kennenzulernen und Selbstvertrauen aufzubauen. Das Vergnügen, welches die Onanie schenkt, fördert eine größere Akzeptanz körperlicher Lust im allgemeinen und des eigenen Körpers im besonderen.

Ein schwuler Mann, der beim Sex nicht wenigstens ein bißchen phantasieren kann, dürfte nicht allzu leidenschaftlich sein. Höchstwahrscheinlich hält er sich an eine starre Abfolge von Handlungen und ist erschrocken oder verwirrt über den sexuellen Einfallsreichtum anderer. Phantasien sind darum äußerst wünschenswert, und Selbstbefriedigung ist die beste Schule für die Phantasie.

Ein nützliches Lehrmittel ist Pornographie. Manche Schwule werden von Fotos angetörnt, andere von Geschichten oder Videos (☛ *Pornographie*). Finde heraus, welche Media und Stilarten dich erregen: Nackte oder angezogene Gestalten? Allein oder beim Sex mit anderen? Welche Einzelheiten reizen dich besonders? Welche Sexualpraktiken siehst du am liebsten? Natürlich gebrauchen manche Männer ihre Phantasie, um eine erregende Episode noch einmal zu erleben oder jemand Geilen aus ihrer Vergangenheit heraufzubeschwören. Vielleicht haben sie morgens auf der Straße einen wirklich scharfen Typen gesehen oder letzte Woche echt heißen Sex gehabt – vielleicht hat es sie auch schon angemacht, nur den schönen Körper eines Bekannten am Strand zu betrachten. Es ist nicht außergewöhnlich, daß vitale, geile Männer keine 60 Minuten nach einem besonders aufregenden Sexualerlebnis noch einmal lebhaft daran zurückdenken und sich einen runterholen.

Nimm in einer stillen Stunde die Pornographie deiner Wahl mit ins Bett. Sorge für ein ruhiges, gemütliches Ambiente, mit gedämpfter Beleuchtung, sanfter Musik oder was immer dich entspannt. Sieh dir die Bilder der Reihe nach an und such dir heraus, was dich geil macht. Konzentriere dich auf dieses Bild und erfinde eine Geschichte drumherum, eine, in der auch du mitspielst. Wenn du noch nie Gleitcreme ausprobiert hast, dann versuch es jetzt, z.B. mit K-Y, Babyöl oder Vaseline – jeder hat sein Lieblingsmittel (☛ Gleitmittel). Phantasiere auf jeden Fall, bis du zum Höhepunkt kommst. Deine Geschichten dürfen so detailliert und bizarr werden, wie du willst.

Wenn du mehrere Tage beim Onanieren deine Phantasie geübt hast, kannst du versuchen, diese sexuellen Träume auf Erlebnisse mit anderen zu übertragen. Du wirst entdecken, daß manche Partner besonders gut darin sind, mit deinen Wunschphantasien zusammenzuarbeiten. Sie bauen die Dinge, die du sagst oder tust, weiter aus, sprechen darüber und werden sogar ganze Szenen erstellen, zu denen Kostüme, Fetische und gespielte Situationen gehören (Kaserne, Sportumkleideraum, Flugzeugtoilette u.s.w.).

Für mache ist das gemeinsame Wichsen zum Höhepunkt ihres Sexuallebens geworden (☛ *Wichskumpel; Jack-off-Parties*). Aber dennoch fragen sich Männer, die Schuldgefühle wegen ihrer Selbstbefriedigung haben: „Mache ich es zu oft?“ Das merkst du schon selbst; dein Körper wird es dir sagen. Deine Vorhaut oder deine Eichel sehen dann wund aus; vielleicht tut dir bereits auch der Schwanz weh. Die Häufigkeit des Onanierens ist wie die Häufigkeit des Sex überhaupt ein Maßstab für Geschlechtstrieb, Langeweile, Angst, Nervosität und eine Reihe anderer Faktoren, von denen dir keiner schadet. *Ein* Problem kann es allerdings geben.

Manchmal entwickelt jemand eine so spezielle Selbstbefriedigungstechnik, daß keiner sonst ihn zum Abspritzen bringen kann. Wenn das passiert, fühlt sich der Partner oft unzulänglich. Gegen diese Situation kann helfen, daß du z.B. die Hand deines Partners in die deine nimmst und dir damit einen runterholst. Dann sieht er auch, wie du es magst.

Nach alledem sollten wir noch darauf hinweisen, daß Selbstbefriedigunsphantasien nicht nur als eine Art Generalprobe für sexuelles

Rollenspiel dienen. Viele Männer behalten ihre Wichsphantasien lieber für sich und würden das, was sie beim Onanieren heraufbeschwören, nie mit einem richtigen Partner praktizieren. Die Zusammenhänge zwischen Phantasie und Wirklichkeit sind sehr fein und komplex. Vielleicht paßt es dir deshalb gar nicht, deine Wunschträume sonst jemandem mitzuteilen. Wenn dein Freund Verständnis hat, wird er natürlich erkennen, daß die Rollen, die du im Bett spielst, nicht unbedingt in den Rest eures Alltags hinübergezerrt werden müssen. Möchtest du deine Phantasien aber geheimhalten, dann bitte! Sie dienen einzig und allein dem Zweck, deine Aufmerksamkeit von den mechanischen Abläufen der Sexualität wieder auf deren Schöpfergeist zu lenken, von den Erwartungen eines anderen auf die Erfüllung deiner eigenen.

Zum Schluß noch einmal ein Zitat von einem Arzt, Dr. Thomas Cogan. Er schrieb 1598:

Die Annehmlichkeiten, die einer mäßigen Entleerung [d.h. des Samens] *entspringen, sind groß. Diese nämlich fördert sowohl den Appetit auf Fleisch als auch den Gedankenreichtum; sie macht den Körper leichter und behender, sie öffnet Poren und Leibeskanäle und reinigt von Schleim; sie beschleunigt das Denken, stachelt den Witz an, erquickt die Sinne, vertreibt Trauer, Wahnsinn, Ärger, Schwermut und Zorn.*

Welcher Autor der Neuzeit hätte es besser sagen können?

OUTING

Ein umstrittenes Thema in der schwulen Gemeinde ist „Outing". Der Ausdruck bedeutet, daß ein Schwuler oder eine Lesbe, deren Homosexualität keine „offiziell" bekannte Tatsache ist, öffentlich als homosexuell bezeichnet wird. Der oder die Betreffende können bei der Regierung, in der Unterhaltungsbranche oder in der Kunst tätig sein, aber die Auseinandersetzung um seine oder ihre sexuelle Identität wird immer öffentlich geführt.

Diejenigen, die andere „outen", sind der Überzeugung, daß die betreffende Person der schwulen Gemeinschaft durch seine/ihre Heuchelei oder gar Schwulenfeindlichkeit geschadet hat. Indem sie seine/ihre Homosexualität aufdecken, wollen sie nicht nur diese Heuchelei und diesen Selbsthaß entlarven, sondern auch weiteren Schaden verhindern. Viele, die Personen des öffentlichen Lebens outen, gehen bis hierhin und nicht weiter. Manche aber outen auch Menschen, die keinem Schwulen je etwas getan haben. Meist geschieht diese Art des Outings in Zeiten allgemeiner Schwulenfeindlichkeit oder der Unterdrückung von Schwulen. Die offizielle Begründung für dieses Vorgehen lautet, daß man jeden Schwulen braucht, um der Bewegung zu helfen, oder daß jeder Schwule sich auf die Hinterbeine stellen muß, um Kraft und zahlenmäßige Stärke zu zeigen.

Viele Schwule sind gegen das Outing. Sie bezeichnen es als gewaltsamen Eingriff in die Privatsphäre und als potentielle Gefahr für Ansehen und berufliche Sicherheit eines einzelnen. Das stimmt sogar, obwohl Personen des öffentlichen Lebens in den USA nur ein beschränktes Recht auf Privatsphäre genießen und sich die meisten mit diesem Nebeneffekt des Ruhms abgefunden haben.

Politischen Schwulenführern ist es lieber, wenn vielbewunderte Persönlichkeiten sich freiwillig zu ihrer Homosexualität bekennen, um schwulen Jugendlichen ein gutes Vorbild zu geben. (Kürzlich hatte ein Held von *Marvel Comics*, Northstar, sein „Coming-Out".) Trotz dieser Begründung und auch in Anbetracht unserer schwulenfeindlichen Kultur ist Outing immer ein riskantes Unterfangen mit unabsehbaren Folgen.

PAARE

Was ist der Ursprung der Liebe? Der griechische Philosoph Platon hat diese Frage in seinem *Gastmahl* beantwortet. Dort läßt er Aristophanes folgende Geschichte erzählen: Am Anfang gab es drei Geschlechter: Mann, Frau und ein Zwitterwesen. Jedes davon war kugelrund, mit einem Gesicht und zwei Armen und Beinen auf jeder Seite. Diese drei Geschlechter konnten vor- oder rückwärts gehen, sich überschlagen und auf dem Boden rollen. Sie spielten und tollten durch die Felder. Dann aber forderten sie im Übermut die Macht des Zeus heraus. Er bestrafte sie dafür, indem er sie mitten durchschlug, so daß es von jedem zwei gab. Das, was früher der Doppelmann gewesen und jetzt zwei Männer war, so sagt die Aristophanes-Figur, ist der Ursprung schwuler Beziehungen; die frühere Doppelfrau (jetzt zwei Frauen) sei der Ursprung lesbischer Beziehungen; und das frühere Mann/Frau-Wesen (jetzt in Mann und Frau aufgeteilt) der Ursprung heterosexueller Beziehungen. Platon sagt von den Männern:

Die ein Stück des Mannes sind, folgen den Männern, und in ihrer Jugend treiben sie sich, als Splitter des Ur-Mannes, mit Männern herum und umfangen sie. Dabei sind sie selbst die besten aller Knaben und Jünglinge, denn sie besitzen die männlichste Natur.

Die Aristophanes-Figur schildert die Qualen der Geschlechter, nachdem jedes zweigeteilt wurde. Es ist ihnen, als wäre ihre Seele entzweigerissen. Folglich sucht jedes pausenlos seine andere Hälfte, weil es hofft, sich wiederzuvereinen. Jede der männlichen Hälften ist auf der Suche nach ihrem Seelengefährten, und bis sie ihn gefunden hat, verbringt sie ihre Tage in Trauer. Die Aristophanes-Figur sagt: *„Das Streben nach der anderen Hälfte seines Ich trägt den Namen ‚Liebe'."*

Heute haben wir die Freiheit, unseren Seelengefährten zu suchen, und im Glücksfall finden wir unsere „andere Hälfte" sogar. Die Liebe zwischen Männern gibt die Kraft, die Verachtung einer heterosexuellen Welt zu ignorieren, und macht sie unempfindlich gegen eine homophobe Gesellschaft. Schwule Liebe ist ein Quell von Stolz, Mut, Kameradschaft und Sicherheit. Zwei Liebende teilen mehr miteinander als ihren Körper: Sie teilen ihre Seele.

Es gab einmal eine Zeit, als Psychologen und Psychiater behaupteten, schwule Männer wären zu wahrer Liebe nicht fähig; ihre Beziehungen wären aufgrund seelischer Unreife zum Scheitern verdammt. Wahrscheinlich gibt es immer noch ein paar „Fachleute", die trotz aller gegenteiliger Beweise an dieser Überzeugung festhalten. Schwule Dauerbeziehungen sind unserer Gesellschaft etwas Alltägli-

ches, besonders seit dem Zweiten Weltkrieg. Es ist nicht ungewöhnlich, zwei weißhaarige Männer zu treffen, deren Beziehung schon 50 Jahre oder länger besteht. Zu hören, wie sie sich Gelingen und Langlebigkeit dieses Verhältnisses erklären, ist stets interessant. *Ein* solcher Mann sagte einmal: „Man muß viel vergeben und vergessen", und ein anderer: „Ich sorge dafür, daß er den Bauch immer voll und die Eier immer leer hat."

Manche schwulen Paare hätten es gern, wenn ihre Beziehung gesetzlich anerkannt wäre. Schritte in diese Richtung sind zwar schon gemacht, aber bisher ist eine rechtmäßige Verbindung nicht möglich.

Viele Probleme innerhalb einer Partnerschaft entstehen durch Persönlichkeitsunterschiede. So kann es sein, daß der eine seine Energien auf Heim und Haushalt verwendet, das Haus prachtvoll einrichtet und dekoriert. Aus einem starken Verbundenheitsgefühl gegenüber seinem Freund baut er ein Nest und glaubt daran, daß diese Liebe ein Leben lang bestehen wird. Für ihn ist die Nähe seines Partners die höchste Errungenschaft und Sex die „Verkörperung" von Liebe. Er teilt voll und ganz die Ansicht der griechischen Dichterin Sappho, die über sich und ihre Freundin schrieb: „Wir verschmolzen wie zwei Tropfen Wasser."

Einen Mann mit einer anderen Persönlichkeit, einen, der auf Selbständigkeit Wert legt, wird das in dem Sappho-Zitat ausgedrückte Gefühl wahrscheinlich in Alarmbereitschaft setzen. Die Vorstellung, seine Individualität zu verlieren oder seine Persönlichkeit mit der eines anderen zu verschmelzen, geht ihm völlig gegen den Strich. Auch er freut sich zwar über ein gemütliches Zuhause, aber sein Leben ist nicht auf Häuslichkeit konzentriert. Und beim Sex mag er Aufregung und Neues; er macht einen Unterschied zwischen *Lust* und *Liebe.*

Eine Persönlichkeit wie die zuerst beschriebene wird durch etwas gekennzeichnet, das die Psychologen „Bindung" nennen, der zweite durch sogenannte „Autonomie". Die Unterschiedlichkeit dieser beiden ist die Wurzel von viel Beziehungskrach. Nicht, daß das eine gut und das andere schlecht wäre! Die Disharmonie schafft die Probleme. Zwei Männer, die sich aneinander „binden", können ein glückliches Paar werden, denn ihre Grundeinstellung ist ähnlich. Das gleiche gilt für zwei, die auf Selbständigkeit innerhalb einer Beziehung Wert legen. Die Konflikte häufen sich, wenn ein sehr bindungsbereiter Mann eine Partnerschaft mit jemandem eingeht, der auf Unabhängigkeit orientiert ist. *Der eine liebt nicht mehr als der andere; sie empfinden und äußern ihre Liebe nur unterschiedlich.*

Kein Wunder, daß sexuelle Treue *das* Problem schwuler Beziehungen ist. Jedes Paar steht vor der Frage, ob man eine „sexuell ausschließliche" Partnerschaft führen soll (☛ *Treue und Monogamie*). Manche Männer leben miteinander, haben aber häufig einmal Sex außerhalb der Beziehung. Bisweilen sind das nur nächtliche Abenteuer; manchmal gehören dazu regelmäßige Partner. Viele Freundespaare, die seit Jahren zusammen sind und kaum noch Sex miteinander haben, bleiben sich dennoch tief verbunden, wie heterosexuelle Eheleute.

Das Problem mit Sex außerhalb der Partnerschaft stellt sich schwulen Paaren, die noch Sex miteinander haben. So ist der eine vielleicht mit sexueller Treue zufrieden; möglich, daß sein Sicherheitsbedürfnis den Wunsch nach neuen Reizen überwiegt. Aber der andere spürt ein starkes Verlangen nach Sexabenteuern. Eine Lösung dieses Konflikts findet sich auf jeden Fall, wenn beide Partner bereit sind, offen und ehrlich darüber zu sprechen. Unehrlichkeit ist der Hauptfeind guter und dauerhafter Beziehungen; Partner, die einander anlügen, steuern unweigerlich in die Katastrophe. Lügen zerstören das gegenseitige Vertrauen, und wenn zwei Menschen einander nicht vertrauen, wird ihre Beziehung nicht halten.

Sex außerhalb der Partnerschaft ist heute wegen Aids besonders gefährlich, wenn nicht die Safer-Sex-Regeln eingehalten werden (☛ *Positv-Negativ-Paare; Safer Sex*). Jeder der beiden Männer hat die Verantwortung, weder HIV noch sonst eine Krankheit in die Beziehung einzuschleusen.

Es gibt noch eine weitere Bedingung für eine fruchtbare Partnerschaft: die Einsicht, daß sich die Beziehung im Laufe der Zeit verändern wird. Wenn wir uns mit jemandem glücklich fühlen, dann kommt es uns manchmal so vor, als wären wir über einen Zauber gestolpert, der erhalten werden muß. Demgemäß widersetzen wir uns Veränderungen, wollen nicht einsehen, daß alles, was lebt (Beziehungen inbegriffen), sich verändern oder zugrundegehen muß.

Überdies leiden schwule Paare unter äußerem Druck. An vielen Orten hält sich bis heute eine hartnäckige Bigotterie, und wenn die mit wirtschaftlicher Diskriminierung einhergeht, zerbricht die Partnerschaft vielleicht unter dieser Belastung. Auch manche Eltern attackieren so eine Beziehung ganz offen, obwohl ein unterschwelliger Angriff häufiger ist: Sie brechen einen Streit mit dem Freund ihres Sohnes vom Zaun und zwingen letzteren, Partei zu ergreifen. Andererseits wünschen viele Eltern, ihr Sohn soll glücklich sein, und unterstützten dessen Liebesbeziehung (☛ *Eltern*).

Schwule Partnerschaften enden meist aufgrund persönlicher Konflikte. Psychologisches Problem Nummer eins ist heute die Angst vor Nähe und Vertraulichkeit. Ironischerweise trennen sich viele Paare wegen ihrer Liebe füreinander. Der eine Partner fühlt sich dieser Liebe unwürdig, und Zuneigung weckt Furcht und Mißtrauen in ihm („Eigentlich liebt er ja gar nicht mich, sondern den falschen Eindruck, den er von mir hat"). Ein anderer hält sich für unfähig, seine Liebe auszudrücken. Vertraulichkeit bereitet ihm Schuld- und Unzulänglichkeitsgefühle („Er verdient etwas Besseres als mich. Ich bin doch kalt wie 'ne Hundeschnauze und ruiniere sein Leben.").

Auf einer tieferen Ebene weckt Intimität bei vielen Männern Gefühle der Verwundbarkeit und des Kontrollverlusts. Weil sie als Kind in der Beziehung zu ihren Eltern enttäuscht oder in früheren Partnerschaften verletzt wurden, bekommen sie Angst, wenn sie die ständig wachsende Nähe zu einem anderen spüren. Diese Angst äußert sich selten offen. Häufig zeigt sie sich verkappt, z.B. in einem Hang, alberne Streitereien vom Zaun zu brechen, den Partner der Untreue zu verdächtigen, oder sogar einem irrsinnigen Drang, fremdzugehen und dadurch die Liebesbeziehung zu zerstören. Mitunter hilft nur Psychotherapie gegen solche Ängste, vielleicht eine gemeinsame, als Paar.Sich gegenseitig Vorwürfe zu machen oder schmutzige Wäsche zu waschen bringt nicht viel. Wenn man sich verletzt fühlt, muß man versuchen, seine verletzten Gefühle in Worte zu fassen.

PASSIV/DEVOT

Je mehr sexuelle Erfahrung du gewinnst, desto eher wirst du deine bevorzugten Sexpraktiken und Positionen entdecken. Vielleicht stellst du fest, daß du dich am liebsten bumsen läßt, egal wann, wo, von wem oder in welcher Stellung. Vielleicht ordnest du deine Bekanntschaften inzwischen auch nach neuen Maßstäben ein: der Größe, der Figur, ihrer „Standfestigkeit", wie stark sie bei Typen auf den Hintern achten und wie oft sie auf das Thema „Bumsen" kommen.

Ist das der Fall, dann hast du dich als „passiven" Typen erkannt, wobei diese Bezeichnung natürlich bloß ausdrücken soll, daß du nicht oder nur selten einen anderen bumst.

Und genauso wenig heißt sie, daß du immer auf dem Bauch liegen mußt. Es gibt noch andere Stellungen (☛ *Hintern nach oben; Gesicht zu Gesicht*). Du bist als „passiver" Typ nicht weniger begehrenswert als ein „aktiver"; und es bedeutet auch nicht, daß du nun immer auf die „passive" Rolle festgenagelt wärst. Solange du Safer Sex machst, kannst du ruhig auch selber bumsen. Manchmal hilft es bei der Kontaktaufnahme, wenn du als „passiver" Typ bekannt bist. Wenn dir dein Ruf nämlich vorauseilt, werden Leute, die kein Interesse am aktiven Bumsen haben, erst gar keine Verbindung zu dir suchen, während andere, die auf „passive" Typen aus sind, sich *jetzt* vielleicht für dich interessieren. Es ist auch nützlich beim Inserieren (☛ *Kontaktanzeigen*).

Doch wäre es ein Irrtum, daß wir damit sagen wollten, die Begriffe „passiv" und „aktiv" bezögen sich ausschließlich auf die Frage: Wer fickt wen? Beides ist vor allen Dingen ein geistiger Zustand, ein Gefühl, mit dem man an andere Männern herangeht. Am deutlichsten zeigt sich das im S/M, wo der „passive" Partner meist als „devot" bezeichnet wird. Er will, daß der „dominante" Gefährte sich seiner annimmt und ihn führt (☛ *Sadomasochismus*). Aber bei manchen Männern spiegelt sich darin vielleicht wirklich ein wichtiger passiver Charakterzug, etwa nach dem Motto: „Ich möchte mich dir ganz hingeben."

Die Psychologie hat keine Ahnung, wie solche Vorlieben entstehen oder wie und warum sie sich im Laufe der Zeit verändern.

Wahrscheinlich sollte man sie einfach genießen, sofern man seine Partner vernünftig auswählt, harte Drogen und Alkohol meidet und Safer Sex praktiziert (☛ *Alkohol und andere Rauschmittel; Drogen; Safer Sex; Aktiv/Dominant*).

Im schwulen Leben überwiegen anscheinend die passiven Typen, obwohl es diesbeuüglich keine Untersuchung gibt. Man hört von ihnen oft das Mae-West-Zitat: „Ein guter Mann ist schwer zu finden."

PATIENTENVERFÜGUNG

Die Verfügung im Unglücksfall ist ein Rechtsmittel, das deine Wünsche hinsichtlich ärztlicher Behandlung, wenn du – aufgrund eines schweren Unfalls oder einer ernsten Erkrankung – solche Entscheidungen nicht mehr selbst treffen kannst. Prinzipiell geht es dabei um deinen Körper und seine Versorgung, solltest du einmal nicht mehr in der Lage sein, ihn zu beherrschen. Die Patientenverfügung legt fest, welche lebenserhaltenden Maßnahmen du wünschst und für wie lange. Einige Menschen sind der Ansicht, solche Behandlungsmittel wie künstliche Beatmung, Flüssignahrung und Reaktivierung des Herzens dehnten das Sterben nur unnötig aus. Außerdem, meinen sie, mache eine derart verlängerte Sterbezeit das Leid für Freunde und Familie noch größer.

Da mehrere Krankheiten, die für die Spätstadien von Aids charakteristisch sind, zu Koma oder zu geistiger Verwirrung führen können, erlassen Aids-Betroffene oft eine solche Patientenverfügung.

Anwälte empfehlen, jemandem eine *medizinische Vollmacht* zu geben. Du kannst für die Aufgabe bestimmen, wen du willst. Man darf auch jemanden benennen, der zu *jeder Art* von Entscheidung ermächtigt ist – sei es medizinisch, finanziell oder beruflich. Eine solche Ermächtigung ist natürlich die stärkste Schutzmaßnahme, die dir zur Verfügung steht, vorausgesetzt, der Betreffende ist vertrauenswürdig und klug in seinen Entscheidungen. Du solltest diese Möglichkeiten mit einem Anwalt besprechen, der für die rechtlichen und gesellschaftlichen Probleme Schwuler Verständnis hat.

Eine Patientenverfügung sollte kein Geheimnis bleiben. Gib jedem, der davon betroffen ist, eine Abschrift. Dazu gehören deine

Familie, dein Freund, dein Arzt und dein Krankenhaus. Doch ihnen Kopien zu geben, genügt nicht: du solltest mit jedem einzelnen auch persönlich sprechen, damit sie eine klare Vorstellung über deine Absichten haben. Sei vorsichtig mit Krankenhäusern, die unter der Schirmherrschaft religiöser Gruppierungen stehen. Manche werden sich weigern, die Behandlungszeit zu verkürzen, welche juristischen Dokumente man auch ins Feld führen mag. Bei anderen gibt es anscheinend keine Standardrichtlinien für die Einhaltung solcher Verfügungen; sie entscheiden je nach Situation. Unter diesen Umständen könnten du oder dein Sachwalter gezwungen sein, gegen das Krankenhaus auf dein Sterberecht zu klagen.

Letzter Punkt: Verwechsle eine Patientenverfügung nicht mit einem Testament. Beide lassen sich als Dokumente betrachten, die in deinem Namen sprechen, aber eine Patientenverfügung im Unglücksfall tut dies bloß bis zum Tode. Deinen „letzten Willen" bestimmt nur ein Testament (☛ *Versicherungen Testamente*).

PIERCING

Piercing bedeutet „Durchstechen", z.B. wenn man sich einen Ring ins Ohrläppchen machen läßt. Wo der Ausdruck ins Deutsche übernommen wurde, steht er allerdings für das, was viele Heterosexuelle „Intimschmuck" nennen.

Dieses Schmücken von Körperteilen hat eine lange Geschichte. Von Cäsars Leibwachen heißt es z.B., sie hätten Brustwarzenringe getragen, als Zeichen ihrer „Mannhaftigkeit". Im alten Amerika nahmen die Maya und andere Kulturen rituelle Piercings vor. Standbilder zeigen stachelbesetzte, durch Zunge oder Penis gesteckte Schnüre – ein religiöser Brauch, der mit Fruchtbarkeit oder auch mit Reue zu tun hatte.

Die Freibeuter des 17. Jahrhunderts hängten sich oft ein Goldstück in die Ohrläppchen – vielleicht eine Münze aus der Schatzkammer irgendeiner unglückseligen Galeone, die ihnen in die Hände gefallen war. Jeder Ohrring bedeutete ein Schiff, das der jeweilige Pirat hatte kapern helfen. Auch deutsche U-Boot-Soldaten markierten so während des Ersten Weltkriegs ihre „Jagderfolge".

Was steckt hinter alledem? Piercing ist nur *eine* Form des Körperschmucks; daneben gibt es auch Tätowierungen und bewußt herbeigeführte Narben. Piercing-Liebhaber erklären, es sei dasselbe wie mit einer Tätowierung, bei der der menschliche Körper als Grundlage für farbenfrohe „Gravuren" dient; beim Piercing werde der Körper als Panzer benutzt, den man mit Metallgegenständen schmückt.

Während der Achtziger Jahre entwickelten sich neben Tätowierungen und wüst zerschnittenem, bunt gefärbtem Haar auch Ohrringe zu einem Zeichen, das einen vom Rest der Gesellschaft abhob. Von sämtlichen Körpermoden der Punks sind Piercings und Ringe aber das einzige, was durch eine breitere Allgemeinheit übernommen wurde. Viele Männer in den schwulen Zentren der Großstädte tragen einen Ring oder Knopf im Ohr. Auch zwei, drei oder mehr Ringe sind keine Seltenheit mehr, entweder einzelne „Kreolen", etwa in der Mitte des Ohrläppchens, oder eine ganze Serie von Ringen im Rand des Ohres. Ohr-, Nasen-, Lippen-, Augenbrauen- oder gar Brustwarzenringe, sie alle haben keine sexuelle Bedeutung.

Piercings in den Geschlechtsteilen dagegen dienen meist zum S/M-Sex (☛ *Sadomasochismus*) – etwas, das sich während der letzten 15 Jahre wohl ebenfalls zunehmend verbreitet hat. Oder gab es das schon immer – „unter der Hand", sozusagen? Wahrscheinlich.

Die meisten S/M-Piercings werden am und um den Schwanz vorgenommen. Für den sehr beliebten *Prince-Albert-Ring* durchsticht man die Harnröhre an der Eichel. Beim *Guiche* (gesprochen: „Giesch") handelt es sich um ein Damm-Piercing, d.h. einen Ring zwischen Eiern und Arschloch. Als Keuschheitsmaßnahme ist es ganz nett, einen Prince Albert in einen Guiche einzuhängen. Das *Frenum* ist ein Piercing durch das Frenum oder Frenulum des Schwanzes (das „Bändchen" auf der Unterseite der Eichel). Auch Brustwarzenpiercings sind überaus beliebt, und es gibt noch andere Varianten von Piercings an Schwanz und Hodensack, die alle sehr raffinierte Namen haben.

In der durchstochenen Stelle läßt sich eine Vielzahl von „Schmuckstücken" befestigen. Ringe und kleine, hantelförmige Stecker sind wahrscheinlich die gebräuchlichsten. D-förmige Ringe, Zwingen und Vorhängeschlösser sind andere Formen von Körperschmuck. Sie bestehen meistens aus Chirurgenstahl, obwohl manche Männer Gold bevorzugen. Einige Schwulenpaare setzen ein Symbol für ihre Beziehung durch feierliche Piercings. Sie tragen ihre Trauringe im Schwanz anstatt am Finger.

Vielleicht ist schon allein der Akt des Durchstechens und das Einsetzen von Ringen oder Steckern das Sexerlebnis zwischen zwei Partnern. Bumsen und Blasen, das bei den meisten anderen sexuellen Spielarten an der Tagesordnung ist, können, aber müssen nicht unbedingt, zu dieser Piercingszene gehören. Manche Männer onanieren dabei, andere kommen überhaupt nicht.

Der Akt des Durchstechens selbst kann auch etwas zeitlich Begrenztes sein, im Gegensatz zum Einfügen von Ringen oder Steckern. So ist es z.B. möglich, daß einer (jemand, der etwas davon versteht) seinem Partner Nadeln in den Körper sticht, sie mit Drachenschnur verbindet, bis ein großflächiges Geflecht entsteht, und so Piercing mit Bondage (Fesselung) kombiniert. Dies getan, „spielt er auf seinem Instrument", indem er die Schnur zupft, also in den jeweiligen Körperpartien Schmerz hervorruft. Sinn und Zweck des Ganzen besteht nach Aussage von S/M-Kennern darin, die sogenannte *Schmerz/Lust-Schwelle* zu erreichen – den Punkt, an dem der Körper Schmerz nicht mehr als unangenehm wahrnimmt, sondern als Lust. S/M-Anhänger glauben, dies sei ein biochemischer Vorgang, der auf der Endorphin-Ausschüttung infolge des Schmerzes beruht. Noch gibt es aber keinen wissenschaftlichen Beweis für oder gegen diese Überzeugung.

Ein paar offensichtliche Gefahren muß man vermeiden. Mach dir nie selbst ein Piercing und erlaube niemals einem Unbekannten, dich zu piercen. Das sollten nur Profis tun, die die sterilen Spezialinstrumente besitzen und dich von wegen der Nachbehandlung beraten können (die dauert 2 bis 6 Monate). Klubzeitschriften und Magazine für Leder und S/M, aber oft auch ganz allgemeine Lesben- und Schwulenpublikationen oder Städteführer enthalten Anzeigen von professionellen Piercern.

PORNOGRAPHIE

Doch mit noch feierlicherem Nachdruck warne ich euch vor SCHLECHTEN BÜCHERN und SCHLECHTEN BILDERN. An jedem Ort gibt es eine geheime, schlummernde Quelle, von den Reinen ungeahnt, aus der unsere Söhne aber dennoch manchen Becher schöpfen. Es sind Bücher in Truhen versteckt, in dunklen Löchern verborgen; Bilder werden in heimlichen Mappen gesammelt oder von Hand zu Hand weiterverschachert; und noch in anderen Formen, die selbst eine Dirne zum Erröten brächten, sieht man das Werk verderbten Künstlertums...

So schrieb Henry Ward Beecher über die Gefahren der Pornographie.

Noch früher, im Jahre 1675, wurde eine Gruppe junger Studienleiter im All Souls College dabei ertappt, wie sie die Druckerpressen der Oxford University für Nachdrucke von Giulio Romans Kupferstichen zu Aretinos *Positionen* mißbrauchte, dem berühmtesten, möglicherweise auch einzigen bebilderten Sexratgeber dieser Zeit. Wir wissen nicht, welche Strafe sie für ihr pornographisches (oder kommerzielles) Interesse bekamen. Und 1889 schrieb der Romancier Henry James in einem Brief von einer gewissen Trauer, weil junge Männer vor ihm, in der Westminster-Abtei (bei einer Seelenmesse für den Dichter Robert Browning), Fotos von nackten Italienern herumgehen ließen.

Schwuler Porno wird in „soft" und „hart" (oder *hardcore)* unterteilt. Softporno zeigt Bilder von nackten, halbnackten oder gar bekleideten Männern, aber in der Regel nicht paarweise und ohne Erektion. Harte Pornographie hingegen sind Geschichten, Fotos, Videos oder Filme, in denen Typen onanieren, bumsen, blasen – sich also sexuell betätigen. Außer in Videotheken findet man Porno auch in Sexkinos, in manchen Lokalen, die eine Leinwand oder einen Bildschirm haben, in Sexklubs, Saunen und auf Privatparties – neuerdings auch im Internet.

Ziel und Zweck der Pornographie besteht darin, dich geil zu machen. Die meisten Leute bringen sich durch sie so weit in Erregung, bis sie sich entweder einen runterholen oder mit einem Partner Sex haben. Gerade Sexpartner und Freundespaare benutzen Pornographie oft als Einstimmung zum gemeinsamen Sex. Manche Feministinnen behaupten, Pornographie hätte noch einen anderen Zweck: die Entwürdigung der Frau. Rechtskonservative sagen, Porno sei darauf angelegt, die Keimzelle der Familie zu zerstören. Diese Gruppen haben ihre eigenen politischen Ziele. Aber es stimmt, daß Männer durch visuelle Medien leichter in Erregung geraten als Frauen – ob das biologisch bedingt ist oder die Folge von gesellschaftlicher Prägung, wird immer noch diskutiert.

Zur Pornographie werden kann fast alles: eine Unterwäsche- oder Badehosenwerbung in einer Zeitschrift, ein Katalog von *International Male*, ja sogar eine Bier- oder Limonadenreklame; jedes davon kann erregend sein. Manch einer wird von Zeichnungen angetörnt, in denen bestimmte körperliche Details (runder Arsch, großer Schwanz, breiter Brustkorb) hervorgehoben sind. Viele Jungen erhaschen den ersten Blick auf nackte Menschen, wenn sie ein altes GEO durchblättern, das bequemerweise in den meisten Schulbibliotheken steht.

Im Videobereich ist schwule Pornographie jedoch am höchsten entwickelt. Vorbei sind die Zeiten amateurhaft gedrehter, flimmernder 16mm-Schwarzweiß-Streifen. *Boys in the Sand* und *Bijou* gehörten Ende der Siebziger zu den bestgemachten Pornofilmen. Später fuhren Regisseure wie Kristen Bjorn nach Brasilien, um Pornos zu drehen, und brachten eine ganz neue Palette von Körpertypen mit nach Hause. Andere Filmemacher, z.B. Christopher Rage, konzentrierten sich auf Spezielleres und Ausgefalleneres. Seine Filme markieren nach wie vor eine Grenze. Joe Gage und Fred Halstead widmeten sich der Herstellung *schöner* Filme, wobei Prachtburschen in allen möglichen Sexnummern eingesetzt wurden. Heutzutage haben Videobänder den Film fast völlig verdrängt, und das Publikum applaudiert einer ganz neuen Kollektion von Pornostars.

Nur wenige Fotos oder Videos lassen der Phantasie viel Spielraum. Deshalb greifen manche Männer zu geschriebenem Porno. Schon, daß das Aussehen des Helden nur skizziert wird, kann sehr phantasieanregend sein. In den meisten Sexshops bekommt man eine ganze Reihe unbebilderter und schwuler Schnellschuß-Romane, und es gibt eine komplette Serie mit „wahren Geschichten" über schwule Sexabenteuer, vom Militär bis zu Internaten, Zuchthäusern und Reiseerlebnissen.

Einziger Nachteil von Pornographie besteht darin, daß sie übertriebene Erwartungen und Unzufriedenheit mit Aussehen und „Leistung“ eines Sexualpartners wecken könnte. Vermag das wirkliche Leben es mit Technicolor aufzunehmen? In dem ständigen Wechselspiel zwischen dem Bedürfnis nach intimer Zweisamkeit und dem nach Wunschträumen sollte eins nicht das andere verdrängen.

POPPERS

Poppers – eigentlich Amylnitrit – war in den 70er Jahren ein beliebtes Rauschmittel, um in Stimmung zu kommen. Ob beim Sex oder in der Disco, man schnüffelte an Poppers, um in Fahrt zu kommen. Die Wirkung von Poppers, das eigentlich ein Herzmittel ist, fällt bei jedem unterschiedlich aus.

In der Regel beginnt das Herz heftig zu schlagen und zieht das Blut aus den Extremitäten des Körpers ab – manchmal sogar aus dem Schwanz! Gerade scheue Naturen verspüren oft, daß all ihre sexuellen Hemmungen schwinden und sie zu wahren Bestien werden – was natürlich ein großes Problem darstellen kann, wenn es um die Einhaltung von Safer Sex geht.

Poppers ist in den meisten Ländern verboten. Im Zusammenhang mit HIV und Aids empfiehlt man heute, auf das Inhalieren von Poppers zu verzichten, da es die Immunabwehr schwächen soll.

POSITIV-NEGATIV-PAARE

Mit seinem Lover zu bumsen, gehörte von jeher zu den Freuden der Schwulen. Auch Paare, bei denen einer HIV-positiv ist und der andere nicht, brauchen solche Vergnügungen nicht einzuschränken, wenn der aktive Partner ein Kondom benutzt, und beide die Safer-Sex-Regeln beachten (☛ *Safer Sex*).

Im Alltag läßt sich durch einfache, aber praktische Maßnahmen gewährleisten, daß das Virus nicht auf den anderen übertragen wird. Dazu gehört die sorgfältige Trennung von Zahnbürsten und Rasierzeug (vielleicht mit farblicher Kennzeichnung?) und, daß man sich nach dem Zähneputzen nicht sofort küßt. Solche praktischen Vorkehrungen sind nicht schwer. Die größte Gefahr für eine Partnerschaft bringt jedoch die seelische und gefühlsmäßige Umwälzung infolge HIV.

Es ist ein Schock zu erfahren, daß man HIV-positiv ist (☛ *HIV-positiv*). Manche Männer schaffen es, die Tragweite einer solchen Diagnose zu ignorieren. Sie machen mit ihrem Leben und mit ihrem Freund weiter, wie gehabt. Die meisten jedoch stürzen in ein Seelenchaos und brauchen Zeit, um diese folgenschwere Erkenntnis in den Griff zu bekommen. Das Paar wird von der übermächtigen Furcht vor Krankheit und Tod bedroht. Und es gibt noch eine zweite, schreckliche Angst: daß der HIV-positive Partner das Virus auf seinen negativen Freund übertragen könnte. Auf diese Art kam es tatsächlich schon zu vielen Neuinfektionen. Vielleicht wußte der eine der beiden Partner nicht über seinen HIV-Status Bescheid und gab den Virus unabsichtlich weiter. Andere, die ihre Infektion verheimlichen, um nicht alleingelassen zu werden, haben ihren Partner bewußt dieser Gefahr ausgesetzt. Und schließlich gibt es noch die Furcht, daß der HIV-negative Partner einen genau dann verlassen wird, wenn man ihn am meisten braucht. Allerdings wird man diese Furcht seinem Freund gegenüber kaum erwähnen, weil man erkennt, wie unsinnig sie ist.

Auch Schuldgefühle sind eine Zutat in diesem seelsichen Wirrwarr. Vielleicht macht sich der HIV-Positive Vorwürfe wegen seines früheren Sexualverhaltens, der HIV-Negative hingegen nicht wegen früheren Verhaltens, sondern wegen seiner Empfindungen. Seine erste Reaktion ist vielleicht Panik (obwohl er die kaum zeigen wird). „Ich will hier raus", sagt er sich zum Beispiel, „aber ich sitze in der Falle." Er hat Angst, ebenfalls infiziert zu werden, spürt aber, daß er die Beziehung niemals verlassen kann. Der gesunde Partner, der sich letztendlich vor sich selbst fürchtet, macht das oft dadurch wett, daß er die Kontrolle über das Leben seines infizierten Freundes übernimmt – ihn behandelt, als wäre dieser körperlich und geistig ein Krüppel. Das treibt wahrscheinlich beide zum Wahnsinn.

Liebe im Rahmen einer Partnerschaft hat viele Gesichter. Eines davon ist die Freiheit, daß man Gefühlen Luft machen und Verletzlichkeiten zeigen darf, die bei Gefahr zum Vorschein kommen. Die Mischung aus Schuldgefühlen, Depressionen, hemmungslosem

Sich-gehen-lassen, Enttäuschung und Wut bekommt ein Paar nur dann in den Griff, wenn es über diese Gefühle ehrlich redet – ein beängstigender, aber unerläßlicher Vorgang. Es ist auch eine gute Idee, wenn beide Männer in Selbsthilfegruppen gehen, wo ihnen Menschen in einer ähnlichen Situation emotionale Hilfe und Ratschläge geben. In dieser Zeit kann Freundschaft am wertvollsten werden. Vielleicht zieht die Gruppe auch gelegentlich einen Therapeuten hinzu, der bei der gegenseitigen Kommunikation hilft.

In der Regel sind Freundespaare sich einig, wem man über die Diagnose Bescheid sagen sollte. Manche HIV-positiven Männer möchten die Information im engsten Freundes- und Familienkreis halten, andere sagen es jedem. Es gibt in diesem Punkt kein „Richtig“ oder „Falsch“. Ab und zu jedoch wird ein HIV-Positiver seinen Freund bitten, nicht mit allen darüber zu reden. Diese Bitte ist verständlich, aber der HIV-Positive sollte bedenken, daß sein Partner die Möglichkeit braucht, seine Ängste auszusprechen.

Wie steht es mit dem Sex? Es gibt keinen Grund, ihn einzuschränken. Aber oft kommt es vor, daß der nicht-infizierte Partner seinen Freund wie ein rohes Ei behandelt. Dabei wünscht sich dieser doch immer noch genau den Sex, wie man ihn vor der Diagnose zusammen hatte. Wenn er sich früher gern richtig durchbumsen ließ, will er jetzt nicht angefaßt werden wie eine verschreckte Jungfrau.

Auch außerhalb des Schlafzimmers möchte ein HIV-Positiver nicht, daß man ihn wie Porzellan behandelt. Falls du dich früher stets über irgendein Verhalten seinerseits beschwert hast (sagen wir, er würde dir nicht bei der Hausarbeit helfen), dann hör wegen der Diagnose jetzt nicht damit auf. So schwer es sein mag: Zeige keine übertriebene Besorgnis bei jedem Husten, Stöhnen oder jedem Pickel. Und glotz ihn nicht an!

Irgendwann wirst du einigermaßen zwanglos und entspannt über die Zukunft reden können. Bestimmt wollt ihr eure finanziellen und medizinischen Vorhaben arrangieren

(☛ *Versicherung; Verfügung im Unglücksfall; Testamente*).

Danach fahrt mit eurem Zusammenleben fort.

PROMISKUITÄT

Das Wort „Promiskuität" gebraucht man meist abwertend, in so schwergewichtigen Aussagen wie: „Aids ist die unmittelbare Folge der Promiskuität unter den Schwulen." Es ist kein wertfreier Begriff, sondern eine moralische Verurteilung, und wird von jeder Gruppe verwendet, die die Homosexualität an sich verdammt. Worin Promiskuität letztendlich besteht, hängt von dem jeweiligen Sprecher und seinem Wertesystem ab. Der eine wird einen Mann, der zwei Sexualpartner hat, als promisk bezeichnen; ein anderer behält diese Verurteilung einem regelmäßigen Bordellgänger vor. In der Regel nennen Schwule jemanden promisk, wenn er viel Sex mit vielen verschiedenen Typen hat.

So ein Mensch wird oft auch als „Schlampe" oder „Hure" beschimpft, weil er über einen stärkeren Appetit als andere hat. Man sagt, er sei promisk, weil er nicht „reifen" und „eine feste Beziehung eingehen" will. Ganz interessant, daß man den Ausdruck „promisk" selten für jene Schwulen benutzt, die über eine Reihe von Jahren eine Reihe von Beziehungen haben (man nennt das auch „serielle Monogamie").

Das Wort „promisk" sollte aus dem Sprachgebrauch gestrichen werden. Als Faustregel gilt: Solange ein schwuler Mann nicht fest befreundet ist, schadet es nichts, wenn er so viele (Safer-) Sexabenteuer hat, wie er will. Ist er befreundet, dann sollten er und sein Partner entscheiden, wieviel Sex (wenn überhaupt) jeder außerhalb der Beziehung haben will und unter welchen Voraussetzungen (☛ *Paare; Treue und Monogamie; Eifersucht, Neid und Besitzdenken*). Ein Mann, der heimlich „fremdgeht", ist nicht promisk, sondern unehrlich; so etwas sollte man besser als Mangel an Kommunikation betrachten, weniger als einen moralischen Fehler.

Andererseits gibt es derart sexbesessene Männer, daß dieser Trieb ihr ganzes Leben zu vereinnahmen droht. Die unaufhörliche Suche nach Sex, egal, wann, wo oder mit wem, egal, ob es wirklich noch ein Vergnügen ist, zerrüttet das Leben dieser Männer. Ihre wildgewordene Sexualität kann Arbeit und zwischenmenschliche Beziehungen erheblich stören. Die Betroffenen verschulden sich oft, um die Rechnung für Sextelefonate oder für Strichjungen und Sexspielzeug bezahlen zu können. Vielleicht setzen sie sogar ihr Leben aufs Spiel, weil sie potentiell gefährliche Typen oder riskanten Sex suchen (☛ *Gefährlicher Sex*).

Es ist wichtig, daß man zwischen konkreten Sexerlebnissen und seinen sexuellen Gefühlen unterscheidet. Manche Männer haben z.B. ein schlechtes Gewissen, weil sie jeden Tag onanieren, mitunter sogar zwei-, dreimal. Sie nennen das zwanghaft, andere nehmen das als ganz normal hin. Wieder andere haben Schuldgefühle, weil sie ihren Freund „betrügen", und bezeichnen *das* als „zwanghaft". Dabei muß solches Verhalten gar nicht abnormal sein. In dem Ausdruck spiegelt sich nur, wie stark unsere Gesellschaft an Schuldgefühlen leidet – eine Gesellschaft, in der man verlangt, Triebe zu unterdrücken.

Denen aber, die einen Großteil des Tages mit der Jagd nach Sex verbringen – und die keinen Spaß daran haben –, stellt sich die Frage: Warum? Das Problem dürfte alles andere als ein sexuelles sein. Die sexuellen Extravaganzen sind eigentlich nur Vernebelung. Manche Psychologen glauben, hinter der zwanghaften Jagd nach Sex steckte die Angst vor Vereinsamung, und daß diese Umtriebigkeit als Ersatz für Liebe und Intimität diente. Dadurch, daß es so viele Sexpartner sind, wird verhindert, eine starke Bindung zu einem anderen Menschen zu entwickeln. Solche Männer fühlen sich sexuell unbefriedigt und seelisch verzweifelt. Nach Meinung dieser Psychologen benötigen solche Männer eine Psychotherapie – ob dem tatsächlich so ist, muß jeder selbst entscheiden. *Denn nichts, womit man glücklich ist, sollte wegtherapiert werden.*

RASIEREN

Das plötzliche Auftauchen von Scham- und Körperbehaarung ist neben anderen pubertätsbedingten Veränderungen (z.B. dem Stimmbruch und dem stürmischen Einsetzen des Sexualtriebs) sicher das dramatischste Ereignis im Leben vieler Jungen. Weil aber etwas wie Körperbehaarung rasch so natürlich erscheint und unsere ganze Phantasie so bald vom Sexualverlangen beherrscht wird, können sich viele erwachsene Männer paradoxerweise kaum noch daran erinnern, wie ihr Körper vor diesem großen hormonellen Umbruch aussah und wie er sich anfühlte.

Von allen Veränderungen, die in der Pubertät auftreten, ist nur die Körperbehaarung rückgängig zu machen. Vielleicht holen sich Männer aus diesem Grunde gern wieder etwas von ihrer Jungenhaftigkeit, indem sie ihren Körper rasieren.

Das erste, was du beim Rasieren deiner Brust, deiner Achselhöhlen, deiner Beine, deiner Eier oder deines Schwanzes entdecken wirst, ist deren erhöhte Sensibilität. Jeder Zentimeter deiner frisch geschorenen Haut wird erbeben, wenn sich Schenkel an Schenkel oder Hosenbein, Eier an Unterwäsche oder Brust an Hemd reiben. Dein ganzer Körper wird das Bettzeug viel feiner spüren. Die erhöhte Gefühlsempfindlichkeit, die du dann erlebst, könnte dem konzentrierten, gesteigerten Bewußtsein für körperliche Wahrnehmungen ähneln, das bestimmte Drogen beim Sex hervorrufen sollen. Aber denk daran: Wenn die Behaarung nachwächst, piekt und juckt sie sehr stark. Nur wer einen ganz speziell entwickelten Sinn für Körpergefühle hat, wird sich lange darüber freuen.

Das Rasieren macht deine Haut glatter und läßt dich etwas knabenhafter oder androgyn erscheinen. Das ist natürlich nicht jedermanns Sache. Manche Typen aber werden darauf abfahren. Außerdem regt es vielleicht deine Phantasie an, dich selbst im Spiegel zu bewundern, deine glatte, enthaarte Haut zu streicheln (oder sie dir streicheln zu lassen), und erhöht deinen Spaß beim Onanieren.

Es gibt viele Gründe, warum jemandem ein unbehaarter Partner lieber ist. Vielleicht möchtest du deinem Freund einen neuen Reiz bieten. Vielleicht möchtest du auf einen neuen Typ Mann wirken – einen, der glatte knabenhafte Körper bevorzugt. Diese Vorliebe, die glatte Haut eines anderen unter dem Körper zu spüren, hat manchmal rein ästhetische Gründe, oder sie ist an unerforschliche Assoziationen außerhalb des Bewußtseins geknüpft; Eros bringt uns oft dazu, daß wir ein bestimmtes Aussehen und bestimmte Praktiken bevorzugen. Falls du dich also mit einem eleganten Fahrgestell, das in Nylonstrümpfen gut aussehen würde, geiler fühlst, dann nur zu – genieße diesen Wunschtraum!

Die Rasur selbst ist keine Kunst. Wenn du einigermaßen schlank bist, ist fast alles an deinem Körper, außer dem Rücken, in Reichweite. Deine Eier wirst du straffziehen müssen.

Für viele Männer ist das Rasieren – besonders im Schambereich – inzwischen ein Vorspiel für den Sex, ja, sogar ein Teil davon. Dieser Akt suggeriert Nähe, Vertrauen und auch eine besondere Verbundenheit zwischen den Partnern, die man sonst nicht findet.

Vielleicht bringt es dich mit allen möglichen Phantasien als kleiner Junge in Kontakt, wenn ein anderer dich rasieren darf, ob nur an den Eiern oder den ganzen Körper (☛ *Vater-Sohn-Phantasien*). Rasierst du einmal selbst jemanden, dann denk daran, daß wahrscheinlich ein bißchen Blut fließen wird. Sollten in deinem Kopf also irgendwelche Zweifel am Gesundheitszustand deines Partners bestehen, dann zieh Latexhandschuhe an. Außerdem ist es eine gute Idee, eine Packung Wegwerfklingen griffbereit zu halten. Vergiß nicht: Der Körper hat weit mehr Fläche als das Gesicht, und manche Typen sind mit einem Pelz überwuchert. Du willst doch nicht, daß dir die Klingen ausgehen, wenn dein Kerl zwischen den Beinen erst halb rasiert ist. Soweit wir wissen, sind asymmetrische Schnitte oder Zufallsmuster noch nicht ins schwule Modebewußtsein vorgedrungen. Verwende an deinem Arschloch und drumherum kein Enthaarungsmittel; das brennt nämlich höllisch.

RINGKÄMPFE

Viele Schwule liebes es, vor oder beim Sex ein bißchen miteinander zu ringen. Für einige ist diese Rauferei sogar praktisch ein Sex-Ersatz. Obwohl manche Männer von Anfang an wissen möchten, welche Rolle sie innerhalb eines Sexerlebnisses spielen werden, geraten andere nur so richtig in Erregung, wenn ein kleiner Ringkampf entscheidet, wer den Ton angibt – d.h. im Klartext: Wer wen fickt. Zum Glück sind die Geschmäcker verschieden, und das Siegesgefühl mag zwar ganz erhebend sein, aber genauso schön ist beim Ringen auch oft die Niederlage.

Der Spaß liegt nicht nur im Kampf um die Vorrangstellung. Er entspringt aus der Sinnlichkeit, wenn zwei starke Männerkörper sich gemeinsam verausgaben: Rückenmuskeln werden angespannt, Bizepse wölben sich hervor, Schweiß strömt, Arschbacken verhärten sich vor Anstrengung. Für manche ist es die flache Festigkeit des Fleisches, die straffe Muskulatur, die Sehnigkeit, die den Männerkörper so radikal vom weiblichen unterscheidet, was sie eigentlich antörnt. Verbunden mit Erinnerungen an derbe Raufereien als Schulkind oder als junger Mann kann diese Art von Kräftemessen, mit ihrer unterschwelligen Gefahr echter Verletzungen und der Möglichkeit totaler Unterwerfung, (vielleicht) zum größten Aphrodisiakum überhaupt werden.

Einige solcher Ringkampf-Fans haben eigens dafür eingerichtete Zimmer mit Matten wie die Profis. Der Hauptunterschied zwischen beruflichem und sexuellem Zweikampf besteht jedoch darin, daß letzterer fast immer nackt oder allenfalls im Jockstrap ausgetragen wird. Oft ölen Ringer ihre Körper auch ein. Zum Höhepunkt kommt es manchmal durch Bumsen und Blasen, obwohl einige den Kampf auch gerne im Clinch beenden – mit gegenseitigem Wichsen. Auch bei S/M-Nummern lassen sich Ringkämpfe einbauen, nur mit dem Unterschied, daß die Herr/Sklave-Frage nicht im voraus entschieden wird, sondern dort auf der Matte.

ROLLENSPIEL

Früher hatte gesellschaftliches Rollenverhalten psychologische Vorteile. Es verringerte Angst und Unsicherheit, indem es soziale Verhaltensweisen einfach festlegte: „Du machst den Abwasch, ich bringe den Müll raus. Du lädst die Gäste ein, ich sorge für den Familienunterhalt.“ Eine solche Rollenverteilung stellte daher Grundregeln für die Beziehung zweier Menschen auf.

Heutzutage funktioniert das selbst für Heterosexuelle kaum noch, obwohl man ihnen von Kind auf sorgfältig angelernt hat, worin männliches bzw. weibliches Verhalten besteht. Ein schwules Paar ist nicht daran interessiert, die soziale Unterscheidung zwischen Mann und Frau zu übernehmen.

Anders ist es mit dem sexuellen Rollenspiel. So kann ein schwuler Mann beispielsweise beschließen, beim Sex eine bestimmte, zeitlich begrenzte Rolle zu übernehmen. Vielleicht hat er einmal Lust, einen süßen „Bengel“ zu dominieren; am nächsten Abend möchte er selbst der kleine Bengel sein. Was im Schlafzimmer geschieht, hat selten (wenn überhaupt) Einfluß auf den Rest des Lebens. Freundespaare wechseln einander häufig ab im sexuellen Rollenspiel.

Viele Schwule geben sämtliche Rollen auf. Sie verbinden weder Bumsen mit Dominanz noch Blasen mit Passivität. Für sie ist Sinnesfreude der eigentliche Zweck, und der Frage, wer was bei wem macht, messen sie nicht viel Bedeutung bei. Anderen macht es Spaß, ganz bewußt eine bestimmte Rolle zu spielen, und oft werden diese Spiele „Szenen“ genannt: Gefangener/Kerkermeister; Lieferjunge/Hausherr; Telefontechniker/Kunde; Verkehrspolizist/Autofahrer oder Prüfer/Prüfungskandidat. Doch immer sind die beiden Partner bereit und in der Lage, die Rollen mitten im Spiel zu tauschen, wodurch sie ein Höchstmaß an Vielseitigkeit entwickeln (☛ *Aktiv/Dominant; Passiv/Devot; Traumtypen*).

Auch Pornographie ist ein guter Aufhänger für verschiedene Arten von Rollenspiel oder zumindest, um über Rollenspiel zu phantasieren.

SADOMASOCHISMUS (S/M)

Sadomasochismus ist für manche Schwule eine sexuelle Spielart, die Männlichkeit, Ritual und Schmerz zelebriert. Ihre Liebhaber halten sich an scharf umrissene Rollen, die auf der jeweiligen Machtposition beruhen: Herr und Sklave oder „dominant“ und „devot“. Das Wort „Sadomasochismus“ ist von den Namen zweier Männer abgeleitet: Marquis de Sade und Leopold von Sacher-Masoch. De Sade (1740-1814) war überzeugt, das Zufügen von Schmerz, nicht von Lust, sei die höchste Form sexueller Betätigung. In seinen *120 Tage von Sodom* wimmelt es von Beispielen. Von Sacher-Masoch (1836-1895) war Historiker und Romanautor. Alle seine Bücher enthalten Flagellationsszenen, und er selbst ließ sich am liebsten von pelzbekleideten Frauen auspeitschen, vorzugsweise von älteren.

Kurioserweise finden sich viele Beispiele für Sadomasochismus in der katholischen Kirchengeschichte. Die Flagellanten z.B. waren eine Massenbewegung des 12. Jahrhunderts, welche die Leute aufforderten, sich so lange selbst zu geißeln, bis das Blut floß. Auch Heiligenlegenden wimmeln von Beispielen für Sadomasochismus. 1920 wurde Margaret Maria Alacoque heiliggesprochen. Sie war eine Nonne des 17. Jahrhunderts, die sich den Namen Jesu erst mit einem Messer in die Brust schnitt und ihn dann, weil das zu rasch verheilt war, mit einer Kerze einbrannte. Mindestens genauso bizarr war die heilige Maria-Magdalena dei Pazzi, die die Gewohnheit hatte, sich in Dornbüschen des Klostergartens zu wälzen, um sich anschließend, im Kloster selbst, auszupeitschen. Außerdem zwang sie Novizinnen, sie an einen Balken zu fesseln, zu beschimpfen, auszupeitschen und sie mit heißem Wachs zu beträufeln.

Obwohl viele Schwule S/M für sich völlig „abgeschrieben" haben, steht doch ein Großteil der schwulen Bevölkerung immer noch auf schwarzes Leder und Ketten oder Uniformen, z.B. die der Bundeswehr, Bauarbeiter, Polizei. Manche Männer spielen diese Nummer glänzend. Ein Typ mit langem, nach hinten frisiertem Haar, Dreitagebart, zerrissenem T-Shirt und muskulösen Oberarmen, der in Lederchaps und Byker-Boots steckt, kann viel Aufsehen erregen.

Es ist nicht einfach, die gesteigerte Beliebtheit von S/M oder seine Reize zu erklären. Folgendes wäre eine Möglichkeit:

Diese Erscheinung ist nicht allein auf schwule Kreise beschränkt. Wir leben in einer Zeit, die den „zähen Typen" bewundert. Viele der zugkräftigsten Leinwandstars sind Macho-Männer. Sie sind der gängige Inbegriff von männlichem Sex-Appeal. Zweitens handelt es sich nicht bei allen Männern, die in Lederlokalen verkehren, um wirkliche Sadomasochisten: Für manche sind Jeans und Leder einfach Mode. Viele, die sich den S/M-Look zugelegt haben, stehen eigentlich gar nicht auf das Zufügen oder Ertragen von Schmerz.

Das Phänomen des SM gibt es schon lange, doch infolge der heutigen Freizügigkeit darf es sich offener zeigen. Wünsche, die insgeheim schon immer vorhanden waren, sind jetzt ein Aushängeschild. Hinzu kommt, daß auch über 40- oder 50-jährige in der Lederszene Akzeptanz finden. Der Lederlook kann einem Mann, der die Reize der Jugend eingebüßt hat, großen Reiz verleihen.

Unsere Kultur beruht auf Machthierarchien, aber im Alltag trägt die Macht bestimmte Gewänder; sie ist nicht nackt. Sie ist heuchlerisch, nicht ehrlich. Eltern haben die Vormacht über ihre Kinder, Männer haben die Vormacht über Frauen, Weiße die Vormacht über Schwarze, Reiche die Vormacht über Arme, Chefs die Vormacht über ihre Angestellten, Heterosexuelle die Vormacht über Schwule. Der S/M verwandelt diese Situationen in Rollenspiele und stellt sie zeitweise sogar auf den Kopf, so daß der unterdrückte Buchhalter in der Nacht zum sadistischen Unterdrücker wird.

Und Sexabenteuer haben im Rahmen des Sadomasochismus gewisse Vorteile. So viele Posen, Gebärden, Dialoge und sexuelle Verhaltensformen sind ritualisiert und berechenbar, daß man in einem One-night-Stand oft mehr Sicherheit und Hingabe findet als bei Kontakten unter gängigen Vorzeichen.

Und schließlich berührt S/M manchmal verborgene Saiten der Seele. So starr und reglementiert er scheinen mag, erlaubt er doch vielen Menschen, Phantasien von Beherrschung und Unterwerfung, Grausamkeit und Zärtlichkeit, Verachtung und Verehrung zu erforschen.

Bevor du dich auf so eine Nummer einläßt, sei dir im klaren, daß es Männer gibt, für die echte Gewalt nicht nur erregend, sondern unverzichtbar ist. Mitunter kommt jemand wirklich zu Schaden. Wenn du also beschlossen hast, es auszuprobieren, dann fang mit einem guten Bekannten an. Du könntest zu naiv sein, um einen potentiell gefährlichen Menschen zu erkennen (☛ *Anmache & Aufriß; Gefährlicher Sex*).

Anfänger beginnen oft als Masochist. Du kannst unmöglich lernen, ein guter Sadist zu sein, außer durch einen erfahrenen Menschen. Mach dir nicht allzuviele Gedanken; der erfahrene „S“ wird zulassen, daß der Anfänger seine eigenen Grenzen aufstellt. Wahrscheinlich ist es auch nicht schlecht, ein *Sicherheitswort* zu vereinbaren – ein Signal für den Sadisten, wann deine Grenzen erreicht sind. Laß dich mit niemandem ein, der kein Sicherheitswort erlauben will.

Apropos „Signale“: Schlüssel, die links an der Hose hängen, und Tücher in der linken Gesäßtasche kennzeichnen einen aktiven oder dominanten Mann bzw. einen Sadisten; Schlüssel oder Tücher auf der rechten Seite den passiv-devoten bzw. den Masochisten.

Mancher in der S/M-Szene steht auch auf Faustfick und signalisiert es durch Tragen eines roten Tuches.

Nicht selten sind bei S/M-Sex Drogen im Spiegel, denn sie senken die Hemmschwelle und erhöhen die Phantasie.

Manche Freundespaare, die auf S/M stehen und schon lange zusammen sind, behalten eine strikte Rollenverteilung bei, die aber meist nicht auf den Alltag übertragen wird, d.h. der Sklave dient dem Meister nur beim Sex, ist ihm im übrigen jedoch gleichgestellt. Andere S/M-Freundespaare tauschen die Rollen. Wieder andere driften, wenn sei allein zusammen sind, in gewöhnlichen schwulen Sex ab, spielen aber bei Fremden S/M-Phantasien aus.

Nicht immer ist die Trennlinie zwischen S/M und sonstigen sexuellen Spiel-Arten klar. Die meisten Männer genießen es ab und an, wenn ihr Liebesspiel ein bißchen rauher ist. Ein gut plazierter Schlag auf den Arsch zur rechten Zeit oder viel „schmutziges Gerede" kann einem normalen Zusammensein zusätzlichen Reiz und zusätzliche Spannung verleihen. Auch durch Tittenklammern, Dildos, Stricke und anderes Spielzeug läßt sich die Erregung steigern (☛ *Bondage; Faustfick; Knabbern und Beißen; Brustwarzen; Piercing; Sexspielzeug; Hinternversohlen; Softsex*).

SAFER SEX

Es ist spät nachts, und du schwofst mit einem Freund in der beliebtesten Disco der Stadt. Vielleicht seid ihr an einem schwulen Ferienort wie Sitges oder Key West in Florida, und überall ringsum tanzen Männer. Viele tragen nur Badehosen oder Shorts, und die gemeinschaftliche Energie ist berauschend. Während du auf der Tanzfläche herumwirbelst, bemerkst du jemanden, den du schon früher am Strand erspäht hast: einen Mann, den du sehr geil findest. Du beobachtest, wie er beim Tanzen seinen Kopf nach hinten schleudert, um sich die Haare aus dem Gesicht zu werfen, und wie sie federnd wieder zurückfallen. Du wünschst, du hättest genug Selbstsicherheit, um hinüberzugehen, ihm in die Augen zu schauen und ihm dabei die Haare aus der Stirn zu streichen. Du stellst dir vor, wie du sein Gesicht in die Hände nimmst und ihn ganz zärtlich küßt, ihn ganz sanft streichelst. Aber du bist zu schüchtern. Du sagst dir, daß so ein attraktiver Typ an dir nicht interessiert sein kann.

Nur Minuten später geschieht das Unglaubliche: Während du draußen mit deinem Tanzpartner ein bißchen frische Luft schnappst, hörst du jemanden „Hallo“ rufen. Die Stimme kommt von hinten. Du drehst dich um. „Ich heiße Paul“, sagt der Fremde, während er seine Haare aus dem Gesicht streicht. Schon diese Geste macht dich geil, und du wirst rot. Du kriegst bereits einen Ständer. Dein Bekannter verdrückt sich diplomatischerweise. Du weißt kaum, was du sagst, während Paul und du miteinander plaudern, und seine Worte scheinen in der Luft hängenzubleiben, ohne daß sie je an deine Ohren gelangen. Wenn du ihn nur verstehen könntest!

Eine Stunde später seid ihr in seinem kleinen Ferienbungalow und sitzt auf der Couch. Ihr haltet Händchen. Nur ein paar kurze Momente, dann liegt ihr zusammen auf dem Bett, küßt euch, streichelt euch – und kostet von einander. Da dreht er sich auf den Rücken, spreizt die Beine und sagt: „Fick mich.“ Er reicht dir die Gleitcreme. Du bittest um ein Kondom, und er antwortet: „Ich vertrau' dir.“ Du bist mit einem Idioten im Bett gelandet – einem niedlichen Idioten vielleicht, aber auch einem lebensgefährlichen.

Kann sein, daß die Sache auch anders läuft, und Paul will *dich* bumsen. Wieder kein Kondom. Kann sein, daß er sagt: „Du bist der einzige, den ich je ohne Kondom gefickt hab'.“ In diesem Fall ist er kein Idiot – sondern ein Lügner. Der Idiot bist du, wenn du ihm glaubst.

Warum setzen Männer durch unsafen Sex ihr Leben aufs Spiel? Erstens haben wir den Eindruck, daß eher die jüngeren als die älteren die Safer-Sex-Richtlinien mißachten, weil sie denken: „Mir kann das nicht passieren.“ Andere junge Männer fühlen sich um etwas betrogen. Das macht sie trotzig, rebellisch. „Ihr Typen [die ältere schwule Generation] hattet den ganzen Spaß! Ihr habt alles tun können. Und was bleibt *uns?* Gummis und Wichsen!“

Ein zweiter Grund ist, daß Männer Augenmenschen sind. Visuelle Reize erregen sie. Wenn sie ein hübsches Gesicht oder einen attraktiven Körper entdecken, stimuliert das sämtliche Sexualhormone in ihnen, und wie das Sprichwort sagt: „Steht der Schwanz, dann ist der Verstand im Eimer!“ Stell dir also erst vor, wie schwer es ist, sich zu beherrschen, wenn Seh- und Tastsinne durch so viele Männer in einer Bar oder Disco überreizt werden, die scheinbar alle zu haben sind. Außerdem wissen wir, daß Alkohol- und Drogenkonsum die Urteilsfähigkeit trüben (☛ *Alkohol und Rauschmittel).* Wie einmal ein Psychologe feststellte: „Das Über-Ich ist in Alkohol auflösbar.“ Es gibt auch Männer, die Angst haben, einen potentiellen Sexpartner zu beleidigen oder zu verschrecken, wenn sie auf Safer Sex bestehen (☛ *Abfuhren*). Andere lassen sich unter Zugzwang setzen; „wenn es sonst jeder macht“, dann sie ebenfalls – selbst wenn sie dabei draufgeh'n.

Alle diese Faktoren sind mögliche Erklärungen, warum manche Männer in eine Art Gedächtnisschwund verfallen (die Psychologen nennen das „Negierung“), in dem sie kranke oder bereits verstorbene Freunde und Bekannte vergessen.

Heute, da Aids so ein wichtiger Bestandteil unseres Lebens ist, kommt es sehr darauf an, beim Sex abzuwägen. Viele von uns haben Freunde und Familienangehörige sterben sehen. Es ist völlig unerläßlich, daß wir alle die Richtlinien des Safer Sex begreifen, nicht nur um unserer eigenen Gesundheit willen, sondern auch, um die Gesundheit unserer Gemeinschaft zu schützen.

Verliebtheit kann zu lebensgefährlichen Fehlern führen, besonders bei Männern, die ihr Coming-out zur Zeit der Aids-Epidemie hatten. Neulinge in der schwulen Welt bringen ein gewaltiges Liebespotential mit. Zum erstenmal in ihrem Leben können sie auf der Suche nach einem festen Freund ihre romantischen Gefühle ausdrücken. Manche Schwulen benehmen sich, als hätten sie vor einer HIV-Infektion weniger Angst als davor, daß ein potentieller Liebes- und Lebensgefährte ihnen einen Korb gibt. Sie machen mit jemandem, den sie lieben, unsafen Sex und rechtfertigen das vor sich mit der Begründung: „Sonst glaubt er noch, ich würde ihn nicht lieben“ oder „Er wird mich verlassen, wenn ich ihm sage, daß ich seinen Samen nicht in mir haben will“. Dadurch setzen sie nicht nur ihr eigenes Leben aufs Spiel, sondern auch das ihres Geliebten. Ein guter Freund sollte dem entgegenhalten: „Darling, wie groß kann seine Liebe für dich schon sein, wenn er dein Leben in Gefahr bringen will?“

Viele Schwule verhalten sich so, als gäbe es gar keine Safer-Sex-Richtlinien. Nicht, daß diese Männer dumm oder nicht hinreichend aufgeklärt wären! Die Richtlinien sind ziemlich leicht verständlich. Am Ende dieses Artikels werden sie alle aufgeführt. Die meisten schwulen Zeitschriften und jede Aids-Organisation veröffentlichen die neuesten Informationen über Safer Sex.

Dein Sexualverhalten ist Ausdruck deines Selbstwertgefühls. Wenn du dich selbst achtest, ist Safer Sex sicher kein Problem. Dein Sexualverhalten ist aber auch Ausdruck deiner Empfindungen für andere. Wenn du jemanden im Bett schöntust, ausnutzt oder unterdrückst, dann drückst du damit nicht deine sexuellen Bedürfnisse aus. Deine Geilheit ist nur Vorwand. Vielleicht hast du Wut auf die Männer insgesamt, vielleicht wegen eines nicht-verarbeiteten Kindheitserlebnisses, vielleicht auch aus Enttäuschung wegen einer früheren Liebesbeziehung. Das alles sind mögliche Motive, weshalb man sich gegenseitig mißbraucht.

Schwule Männer tragen beim Sex eine dreifache Verantwortung. Die erste gegenüber sich selbst. Deine zweite Verantwortung gilt anderen. Du solltest alles nur Mögliche tun, um auf das Sexualverhalten deiner Freunde, Bekannten oder Sexabenteuer Einfluß zu nehmen. Sag ihnen, sie sollen ein schönes Sexualleben genießen; du möchtest nur nicht, daß sie sterben. Informiere sie über Safer Sex und zeig ihnen, wo sie weitere Auskünfte bekommen.

Deine dritte Verantwortung gilt der schwulen Gemeinschaft. Werde Mitglied bei ACT UP oder arbeite als Freiwilliger bei einer Aids-Hilfe. Sei dir stets im klaren darüber, daß unsere Rechte nur garantiert wurden, weil Lesben und Schwule sie erstritten haben. Als schwuler Mann innerhalb einer schwulen Gemeinschaft ist dein Vorbild ein wichtiger Beitrag zu diesem Kampf.

Safer-Sex-Richtlinien

Als ungefährlich gelten:

- gegenseitiges Wichsen
- Umarmen
- Gegenseitiges Streicheln, Reiben und Massieren
- Lippenküsse
- S/M ohne (offene) Verletzungen
- Sexspielzeug, das man ausschließlich selbst verwendet

Als bedingt ungefährlich gelten:

- Analverkehr mit Kondom (da immer ein Restrisiko bleibt, daß das Kondom undicht ist oder reißt)
- Zungenküsse
- Blasen, ohne im Mund des anderen zu kommen
- Wasserspiele (ohne Schlucken)

Als gefährlich gelten:

- Schlucken von Sperma
- Ungeschützter Analverkehr
- Wasserspiele mit Schlucken von Urin oder bei Hautverletzungen
- Gemeinsames Benutzen von Injektionsnadeln
- Gemeinsames Benutzen von Sexspielzeug, Anal-Duschköpfen, etc.
- Faustfick (wenn man dabei verletzt wird und infiziertes Blut oder Sperma in den Blutkreislauf gelangen)
- Arschlecken (nicht im Hinblick auf HIV, sondern auf andere Krankheiten)

SAUNEN

In der „guten alten Zeit“ (d.h. bis 1981), als Aids noch kein Problem war, war kein Besuch in einer fremden Stadt vollständig, wenn man nicht einmal in deren bekannteste Sauna hineingeschaut hatte. Die Saunen waren ein Muß für jeden schwulen Touristen, so wie für andere die Freiheitsstatue, die Golden Gate Bridge und ähnliche Sehenswürdigkeiten. Sie gehörten zu den beliebtesten Schwulen-Treffpunkten und zu den wenigen Plätzen, wo ein Sexualerlebnis zwar nicht garantiert, aber doch wenigstens in Aussicht war.

Und genau das trug nicht unwesentlich zu ihrem vorübergehenden Untergang bei. Mitte der achtziger Jahre entschieden politische Kräfte sowohl außer- als auch innerhalb der schwulen Gemeinschaft, Saunen seien ein Ort gefährlicher Sexpraktiken. In manchen Städten versuchte man einen Kompromiß: Überall in den Saunen wurde Lektüre zum Thema Aids ausgeteilt; Kondomautomaten und solche mit spermiziden (spermientötenden) Lotionen hingen jetzt neben Automaten für Pfefferminz oder Sprite. In einigen US-amerikanischen Städten wurden die Kabinentüren entfernt, und in San Francisco gab es „Ordner“, die in den Saunen herumgehen und darauf achten sollten, daß niemand ohne Kondom blies oder bumste.

Mittlerweile, vor allem aufgrund der Möglichkeiten, sich gegen HIV zu schützen, haben Saunen wieder Aufwind bekommen.

Solltest du zufällig in der Nähe einer schwulen Sauna sein, dann möchtest du vielleicht hineingehen und dich wenigstens umschauen. Gewöhnlich stehen Spinde und Kabinen zur Verfügung, erstere oft im Stil eines Sportumkleideraums. Die Kabinen sind meist klein, haben Wände aus Preßspanplatten und enthalten lediglich eine Polsterliege, vielleicht auch eine Lampe und eine winzige Ablage. In der Regel gehören zum Saunaangebot ein Dampfraum, eine Trockensauna und Duschen, wahrscheinlich auch ein Whirlpool bzw. Jacuzzi für bis zu 12 Personen sowie, möglicherweise, ein Schwimmbecken. Manchmal gibt es eine Ruhezone und einen kleinen Fitneßraum, außerdem meist eine Bar mit Fernseher oder einen eigenen Fernseh- bzw. Videoraum, wo Pornos laufen.

Eine Nacht in der Sauna kann langweilig sein oder dir auch die Augen öffnen. Wer weiß? Vielleicht lernst du dort jemanden kennen, der dir gefällt. Wenn du Schwierigkeiten hast, auf Safer Sex zu bestehen, dann bleib dort weg. *Wenn* du dich aber zum Sex entschließt, dann achte unbedingt darauf, daß du kein Gesundheitsrisiko eingehst. Schon vor der Aids-Krise waren sexuell übertragbare Krankheiten ein ständiges Sauna-Problem. (☛ *Abfuhren, Sexklubs, Sexuell übertragbare Krankheiten*)

SCHMUDDELSEX

Nachdem wir vor der Geburt in einen nahrhaften organischen Eintopf eingelegt waren, verbringen wir einen guten Teil unserer Kindheit damit, uns abwischen, waschen und überhaupt hygienisch auf Zack bringen zu lassen. Als Hosenmatz machen wir uns liebend gern schmutzig, aber die himmlischen Mächte fahren auf uns hernieder und schrubben uns, als ob unser Seelenheil von Wasser, Seife und gut gebügelten Kleidern abhinge.

Der Teenager wird von Familie und Werbung beschworen, seinen Leib zu reinigen. Eine Miefwolke aus seinen Achselhöhlen wird jegliche Romantik zerstören; eine wilde Horde piratengleicher Bakterien in seinem Mund wird ihn über die Planke schicken, auf daß er in einem Meer der Peinlichkeit ertrinke. Lieber bürsten, schrubben und gurgeln, als auch nur die leiseste Spur von Körpergeruch verströmen.

Aber trotz alledem – oder vielleicht gerade deswegen – verlieren manche Menschen nie die Liebe des kleinen Jungen zu Unordnung und Dreck. Und vielleicht ist Sex, bei dem Schmutz und Schweiß eine Rolle spielt, die Rebellion des einzelnen gegen die moderne Sterilitätssucht. Egal ob wir es bewußt wahrnehmen oder nicht, werden wir von Duftstoffen beeinflußt – nicht zu verhindernden Körpergerüchen –, die heimlich, still und leise vom Schritt in die Nase steigen. Schweiß z.B. ist ein starkes Aphrodisiakum, und selbst Männer, die nicht besonders auf Schmuddligkeit stehen, geben zu, daß der Geruch ungewaschener Achselhöhlen in einem überfüllten Raum sie oft anlockt wie die Fliegen.

Schmutz ist nicht gleich Schmutz. Vieles daran ist Spaß und Spiel, also ungefährlich. Manche Typen tragen gerne einen Jockstrap, ein

Paar Unterhosen oder eine Shorts, die von Schweiß, Sperma und Urin verkrustet sind, und finden in diesem Geruch mehr Leidenschaft und Männlichkeit als in einem teuren Rasierwasser. Getrocknet und der Luft ausgesetzt, werden diese Körpersekrete von den meisten Ärzten für ungefährlich erachtet, zumindest was HIV betrifft; bei Luftkontakt nämlich stirbt das Virus schnell ab.

Für andere sind Schmutz, Schweiß und Gerüche eher eine modische Angelegenheit. Rissige, ungewaschene Jeans, schlammverkrustete Stiefel und Hemden mit Schweißflecken unter den Achselhöhlen – sie stehen für eine steinharte, von gesellschaftlicher Falschheit und Mamas Mittelstandsmoral befreite Männlichkeit, hart arbeitend und mit dem Dreck der Welt bedeckt. Für manche sind Motorenöl und Schmierfett oder Dreck und Staub der Bauarbeiterkluft das Symbol unverfälschten Machotums.

Bei anderen erhöht sich die Leidenschaft in schmuddliger Umgebung. Wenn es auch nur um das schlichte alte Bumsen und Blasen geht, wird diese Nummer doch in einem leerstehenden Lagerhaus oder einer dunklen Gasse, zwischen Lkw-Werkstätten oder sogar auf einer Baustelle, die über Nacht abgesperrt ist, erfüllt mit der Faszination von Dreck und Verfall – dem, was die Franzosen *nostalgie de la boue* nennen. Selbst hier und heute gibt es in New York und anderen Großstädten Orte voll Schmutz und Dreck, wo sich Männersex abspielt. Für manche ist der saure Geruch von Sperma, Schweiß und Urin in einer geschlossenen, unbelüfteten Videokabine oder in einem U-Bahn-Klo der süßeste aller Düfte.

Wir sollten nicht das psychologische Element bei alledem übersehen. Hamlet sagt: „Es gibt nichts Gutes oder Böses, das nicht das Denken dazu macht“, und das Gleiche gilt für Schmutz. Etwas so Harmloses wie ein Dreitagebart läßt sich auf mehrerlei Weise betrachten. Für manche bedeutet er einfach zerkratzte, brennende Wangen, wenn das Ganze vorbei ist; andere sehen darin ein Symbol für ungepflegte Lässigkeit, bei dessen Anblick es ihnen zwischen den Beinen kribbelt. Wieder andere verstehen einen Dreitagebart als topaktuellen italienische Chic, direkt aus *Uomo,* während ein vierter dir sagen wird, so etwas sei früher einmal Mode gewesen, aber jetzt nur noch out!

Eine letzte Bemerkung zu diesem Thema: Verwechseln wir Medizin nicht mit Moral und Safer Sex nicht mit Symbolen! Wer sich beim Geschlechtsverkehr schützt, für den wird die Sache auch nicht gefährlicher, wenn er es verschmiert mit Motorenöl in irgendeiner dreckigen, speckigen Autowerkstatt oder gar in seinen eigenen vier Wänden treibt. Umgekehrt ist unsafer Sex aber selbst in der Abgeschiedenheit deines Schlafzimmers gefährlich, auch wenn du darin staubgesaugt, aufgewischt und ein „Raumdeodorant" mit durch und durch künstlichen „natürlichen" Duftstoffen versprüht hast (☛ *Gefährlicher Sex; Safer Sex*).

SCHÖNHEITEN

Ein landläufiger Mythos besagt, Homosexuelle seien scharf auf „hübsche Knaben". In Wahrheit ist der schwule Geschmack äußerst vielseitig und komplex, wie bei den meisten Menschen, und was das Äußere betrifft, ändert er sich von Jahrzehnt zu Jahrzehnt (☛ *Traumtypen*). Aber trotzdem gibt es seit alters her feststehende, unverrückbare Maßstäbe, nach denen die Menschheit ein herausragend gutes Aussehen von der breiten Masse unterscheidet, und um diesen Typ Schönheit geht es uns hier. Solltest du zufällig ein schwuler Adonis sein, dann ist dir diese Tatsache bereits klar. Die besonderen Probleme, die schöne Männer gerade *wegen* ihrer Schönheit haben können, kommen nur selten zur Sprache.

Jeder weiß, daß ein gutaussehender Schwuler Dutzende von Blicken auf sich ziehen kann, sobald er in ein Lokal tritt, den Strand entlangspaziert oder zu einer Party kommt. Manchmal scheinen sich Türen – gesellschaftliche, sexuelle, ja, selbst solche der Karriere – wie durch Zauberkraft für ihn zu öffnen. Die meisten Menschen vergessen jedoch dabei, daß Schönheit auch Neid und Bosheit erregen kann. Ein gutaussehender Mann betritt einen Raum. Jemand, der gern mit ihm ins Bett gehen würde, sich aber seiner eigenen Attraktivität oder anderer Vorzüge nicht sicher ist, durchläuft vielleicht folgenden Gedankenprozeß: „Ich möchte ihn haben; er wird nie auf mich reagieren; für wen, zum Teufel, hält er sich eigentlich?" Und die ersten Worte, die man an den Hübschen richtet, sind feindselig.

Viele tun einen gutaussehenden Mann von vornherein als oberflächlich, dumm oder hochnäsig ab. Außerdem wird jemand, der sehr gut aussieht, gerne verunglimpft: Man stempelt ihn als Flittchen oder Hure ab, obwohl diese Worte in einem offen sexuellen Zusammenhang selten einen Sinn ergeben. Und sollte so ein schöner schwuler Mann zu Ruhm, Reichtum oder einer hohen Position kommen, dann wird es häufig nur seinem Aussehen zugeschrieben.

Manchmal hätte er vielleicht Lust, zu sagen: „Ich möchte, daß man mich um meiner selbst willen liebt, nicht wegen meines Aussehens.“ Aber er sagt es nicht. Sein Aussehen ist nichts Oberflächlicheres als Talent, Reichtum oder Berühmtheit eines anderen – es verschafft ihm sofortige Aufmerksamkeit und zieht die Männer an.

Viele Schönheiten – ob schwul oder hetero – sind trotz ihres guten Aussehens genau wie wir alle und haben Selbstzweifel. So sind sie häufig auch schüchtern und verströmen nicht das warme Selbstvertrauen, das die meisten auf ganz natürliche Weise anziehen würde. Andererseits wirken sie im allgemeinen auf *einen* bestimmten Typen: den speziellen Freund, der ein bißchen weniger hübsch ist, aber doch oft ganz ansehnlich, und der zwischen ihrer Schönheit und der Welt steht. Er dient als Begleiter, Anstandsdame und Mittelsmann, indem er Bekanntschaften zustandebringt, selbst in der Öffentlichkeit eine Atmosphäre von Entspanntheit und Wohlbehagen ermöglicht, von seiner normaleren Warte Ratschläge erteilt, wer die Bekanntschaft des Schönen wert sein könnte oder nicht. Natürlich wird das so auch zum Zweckverhältnis, und zwar beiderseits: Über seine Beziehung mit der Schönheit gewinnt der Freund Ansehen und Zugang; oft stellt sich sogar heraus, daß er ein aktiveres Privat- und Sexualleben hat als der andere.

Denk daran: Schönheit kann dir überall Zutritt verschaffen, aber sie allein wird niemanden sehr lange binden – wogegen ein kreatives, liebevolles Leben dich über Wasser halten wird, auch wenn deine Schönheit einmal verblaßt.

SCHULDGEFÜHLE

Schuldgefühle sind für Schwule ein großes, hartnäckiges Problem, und ihre Überwindung ist ein erfüllendes, befreiendes Erlebnis. Wie der Teufel (so die Beschreibung der Puritaner) schmuggeln sich Schuldgefühle in die geheimsten Winkel unseres Herzens und treten in zahlreichen geschickten Verkleidungen auf. Die meisten von uns meinen, wir wären viel zu klug und gebildet, um uns von etwas so Altmodischem und Dummem überhaupt plagen zu lassen. Aber gerade den Klugen und Gebildeten fällt es am schwersten, die Schuldgefühle, die in einem solch großen Teil ihres Verhaltens herumspuken, genau beim Namen zu nennen.

Manche Schwulen lehnen ihre Homosexualität so sehr ab, daß sie sich nicht nur für das hassen, was sie *tun*, sondern auch dafür, was sie *sind*. Oft äußern sich diese Schuldgefühle nicht direkt; sie tarnen sich als chronische Depression. Ein Mensch, der unter Schuldgefühlen leidet, glaubt, er verdient Bestrafung für... nun, nicht für sein Fehlverhalten, sondern für sein Fehl-*Sein*. Demzufolge tut er nichts, um für seine Gleichberechtigung einzutreten.

Aber die meisten Schwulen leiden an weniger schweren Formen von Schuldgefühl – nicht, weil sie etwa „schlecht" wären, sondern weil sie „Schlechtes" tun. Das kann vom Betrügen des Freundes bis zu Experimenten mit S/M reichen. Vielleicht haben diese Männer tatsächlich auch Schuldgefühle wegen ihres Schwulseins.

Schuldgefühle können bewußt oder unbewußt auftreten, wobei letztere besonders schwer auszurotten sind. Sie äußern sich manchmal in Putzsucht, in übertriebener Höflichkeit und in Arbeitswut. Leider übertragen viele Schwule, die an verinnerlichter Homophobie leiden, ihre Schuldgefühle auf andere und verachten *sie* als Ersatz für ihren Selbsthaß. Eventuell rühren deine Schuldgefühle auch von dem Wunsch, deinen Eltern zu gefallen (☛ *Homophobie; Eltern*).

Wenn du der Sache auf den Grund gehst, wirst du vielleicht entdecken, daß direkt unter den Schuldgefühlen, die du wegen deines Schwulseins hast, allgemeinere Schuldgefühle gegenüber jeder Art von Sexualität liegen. Manche Kinder wachsen in Familien auf, wo Sex als schlimm oder schlecht gilt, ganz egal, in welcher Form er sich äußert. Das Verhältnis zwischen den beiden Eltern ist so gestört, daß dem Kind ein Gefühl der Sinn- und Hoffnungslosigkeit hinsichtlich aller Partnerschaften bleibt.

Schuldgefühle bekunden sich auch in anderen Seiten des schwulen Lebens – der zwanghaften Suche nach Sex, einer Unfähigkeit zu beruflichem Erfolg, der Schwärmerei für Heteromänner, dem Wunsch nach schnellem Sex, der tiefere Beziehungen nicht zuläßt, oder einem Hang zu aussichtsloser Verliebtheit in unerreichbare Partner. Schuldgefühle erzeugen nicht nur Angst vor Intimität, sondern auch Selbstverachtung und das Verlangen nach Strafe, die so vielen dieser Verhaltensweisen zugrundeliegen. Ein weniger leicht erkennbarer Ausdruck von Schuldgefühlen ist der Wunsch, anderen Menschen endlos Gefälligkeiten zu erweisen, tagtäglich durch hunderterlei kleine Liebesdienste um sie zu werben, professionell der nette Junge zu sein (☛ *Lustunfähigkeit*). Diese zwanghafte Sucht nach Sympathie, die meistens mit einem Nicht-Nein-sagen-können einhergeht, entspringt oft dem Bedürfnis, zu zeigen, daß man trotz der schrecklichen Tatsache seiner Homosexualität ein freundlicher, sympathischer Mensch ist. Selbstverachtung stattet den Betreffenden mit einem unerschöpflichen Treuhandfonds von Schuldgefühlen aus, den jeder bei jeder Gelegenheit in Anspruch nehmen kann.

Die beste Methode, Schuldgefühle wegen seines Schwulseins zu überwinden, besteht in der Zusammenarbeit mit anderen Schwulen bei Bürgerrechtsorganisationen wie z.B ACT UP. Es kommt darauf an, gegen die Institutionen, die bei dir die Schuldgefühle erzeugt haben, aktiv zurückzuschlagen (☛ *Gleichberechtigung; Depression; Schwulenemanzipation*). Ein eher konservativer Mensch könnte als Freiwilliger bei der Aids-Hilfe arbeiten. Solange sich jemand von der schwulen Gemeinschaft absondert, sind seine Chancen, mit den eigenen Schuldgefühlen fertigzuwerden, sehr viel geringer.

SCHWANZGRÖSSE

Was ist das doch heute für eine fixe Idee! Wer einen großen Schwanz hat, der meint, er würde nur wegen seines Anhängsels geschätzt. Wer einen kleinen hat, geniert sich und glaubt, man würde ihn deshalb verschmähen. Größenfetischisten geben einer Menge geiler, attraktiver Typen einen Korb, weil sie einen Zentimeter unterhalb der gewünschten Länge liegen. Die meisten Männer haben Angst, daß ihr Schwanz nicht groß genug ist; oft stecken hinter dieser Angst nur andere geheime Unsicherheiten.

Schwänze unterscheiden sich stark in Form, Länge und Breite. Manche sind in aufgerichtetem Zustand gerade, andere nach oben oder nach der Seite gebogen. Außerdem können unerigierte Schwänze klein erscheinen, wenn sie steif sind, aber erstaunlich an Größe gewinnen. Umgekehrt erscheinen manche in schlaffem Zustand groß, werden jedoch nur wenig länger oder dicker, wenn sie stehen. Aber Größenbesessenheit – ob auf dich selbst oder auf andere bezogen – reduziert den Menschen nur auf einen statistischen Wert, und unsere Gesellschaft ist jetzt schon allzusehr damit beschäftigt, sich selbst in Zahleneinheiten zu erfassen.

Ende des 19. Jahrhunderts stellte ein Dr. Jacobus (das Pseudonym für Jacobus Sutor) tatsächlich eine Untersuchung über Schwanzgrößen an. Dieser Mann war ein französischer Militärarzt, den man zu verschiedenen Vorposten in den afrikanischen Kolonien abkommandierte. Ein Teil seiner dortigen Untersuchungen bestand darin, daß er von Dorf zu Dorf lief und den Schwanz eines jeden vermaß, der sich damit einverstanden erklärte. Es ist unklar, ob die französische Regierung diesem Projekt ihren Segen gab. Jacobus behauptete, die größten Schwänze hätten sudanesische Afrikaner, dicht gefolgt von den Arabern. (Die Schwänze der französischen Afrikasoldaten maß er nicht nach.) Der größte, der ihm unterkam, gehörte einem Sudanesen und war 30,5 cm lang, mit einem *Durchmesser* von 6,3 cm. „Der unselige Neger, der diesen ‚Spieß' besaß", schreibt Dr. Jacobus, „war der Schrecken der gesamten Weiblichkeit."

Wenn du deinen Schwanz zu klein findest, dann mach nicht mit Hormonen, Vakuumpumpen oder anderen tollen Apparaturen herum; die taugen nichts, um ihn zu vergrößern – auch wenn sie sonst ihren Zweck erfüllen (☛ *Sexspielzeug*). Und genauso wenig stopf dir die Hose aus; Reklamebetrug wird dich kaum selbstsicherer machen.

Aber du kannst eines tun: erkennen, daß dein Schwanz sich nicht nur über die Größe definiert; er hat noch viele andere Seiten. Dein

Freund oder ein Sexpartner können dir Rückhalt geben, und möglicherweise hörst du mit Erstaunen, daß ihnen die Aufwärtsbiegung deines Ständers gefällt, oder wie diese dicke blaue Ader im Zickzack nach unten läuft; vielleicht gefällt ihnen ja gerade, daß er nicht ewig lang, aber so dick und breit ist. Vielleicht finden sie deine Schwanzgröße perfekt im Verhältnis zu deinem übrigen Körper; vielleicht freut es sie auch, daß dein Schwanz nicht größer ist als ihrer. Die vielfältigen Reize an anderen Männerschwänzen sind dir wahrscheinlich klar; nur beim Betrachten deines eigenen machst du den Fehler, auf nichts als die Größe zu achten. Wenn dir der Schwanz von jemandem gefällt, dann sag es ihm: Auch dein Partner braucht unbedingt Bestätigung.

SCHWULENEMANZIPATION

Die schwule Bürgerrechtsbewegung begann 1869 in Deutschland, als der ungarische Arzt Karoly Maria Benkert einen Brief an den preußischen Justizminister veröffentlichte, worin er gegen die strafrechtliche Verfolgung von Homosexuellen Einspruch erhob. Damit prägte Benkert die Begriffe „homo-" und „heterosexuell". Vorher hatte die Medizin den Ausdruck „entgegengesetztes Sexualverlangen" verwendet; manche Ärzte ließen schwule Männer sogar wegen „moralischen Wahnsinns" einliefern. Das Gesetz bezeichnete schwulen Sex als „widernatürliche Unzucht, Sodomie" oder „Perversion". Die homosexuelle Bildungsschicht in Europa nannte sich selbst „gebürtige Invertierte" – eine sich rasch verändernde Terminologie, die auf die Verwirrung der Gesellschaft hindeutet, wie man mit homosexuellen Männern und Frauen umgehen solle.

Ein Jahrzehnt früher hatte der deutsche Wissenschaftler Karl Heinrich Ulrichs die Theorie populär gemacht, daß männliche Homosexuelle ein drittes, mit männlichen Körpern und weiblichen Gehirnen ausgestattes Geschlecht bildeten (☛ *Mythische Ursprünge*). Ulrichs' Bezeichnung für Homosexuelle hieß „Urning", was von einer Rede des Pausanias in Platons *Gastmahl* stammt (☛ *Paare*). Ulrichs behauptete, wahrscheinlich als erster Autor des 19. Jahrhunderts, Homosexualität sei biologisch bedingt; damals nannte man das „angeboren“. 1899 gründete Magnus Hirschfeld, ein deutscher Arzt, der tief von Ulrichs' „Drittes Geschlecht“-Theorie beeinflußt war, die erste dem Studium der Homosexualität gewidmete Zeitschrift und 1911 das „Institut für Sexualwissenschaft“, eine Sammelstelle von biologischen, anthropologischen und statistischen Informationen zum Thema „Sexualität“. (Christopher Isherwood, der das Institut während seiner Berlinzeit besuchte, beschreibt es in seiner autobiographischen Erzählung *Christopher und die Seinen.*)

Der Erste Kongreß der Weltliga für Sexualreform fand 1921 in Berlin statt. Ein Jahr später gab es in ganz Deutschland 25 Splitterverbände der Bewegung für homosexuelle Gleichberechtigung. Doch die Nazi-Diktatur zerschlug diese Organisation, und während des Zweiten Weltkriegs kamen viele Schwule in Konzentrationslager, mußten den berühmten rosa Winkel tragen, schwere Zwangsarbeit verrichten und wurden ermordet.

In England führte unmittelbar vor der Jahrhundertwende der Skandal um den Prozeß gegen Oscar Wilde zu einer öffentlichen Verurteilung der Homosexualität. Vorher hatten sich Edward Carpenter (der Ulrichs' „Urning“ englisch als *Uranian* übersetzte, eine Anspielung auf den Planeten Uranus) und der Dichter J.A. Symonds offen für eine schwule Gleichberechtigung starkgemacht.

In der Sowjetunion wurde die Homosexualität nach der Revolution von 1917 entkriminalisiert, aber während der 20er erneut zu einem Straftatbestand gemacht. Nach dem Zweiten Weltkrieg verfuhr der gesamte Ostblock mit der Homosexualität genauso hart wie die Russen. Heute, nach dem Ende des Kalten Krieges, fördern die gesellschaftlichen Veränderungen in Osteuropa vielleicht nicht nur die Demokratie, sondern auch die sexuelle Befreiung.

In den USA gründete sich am 10. Dezember 1924 in Chicago, nach dem Beispiel der deutschen Schwulenbewegung, eine Vorläuferorganisation, die sogenannte „Gesellschaft für Menschenrechte“ *(Society for Human Rights)*, die nicht viel Wirkung zeigte. Ihr Ziel bestand darin, die Öffentlichkeit über Homosexualität zu informieren und die „Sodomie“-Gesetze aufzuheben. Diese Organisation wurde von Polizei und Presse so sehr gejagt, daß sie sich bald in Nichts auflöste.

Das sexuelle Klima in den USA war bis zum Ende des Zweiten Weltkriegs für Schwule äußerst schwierig. Man stellte ihnen Fallen, verhaftete sie, sperrte sie ein, und sie mußten nicht nur psychiatrische und medizinische Zwangsuntersuchungen über sich ergehen lassen, sondern auch gerichtlich genehmigte Kastration.

Der Zweite Weltkrieg ist für viele Soziologen und Historiker das Schlüsselereignis, das amerikanische Lesben und Schwule aus dem Versteck brachte. Eine ungeheure Menge von Jugendlichen wurde einberufen, von Farmen und aus Fabriken weggerissen, in Rekrutenlagern, auf Schiffen und in Kasernen zusammengeschmissen, wo sie Kontakt miteinander pflegen konnten.

Als man der aufgeschreckten Öffentlichkeit 1948 den Kinsey-Report vorlegte, bestätigte sich, was viele bereits geahnt hatten: die weite Verbreitung männlicher Homosexualität durch alle amerikanischen Gesellschaftsschichten. Schwulengruppen begannen, sich zu bilden, darunter besonders Harry Hays' bahnbrechende *Mattachine Society*, 1950 in Los Angeles, die die erste Homosexuellenzeitschrift, *ONE*, herausbrachte. 1955 wurden in San Francisco die *Daughters of Bilitis* gegründet, ein Lesbenverband; seine Zeitschrift hieß *The Ladder*. Als die amerikanische Post die Verteilung einer Nummer von *ONE* untersagte und jede Erwähnung der Homosexualität für obszön erklärte, entschied der Oberste Gerichtshof zugunsten der Öffentlichkeit und gegen die Post: das Verbot wurde aufgehoben – ein wichtiger juristischer Sieg für uns Schwule.

Trotzdem gab es 1969 nur etwa 50 schwule Organisationen in den gesamten USA. Dann geschah die spontane Aufwallung schwuler Militanz. Am 28. Juni 1969 unternahm die New Yorker Polizei eine Razzia in der Schwulenbar *Stonewall Inn* und versuchte, sie zu schließen. Zum erstenmal leisteten die schwulen Gäste – hauptsächlich Stricher und Transvestiten – der Polizei aktiv Widerstand. Viele Beamte wurden von den Handtäschchen und Stöckelschuhen der anwesenden Transvestiten niedergeknüppelt. Der Aufstand nahm so erbitterte Formen an, daß die Polizei sich im Inneren des Lokals verschanzte, bis Verstärkung eintraf.

Es war an einem Frühsommerabend, einen Tag nach der Bestattung der Sängerin Judy Garland (einer schwulen Ikone), und in der

Nachbarschaft wohnten zahlreiche Homosexuelle, die sich schnell ins Handgemenge stürzten und einen Großkrawall daraus machten. Die Umgebung (in Greenwich Village) wurde abgeriegelt und das Räumungskommando herbeizitiert. Über Nacht war ein neuer Geist geboren, einer, der sich bis zu einem gewissen Grad an der Bürgerrechtsbewegung der Schwarzen orientierte.

Aus dem schwulen Protest gegen die Politik der Polizeibehörde entstanden zwei große Verbände: zuerst die *Gay Liberation Front* und, nach deren Scheitern, die erfolgreichere *Gay Activists Alliance (GAA).* Trotz ihres Bekenntnisses zur Gewaltlosigkeit trat die GAA, auch unter dem Risiko, verhaftet zu werden, unserer Diskriminierung entgegen. Sie rief das *zap* ins Leben, eine öffentliche Demonstration, bei der man mit viel Humor Vorurteile gegen homosexuelle Menschen aufzeigte. Bei einem solchen Zap wurden zwei Hochzeitstorten ins New Yorker Standesamt gebracht, das die Trauung von schwulen und lesbischen Paaren vorher abgelehnt hatte. Auf der Spitze der Torte standen die üblichen Hochzeitspaarfigürchen, nur daß es auf der einen zwei Bräutigame, auf der anderen zwei Bräute waren. Während man in den oberen Etagen wie wild mit der Polizei telefonierte, zerschnitten Schwule von der GAA die Torten und verteilten Stücke davon an das Beamtenpersonal. Es gab keine Verhaftungen, aber jede Menge Pressewirbel – worin natürlich Sinn und Zweck des Ganzen bestand. In einem anderen Fall blockierte ein Stadtratsmitglied einen Erlaß zur schwulen Gleichberechtigung. Wochenlang marschierten rund 1000 Homosexuelle Samstagnacht um drei (nach dem GAA-Tanz) zum Apartment-Haus dieses Stadtverordneten und demonstrierten auf der Straße, so daß er (und seine Nachbarn) ein, zwei Stunden lang nicht schlafen konnten. Seitdem gehörte schwule Militanz zur Tagesordnung, und in fast allen größeren Städten Amerikas bildeten sich Aktivistengruppen mit dem Ziel, die Bürgerrechte für Homosexuelle durchzusetzen.

Bis heute demonstrieren militante Schwulengruppen gegen Vorurteile (☛ *Gleichberechtigung*). Es wurde zum obersten Programmpunkt von *Queer Nation* und anderen Gruppen, wie der *Gay and Lesbian Alliance Against Discrimination* (GLAAD), die schwulenfeindliches Verhalten und schwulenfeindliche Berichterstattung in den Medien anprangern. ACT UP, ebenfalls eine militante Gruppe, hatte sich nur einem Ziel verschrieben: die Untätigkeit der US-Regierung in Sachen Aids-Forschung und -Behandlung zu bekämpfen.

Schwule Organisationen gibt es überall in den USA: Gesundheits-Hilfsdienste, Selbsthilfegruppen wie die *People with Aids Coalition* (PWAC), Schwulenzentren, politische Homosexuellengruppen, juristische Beratungsstellen und Fachverbände. Viele davon arbeiten für eine Streichung diskriminierender Gesetze, eine Aufklärung der heterosexuellen Bevölkerung über das schwule Leben und für Hilfsdienste, wie sie die schwule Gemeinschaft so bitter benötigt.

Im Gegensatz zu ihren Vorgängern wurde die amerikanische Schwulenbewegung nach den Stonewall-Krawallen zu einem „rings um die Welt gehörten Schuß". So feiern auch Lesben und Schwule auf der ganzen Welt jedes Jahr den *Gay Pride* bzw. *Christopher Street Day*, der an den Aufstand im Jahre 1969 erinnern soll. Und wir verdanken Stonewall das explosionsartige Wachstum der Schwulenbewegung nicht nur in den USA, sondern international.

SCHWULENPOLITIK

Die schwulenpolitische Betätigung entstand aus den Stonewall-Krawallen, 1969 in Greenwich Village. Kurz nach diesen Krawallen bildete sich eine Reihe von schwulen Emanzipationsverbänden, darunter *Gay Liberation Front, Gay Activists Alliance* und die *National Gay Task Force.* Sie hatten eindeutig erklärte Ziele: Erstens, zu garantieren, daß Schwule, die sich in Lokalen, Klubs oder auf der Straße versammeln – letztendlich überall – weder Schikane noch Inhaftierung zu befürchten hätten; zweitens, die ersatzlose Streichung aller örtlichen, bundes- und gesamtstaatlichen Gesetze, die freiwillige gleichgeschlechtliche Handlungen zwischen Erwachsenen unter Strafe stellen; drittens, die Beendigung der falschen öffentlichen Darstellung von Homosexuellen als weibisch, pervers, gewalttätig, als Kinderschänder und Sexualmörder.

Diese Ziele wurden in einem größeren Umfang erreicht, als irgend jemand damals für möglich gehalten hätte – wenn auch vor dem Hintergrund nie nachlassender schwulenfeindlicher Vorurteile und Aktivitäten seitens religiöser und politischer Gruppierungen. Trotzdem – in Anbetracht des benötigten Zeitraums und der Tatsache, daß andere Gesellschaftsgruppen (Frauen oder amerikanische Schwarze) schon seit einem halben Jahrhundert und mehr um ihre Gleichberechtigung kämpfen – hatten die Schwulen keinen schlechten Erfolg. In den USA ist die Versammlungsfreiheit von Schwulen jetzt ein verfassungsmäßiges Recht, das selbst dort besteht, wo die Vorurteile am stärksten sind. Die Hälfte aller amerikanischen Staaten hat ihre Gesetze gegen Homosexualität aufgehoben, und Schwule setzen sich weiterhin bei Regierung und Gesetzgeber für eine bundesweite Streichung entsprechender Paragraphen ein. Praktisch jede größere Stadt in den USA – außer ein paar in den Südstaaten – hat ähnlich verfahren. Heute streichen selbst ländliche Bevölkerungszentren veraltete, anti-homosexuelle Gesetze. Und in Südkalifornien hat sich vor wenigen Jahren West Hollywood von der umliegenden Stadt Los Angeles getrennt, um die erste selbständige Gemeinde der USA zu werden, wo eine Mehrheit der Einwohner lesbisch oder schwul ist und eine homosexuelle Stadtverwaltung regiert.

Das einzige Mal, als man ein staatliches Gesetz gegen Homosexualität – das von Georgia – vor den Obersten Gerichtshof brachte, wurde es unglücklicherweise bestätigt, obwohl sich sogar der Staatsanwalt von Georgia persönlich dagegen aussprach, sich weigerte, es anzuwenden, und dessen Abschaffung verlangte. Ebenfalls auf der negativen Seite steht, daß Beleidigungen und tätliche Gewalt gegen Schwule im ganzen Land fortdauern – unverständlicherweise gerade an Hochschulen – und anscheinend per Gesetz kaum zu unterbinden sind.

Obwohl der Kampf offenbar nie endet, haben wir Schwule doch an Boden gewonnen, und die Rundfunk- und Pressemedien erzielten große Fortschritte, um Lügen, Verleumdungen, Beleidigungen und die krassesten Fehldarstellungen bezüglich Lesben und Schwuler auszumerzen. Es gibt eine völlig andere Generation von Medienarbeitern, die – mit *einer* großen Ausnahme – nicht nur an diese Neuordnung gewöhnt, sondern auch für schwule Belange sensibilisiert scheinen. Selbst Hollywoods Filmindustrie beginnt sich schwuler Themen und Probleme anzunehmen, obgleich bigott, klischeehafte Darstellungen im Film immer noch keine Seltenheit sind.

Unter all diesen Umständen ist es frappierend, daß so wenige nationale Schwulenführer in Erscheinung traten. Ein paar sind im Laufe der Jahre zu Ansehen und Berühmtheit gelangt, aber als ihre Organisation, ihre Machtbasis oder das Anliegen, das man mit ihnen verband, entweder endigte oder zu einer Lösung kam, verschwanden sie wieder in ihren Reihen.

So positiv und so nützlich diese politische Arbeit war, um die schwule und nicht-schwule Allgemeinheit stets über homosexuelle Belange auf dem laufenden zu halten, spielt sich ein Großteil der wirklichen schwulenpolitischen Betätigung nicht vor den Augen der Öffentlichkeit ab, sondern hinter den Kulissen, in Parteizentralen, auf den Fluren von Bürgermeisterämtern, in Abgeordnetenbüros, Ministerialsitzungen und Rechtsausschüssen des Parlaments. *Dort* werden Gesetze entworfen, Regeln umgeschrieben und wichtige Politiker überredet, schwule Gleichberechtigung und schwule Belange in ihre Gesamtstrategie miteinzubeziehen. *Dort* wird die mühselige Kleinarbeit geleistet, um antischwule Gesetze und die Sichtweise schwulen Lebens zu verändern. Aber auch öffentlich gewinnen in den USA schwule Politiker an Boden, indem sie Kampagnen führen und Sitze in Gemeinderäten, Aufsichtsgremien, ja, selbst in Bildungs- und Erziehungsausschüssen erobern, sogar Bundesabgeordnete und Senatoren, Vertreter des amerikanischen Nationalkongresses werden.

In den letzten paar Jahren sind neue Themen zu dem Bündel hinzugekommen, das schwule Politiker jetzt bereits tragen. Das eine: Diskriminierung und Ungleichbehandlung von Schwulen in Beruf, Wohnungswesen und Lebensgemeinschaften. Genauso wichtig ist aber das andere: Lesben und Schwule als Erziehungsberechtigte, besonders wenn es um Sorgerecht und Adoption geht; dies bleibt ein zentraler Bereich für künftige Gesetzgebung.

Über allem steht jedoch leider das Thema Aids und Fragen wie etwa die rechtliche Garantie neuer lebensverlängernder Medikamente und Therapien sowie voller medizinischer und finanzieller Unterstützung, die rechtliche Garantie von Sozialleistungen und juristischer Hilfe bis hin zum Schutz testamentarischer Verfügungen vor schwulenfeindlichen Angehörigen (☛ *Versicherungen; Verfügungen im Unglücksfall; Testamente*). Aids hat sich als ein massiver Krieg an allen Fronten erwiesen, und politisch engagierte Schwule kämpfen seit jeher in der ersten Reihe, wenn es um Rechte für die Kranken geht. In den letzten paar Jahren haben Gruppen wie ACT UP und dessen Ableger die politische Arbeit von Schwulen wieder zu dem gemacht, was sie in den aktivistischen Zeiten der Siebziger war. Mit wütenden, oft sogar eklatanten Demonstrationen, die das öffentliche Interesse aufschreckten und an denen sich ebenso oft die Geister schieden, holten sie diese Arbeit auf die Straße, ja, selbst bis in die Büros und Hallen der Schwulenunterdrücker persönlich.

In den kommenden Jahren werden diese zweigleisigen Bemühungen – öffentlich (auf der Straße) und privat (hinter den verschlossenen Türen von Büros und Behörden) – zweifellos fortdauern. Es bleibt abzuwarten, ob dabei ein oder mehr homosexuelle Politiker – seien es schon amtierende, derzeit kandidierende oder solche, die noch gar nicht in Sicht sind – zu nationalen Schwulensprechern und -führern aufsteigen. Wenn ja, wird es in Anbetracht der breiten Vielfalt und vor allem der extrem kritischen Neigung von Schwulen ein außergewöhnlicher Mensch sein müssen – untadelig in Politik, Herkunft und Beziehungen, mit dickem Fell und gut entwickelter Standhaftigkeit (☛ *Gleichberechtigung; Schwulenemanzipation*).

SEXABENTEUER

Es gibt im Leben eines Schwulen Zeiten, da hat er Lust, mit vielen unterschiedlichen Typen viel Sex zu haben. Oft tritt diese Phase ein, wenn man sein Coming-out oder sich aus einer schwierigen, langwierigen Beziehung befreit hat. Sie kann aber auch einsetzen, wenn man das Elternhaus verläßt, um die Universität zu besuchen, wenn man von der Uni ins Arbeitsleben überwechselt, wenn man in eine neue Stadt zieht, eine neue Stellung übernimmt, wenn man zu Geld kommt oder einen Elternteil verliert, der mit dem schwulen Leben des Sohnes nie einverstanden war. Diese Phase könnte sogar kommen, wenn man gekündigt wird oder eine wichtige gesellschaftliche Position verliert. Plötzlich hat man viel Zeit zur Verfügung; man ist frustriert oder spürt auf einmal – was öfter der Fall ist – einen stark erhöhten Geschlechtstrieb.

Für einmalige Sexabenteuer wird auch im Deutschen oft das Wort *One-night stand* verwendet. Obwohl es wörtlich übersetzt „Aufenthalt für eine Nacht" heißt, besagt dieser Ausdruck doch lediglich, daß zwei Personen, die sich gerade erst kennengelernt haben, eine begrenzte Zeit mit Sex verbringen, die wohl kaum über den nächsten Morgen hinausgehen wird. Genauso wahrscheinlich ist, daß einer der Partner sich nach dem Sex verabschiedet, vielleicht nachdem man die Telefonnummern ausgetauscht und versprochen hat, sich wieder zu melden. In dem Wort *One-night stand* schwingt aber auch mit, daß man bei hinreichender Sympathie eine zweite Nacht, eine dritte oder sogar mehr miteinander verbringen kann.

Es wurde schon viel darüber geschrieben, wie oberflächlich solche Sexabenteuer seien – reiner „Fast-Food-Sex". All diese Einwände scheinen berechtigt.

Aber andererseits: Wenn jemand keine tiefe Bindung sucht, wenn er gern Sex mit vielen Leuten hätte und dabei ☛ *Safe Sex* macht – warum dann *keine* Sexabenteuer? Wem schaden sie etwas?

Wahrscheinlich niemandem. Wer auf diese Art und Weise mit vielen Menschen zusammen ist, der lernt, mit einer Vielzahl von Situationen fertigzuwerden. Vielleicht will er eine Menge Typen unterschiedlicher Erscheinung einmal „ausprobieren", vom Pummelchen bis zum Adonis, von der Tunte bis zum motorradfahrenden Ledermann, vom Blondschopf mit der milchweißen Haut bis zum ebenholzschwarzen Neger (☛ *Traumtypen*). Und wie läßt sich der Mann besser studieren als über Sexabenteuer? Vielleicht will jemand auch mit unterschiedlichen Rollen beim Sex experimentieren (☛ *Aktiv/Dominant; Passiv/Devot; Rollenspiel; Sadomasochismus*).

Außerdem kann ein Sexabenteuer zum Lebensgefährten, zum Freund, zum Geschäftspartner, zum Hausarzt, Rechtsbeistand oder Kunden werden. Viele ältere Schwule versichern, sie hätten sich in den Jahren, als sie noch „herumabenteuerten", ein Beziehungsnetz aufgebaut, das für den Rest ihres Lebens hielt und aus dem sie lernten, sich sozial richtig zu verhalten. Das ist das Gute an der Sache.

Andererseits kann man sich mit Sexabenteuern aber auch schaden: 1. Wenn man nicht mehr in der Lage ist, aufzuhören; 2. wenn man jemand Sympathischen kennenlernt, mit dem man sich kein zweites oder drittes Mal mehr trifft, weil da draußen ja noch etwas Besseres sein könnte; oder 3. wenn man eine Beziehung eingeht, sich aber schon bei der ersten Schwierigkeit höflich zurückzieht (nach dem Motto: „Diesen Beziehungsknatsch brauche ich nicht; Sex krieg' ich jederzeit.")

Wenn Sexabenteuer zur „Sucht" werden, einem mehr oder minder zwanghaften Verhalten, das einem immer weniger Vergnügen macht, genau dann fängt die Sache an, einem zu schaden.

SEXSPIELZEUG

Sexshops haben ein breites Angebot, u.a. auch meistens eine enorme Vielfalt an Hilfsmitteln gegen sexuelle Funktionsstörungen: Cremes zur Verzögerung der Ejakulation, Salben und Apparate gegen Impotenz, Aphrodisiaka zur Steigerung des sexuellen Verlangens – allesamt nichts als teurer, nutzloser Mist. Sexspielzeug dagegen kann, zum Spaß verwendet und nicht als Hilfsmittel bei irgendwelchen Problemen, Abwechslung in dein Liebesleben bringen und ihm neuen, erregenden Reiz verleihen. Du kannst deinen Schwanz in einen Gummi- oder Plastikschlauch stecken, der nach den Prinzipien einer Melkmaschine funktioniert (Teil-Vakuum führt zum Saugeffekt). Ein kostspieligeres Modell wird gleichzeitig an dir saugen und dich ficken oder dir und deinem Partner gleichzeitig den Schwanz saugen. Elektrische Vibratoren, die man sich über den Handrücken streift, können die Selbstbefriedigung zu einem ganz neuen Erlebnis machen, und es gibt künstliche, batteriebetriebene Schwänze, mit denen du in der Lage bist, dich selbst zu bumsen.

Solche „Kunstschwänze" nennt man auch *Dildos.* Es gibt sie in allen Größen, von 10 cm bis zu fast einem Meter Länge. Nimm aber höchstens einen, der 20 cm lang ist, sonst könntest du dich verletzen. Vielleicht solltest du mit einem kleinen anfangen und dich erst „eingewöhnen". Dildos sollten aus weichem, biegsamem Material sein, entweder Gummi oder Kunststoff. Dildos aus Hartplastik oder

Metall sind genauso gefährlich wie solche, die sich im Arsch krümmen und verdrehen lassen (durch die Schaftmitte verläuft ein Metalldraht, der sich nach außen bohren und den Mastdarm zerstechen könnte). Achte darauf, daß der Dildo „Eier“ oder eine breite Standfläche hat, damit er nicht in deinem Arsch verschwindet (denn dann wirst du vielleicht ein Fall für den Chirurgen). Ein Doppeldildo (auch „Doppeldong“ genannt) ist ein langer Gummischaft mit einer „Eichel“ an jedem Ende. Manche Paare stimmen ihre Bewegungen aufeinander ab, während sie ihn benutzen, damit sie beide gleichzeitig gefickt werden. *Steck dir niemals Kerzen, Flaschen, Glühbirnen oder sonstige Gegenstände in den Arsch – und laß es auch niemand anderen bei dir tun!* (☛ *Gefährlicher Sex; Abführen*)

Eine eigene Kategorie bildet das vielfältige Instrumentar, das mehr für S/M gedacht ist: Ketten, Handschellen, Peitschen, Schlagstöcke und andere Insignien der Machtausübung oder Bestrafung. Manches davon wurde früher zwar mit S/M verbunden, ist aber heute in der schwulen Szene allgegenwärtig. *Cock- oder Schwanzringe* zieht man sich über Eier und Penis, während der Schwanz schlaff oder halbsteif ist. Bei voller Erektion hemmt der Ring den Rückfluß des Blutes und verlängert so den Erregungszustand. Es gibt diese Ringe in mehrerlei Ausführungen: Gummi- und Metallreifen in unterschiedlicher Größe, Lederbänder, die mit Druckknöpfen verschlossen werden, und Lederriemen, die man sich um Schwanz und Eier schnürt. Am bequemsten sind Leder und Gummi (die lassen sich auch am leichtesten an- und abziehen), aber viele Männer bevorzugen die Härte und Kälte dicker Metallringe. Nur vergiß nicht: Oft sind diese Metallringe so dick, daß Metalldetektoren darauf reagieren. Das kann am Flughafen zu peinlichen (oder irrwitzig komischen) Situationen führen, wenn du den Beamten zu erklären versuchst, warum du in einem fort den Alarm auslöst.

Vielfach als sexuelles Hilfsmittel verkauft, aber weit sinnvoller als reines Spielzeug, sind auch *Vakuumpumpen.*

Die meisten davon bestehen aus einem Plastikrohr (in das man seinen Schwanz steckt) und einer Pumpvorrichtung. In der letzten Zeit ist uns aufgefallen, das einige Veranstalter von Jack-off-Parties auch „Pumpenabende“ für Freunde dieses Sexspielzeugs geben.

Im Grunde ist so eine Pumpe nur zur Selbstbefriedigung sinnvoll. Egal, was die Anzeigen versprechen: Sie wird deinen Schwanz mit Sicherheit nicht vergrößern. *Wenn du sie benutzt, sei immer vorsichtig!* Der Schwanz hat ein vielfältiges, sensibles Blutgefäßsystem, das durch Mißbrauch der Pumpe verletzt werden kann. Handbetriebene Pumpen sind eher zu empfehlen als automatische, denn die geraten womöglich außer Kontrolle.

Tittenklammern erfreuen sich großer Beliebtheit. Diese Metallklemmen (manche haben innen einen Gummibelag) jagen die Gefühlswahrnehmungen hoch, wenn man sie an den Brustwarzen befestigt. Sie können auch rasenden Schmerz verursachen. Saugnäpfe aus Gummi (ursprünglich gegen Schlangenbisse) dienen demselben Zweck. Im Gegensatz zu Tittenklammern bereiten *Brustwarzenringe* keinen Schmerz. Man steckt sie sich in den durchstochenen Nippel, genau wie Ohrringe ins Ohrläppchen (☛ *Piercing*). Manchmal zieht jemand eine Lederschnur oder eine Metallkette durch die Tittenringe, damit der Sadist daran herumspielen kann. Viele Masochisten lieben es, wenn man mit ihren Brustwarzen spielt, vor allem, während sie ihrem Herren einen blasen.

Mitunter hängt man dem Sklaven auch Gewichte an die Eier. Je mehr er in Erregung gerät, desto schwerer belastet man seinen Hodensack. Zu den exotischeren Accessoires gehören Leder- oder Latexmasken, Knebel, Hundehalsbänder und Reitpeitschen. Es gibt auch „Keuschheitsgürtel" für Männer. Sie bestehen aus zwei miteinander verbundenen Lederriemen, der eine um die Taille, der andere durch den Schritt. Ein Dildo, der im Arsch steckt, wird von dem zweiten Riemen an Ort und Stelle gehalten. Manche dieser stolzen, sauber gekleideten Managertypen, die man in der Stadt herumsausen sieht oder am Kopfende von Aufsichtsratstischen sitzen, haben einen 15cm langen Dildo im Arsch, den nur ihr Herr herausnehmen kann. Nicht ganz so extrem, aber ebenfalls recht beliebt, ist der sogenannte *butt-plug* oder *Popostöpsel* (ein Gegenstand aus Gummi und kürzer als ein Dildo), der das Arschloch am Zugehen hindert. Trag einen, wenn du einen schwerbestückten Freund hast, der dich oft bumsen will!

Ambitionierte Sexshops bieten oft noch viel mehr Instrumente und Spielzeug an, darunter auch so großes S/M-Zubehör wie Folterbänke, Käfige oder Slings. Das alles ist etwas für Schwule mit dickem Bankkonto.

Denk daran: Sexspielzeug *muß* nach dem Gebrauch gereinigt werden. In den meisten Fällen reichen dazu Seife und heißes Wasser. Falls du jedoch irgendwelche Bedenken hast oder sollte beim Sex irgend jemandes Haut verletzt worden sein, dann mach Folgendes: Wasch das Spielzeug mit Wasser und Seife, reibe es danach gründlich mit Alkohol ab und wasche es anschließend noch einmal, um den Alkohol zu entfernen. Diese Methode sichert nicht nur deine eigene Gesundheit, sondern auch die künftiger Sexpartner. *Dildos und andere Geräte soll man niemals gemeinsam benutzen!*

SEXUELLE ENTHALTSAMKEIT

Im Lauf der Jahrhunderte wurde mit dem Begriff und der Praxis der „sexuellen Enthaltsamkeit" ein Rattenschwanz von Fakten, Legenden und Irrtümern verknüpft. Wer aus religiösen Gründen sexuelle Enthaltsamkeit übt (in diesem Zusammenhang meist „Zölibat" genannt), der unterläßt für gewöhnlich sogar die Selbstbefriedigung. Manche Glaubensrichtungen – die katholische z.B. – verbieten dem Geistlichen selbst „unkeusche" Gedanken. Ein nichtreligiöses, weniger strenges Verständnis von geschlechtlicher Enthaltsamkeit läßt sexuelle Gedanken, Phantasien und Tagträume (in Verbindung mit Masturbation) zwar zu, aber keinen Sexualkontakt.

Warum, mag man sich jetzt fragen, sollte ein körperlich und geistig gesunder Mensch überhaupt darauf kommen, sexuell enthaltsam zu leben?

Antwort: Weil es durchaus nichts schaden kann, weder körperlich noch geistig, so ungewöhnlich das wohl auch den meisten erscheint. Der männliche Körper hat ja eine „Automatik" eingebaut, um überschüssiges Sperma loszuwerden (daher nächtliche Samenergüsse), und in manchen Fällen kann sexuelle Enthaltsamkeit tatsächlich erfrischend sein. Schwule z.B., die eine Psychotherapie machen, weil ihre Partnerschaft schwer gestört ist, beenden diese Partnerschaft oft und gehen einer neuen aus dem Weg, um ihr Leben zu ordnen und in den Griff zu bekommen; sie üben sexuelle Enthaltsamkeit. Man findet diese Erscheinung manchmal auch bei Männern, die sich aufgrund ihres HIV-Status dazu entschlossen haben (☛ *HIV-positiv; HIV-Erkrankung*). Bei ihnen kann sexuelle Enthaltsamkeit entweder von Depressionen oder von der Angst herrühren, daß sie jemand anderen anstecken.

Die meisten, die sich zu sexueller Enthaltsamkeit entschließen, machen eine völlig neue Entdeckung: daß Druck und Streß wie weggeblasen sind. Sie fühlen sich befreit, entspannt, zu größerer Objektivität gegenüber sich selbst und ihrer Beziehung zu anderen imstande. Ohne den dauernden Wunsch, sexuell begehrenswert zu sein, fangen sie an, Begabungen und Werte an sich selbst zu entdecken, die bisher vielleicht übersehen oder unterschätzt wurden: Charme, Humor, Einfühlungsvermögen, psychologischer Tiefblick, Fähigkeiten im Gespräch, Kreativität. Die Arbeit an diesen Qualitäten kann, frei von allem sexuellen Druck, ein umfassenderes Selbstgefühl schaffen, das seinerseits neues Selbstvertrauen schenkt. Letztendlich ist man also nur begehrenswerter, wenn man sich entscheidet, die Phase der sexuellen Enthaltsamkeit wieder zu beenden.

DIE SEXUELLE REAKTION DES MANNES

Nach Masters & Johnson teilt sich die sexuelle Reaktion des Mannes in vier Stadien. Im ersten Stadium, der *Erregung*, wird der Atem heftiger, Herzrhythmus und Blutdruck verstärken sich, der Hodensack verdickt sich und die Eier werden an den Körper gezogen. Das ist das Stadium, in der ein Mann eine Erektion bekommt und sich erregt fühlt.

Das zweite Stadium wird die *Plateau-Phase* genannt – das fortgeschrittene Stadium der Erregung bis vor dem Orgasmus. Der Schwanz ist bis zur Grenze seines Fassungsvermögens von Blut durchflutet, und die Erektion hat entsprechend ihre maximale Größe erreicht. Ein Sekret der Cowperschen Drüse wird jetzt als Gleitmittel ausgesondert und bedeckt die Eichel.

Das dritte Stadium ist der *Orgasmus*, der in zwei Phasen aufgeteilt werden kann. Die erste, die „ejakulative Unausweichlichkeit“ genannt wird, ist der Ort ohne Wiederkehr. Die Zusammenziehungen der inneren Organe, die am Orgasmus beteiligt sind, haben begonnen. Die zweite Phase ist der Orgasmus selbst – rhythmische Muskelkontraktionen an der Schwanzwurzel und der Harnröhre; der Orgasmus besteht normalerweise aus 3-7 Spritzern Samenflüssigkeit in 0,8-Sekunden-Abständen.

Das vierte Stadium ist *Entspannung*, die Periode, in der der Körper zu seinem normalen Zustand zurückkehrt. Herzschlag, Blutdruck und Atmung sinken auf das normale Niveau ab. Die Eier hängen wieder länger herunter. Die Erektion verschwindet normalerweise bald nach dem Orgasmus, kann aber auch noch eine halbe Stunde später vorhanden sein (manche, besonders junge Männer, können die Erektion nach einem Orgasmus aufrecht erhalten und noch einen zweiten erleben).

Einer Theorie zufolge umfaßt die sexuelle Reaktion eines Mannes zwei verschiedene Reaktionen, jede von einem Teil des autonomen Nervensystems ausgedrückt. Zuerst sollte erwähnt werden, daß es zwei Nervensysteme im Körper gibt – eins ist das Zentralnervensystem. Das dient willensgesteuerten Bewegungen der Skelettmuskeln und zahlreichen anderen Funktionen. Das andere ist das autonome Nervensystem, das die unfreiwilligen Reaktionen der inneren Organe – und der Genitalien – steuert. Das autonome System teilt sich wieder in zwei Systeme: das sympathetische und das parasympathetische. Ganz allgemein ausgedrückt, stehen sich sympathetisches und parasympathetisches Nervensystem direkt gegenüber. Zum Beispiel beschleunigt die sympathetische Abteilung den Herzschlag, während die parasympathetische ihn senkt. Manchmal arbeiten die Syteme aber auch zusammen: beim Sexualakt des Mannes zum Beispiel wird die Erektion von den parasympathetischen Nerven kontrolliert und die Ejakulation von den sympathetischen.

Diese Arbeitsteilung hat einige bezeichnende Folgen. Zum Beispiel ist das parasympathetische System sehr leicht durch psychische Einwirkungen zu stören, Drogenmißbrauch und bestimmte Krankheiten wie Diabetes. Es ist beherrschend in Stadien der Ruhe und

Friedfertigkeit. Daher kann Angst, die von der sympathetischen Abteilung ausgedrückt wird, das Funktionieren der parasympathetischen Abteilung – und damit Erektion – verhindern. Kurz gesagt, Du kannst nicht zugleich angsterfüllt sein und eine Erektion haben. Aber da Ejakulation von einer anderen Abteilung kontrolliert wird (dem sympathetischen Teil des autonomen Systems), kannst Du ohne Erektion ejakulieren (sogar, wenn Du Angst hast). Ebenso kann die Menge sinnlicher Reize, die für die Ejakulation nötig sind, ganz erheblich aufgrund verschiedener Faktoren variieren, unter die auch emotionale Faktoren gezählt werden müssen. Wenn du noch nicht genug erregt bist, wenn du dich aus irgendeinem Grund gehemmt fühlst, wenn du unter dem Einfluß von Beruhigungsmitteln stehst, wenn du gerade schon gekommen bist, oder wenn du dich in einem seelischen Konflikt wegen gerade dieses sexuellen Aktes mit gerade diesem Partner befindest, dann ist wiederholter und starker Druck und Reizung nötig, um eine Ejakulation zu erreichen.

Es wäre ein Fehler, bei dir den Eindruck zu hinterlassen, daß Sex bei Menschen nur eine Sache des autonomen Nervensystems ist. Das Zentralnervensystem kommt ebenso ins Spiel. Tatsächlich verlangen wenige Aktivitäten die Beteiligung so vieler verschiedener Körperteile wie Sex. Die visuellen und akustischen Reize, die zur Erregung führen, werden vom Zentralnervensystem übermittelt und sind in mancher Hinsicht angelernt und bewußt. Wenn du ein aufreizendes Paar Arschbacken siehst oder eine geile Story hörst und aufgegeilt wirst, dann reagierst du mit dem Teil des Gehirns, das die bewußten Gedanken ausdrückt und Teil des Zentralnervensystems ist. Ein anderer Teil des Hirns, der Hypothalamus, scheint das Zentralnervensystem, das autonome Nervensystem und das hormonelle System zusammenzufassen – alle sind an der menschlichen Sexualität beteiligt.

Laß uns einen näheren Blick auf die Genitalien werfen. Die Eier sind die reproduzierenden Drüsen des Mannes. Sie erzeugen Sperma (die Fortpflanzungszellen) und Testosteron (eins der männlichen Hormone, das für die sekundären Geschlechtsmerkmale Bart, tiefe Stimme und Wachstum der Genitalien verantwortlich ist). Die Eier liegen im Hodensack, der die Aufgabe hat, das Sperma in einer niedrigeren als der Körpertemperatur zu halten. Der Hodensack zieht sich zusammen und hebt die Eier an den Körper wenn es kalt ist, um die Wärme aufrechtzuerhalten; umgekehrt dehnt er sich und bewegt die Eier fort, wenn der Körper überhitzt ist.

Das Sperma wird in kleinen Röhren aufbewahrt, den Nebenhoden, nachdem sie in den Hoden produziert wurden. Die Hoden sind mit den Nebenhoden durch eine lange Röhre verbunden, die Samenleiter heißt; ein Samenleiter liegt auf der rechten Körperseite und einer auf der linken. Diese Röhren, jede ungefähr 40 cm lang, winden sich vom Hodensack durch die Bauchhöhle zur Prostata und den Samenbläschen. Wenn das Sperma die Prostata und die Samenbläschen erreicht hat, mischt es sich mit Prostatasekretionen, um die Samenflüssigkeit zu bilden.

Die Harnröhre führt von der Blase zum Schwanz. Sie leitet den Urin, und während der Ejakulation die Samenflüssigkeit. Während der sexuellen Erregung führt die Harnröhre auch ein klares Gleitmittel von der Cowperschen Drüse an die Spitze des Schwanzes.

Der anale Schließmuskel ist ein ringförmiger Muskel an der Öffnung des Anus. Sanft und langsam vom Finger geweitet, kann der Anus entspannt und geöffnet werden (☛ *Das erste Mal*). Direkt hinter und über dem Schließmuskel ist noch ein anderes Muskelsystem – der Pubococcygeus. Es formt eine Art Weide vom Steißbein zum Hüftknochen für alle in der Bauchhöhle liegenden Organe und dient als eine Art Stoßdämpfer. Wenn der Dickdarm vom Ficken gedehnt wird, zieht es die im Bauch liegenden Organe zurück und regt sie an. Wenn der Finger oder Schwanz durch den Schließmuskel hindurch ist, gelangt er in den Dickdarm, eine ca. 20 cm lange Höhlung. Über dem Dickdarm liegt der Sigmadarm, das Ende des Dickdarmes. Nur Faustficker kommen jemals mit dem Sigmadarm in Kontakt beim Sex (☛ *Faustfick*).

Gibt es irgendwelche Gefahren beim homosexuellen Ficken ? Was die Technik anbetrifft, so ist diese Frage zu verneinen, wenn der Schließmuskel richtig entspannt wird, und wenn es nicht bereits andere Probleme wie ernsthaft entzündete Hämorrhoiden, ein Darmriß oder eine Entzündung der Prostata vorliegen. Wenn die Muskeln nicht langsam geöffnet werden, kann allerdings der Schließmuskel einreißen oder das Gewebe im Darm beschädigt werden. Aber: Das ungeschützte Bumsen, also ohne Kondom, ist riskant in Bezug auf Aids sowie Geschlechtskrankheiten.

Es gibt einige Meinungsverschiedenheiten über die Wirkung des Geficktwerdens bei entzündeter Prostata. Eine Seite der Prostata liegt im Dickdarm und einige Ärzte würden ihren Patienten , die Prostataentzündung haben, empfehlen, sich nicht ficken zu lassen, und behaupten, ein heftig dagegenstoßender Schwanz könne die vergrößerte und empfindliche Prostata noch weiter schädigen. Andere sagen eher, daß, wenn der Partner mit Vorsicht vorgeht und der Schwanz sich sanft und im richtigen Winkel bewegt, Geficktwerden sogar der Prostata durch leichte Massage hilft. Ob du Prostataentzündung hast, wirst du merken; die Symptome sind unmißverständlich.

Mit Dildos sollte man nur mit größter Vorsicht ficken. Wenn der Dildo nicht große imitierte Eier an einem Ende hat, geht er leicht im Darm verloren. Er sollte aus weichem, flexiblem Gummi sein, nicht aus hartem Plastik. Auch sollte er nicht länger als 25 cm sein, da er sonst leicht die Sigmadarmwand durchstößt, die aus dünnem, leichtreißendem Gewebe besteht. Eine Durchlöcherung der Sigmadarmwand kann zu innerem Bluten und Tod führen. Wenn du dich mit einem Dildo ficken läßt, sage deinem Partner, wie es sich anfühlt; er bekommt von dem Dildo keine Rückmeldung, da er keine Nerven hat und nicht Teil seines Körpers ist.

SEXUELL ÜBERTRAGBARE KRANKHEITEN

Obwohl Schwule schon seit Jahrhunderten von sexuell übertragbaren Krankheiten heimgesucht werden, hat die Fachmedizin erst in den letzten Jahrzehnten schwulenspezifische Gesundheitsprobleme erkannt. Oft weigerten sich schwulenfeindliche Ärzte, schwule Patienten zu behandeln, oder standen unseren Problemen mit solchem Ekel gegenüber, daß sie Schwulen letztendlich den Mut nahmen, medizinische Hilfe zu suchen. Diese miese, arrogante Haltung ließ viele Homosexuelle, vor allem in Kleinstädten und ländlichen Gebieten, vor Ärzten auf der Hut sein.

Alle Schwulen sollten ein Grundwissen über sexuell übertragbare Krankheiten haben, damit sie entsprechende Symptome an sich selbst und ihren Geschlechtspartnern identifizieren können.

Die sexuell übertragbaren Krankheiten gliedern sich in zwei Hauptkategorien. In die eine fallen die *Geschlechtskrankheiten* – Leiden, welche die Geschlechtsteile betreffen (auch „venerische Krankheiten" genannt, nach der römischen Liebesgöttin Venus). Das sind vor allem Syphilis und Gonorrhöe, die unten noch besprochen werden. In die andere Hauptkategorie fallen sexuell übertragbare Krankheiten, welche nur indirekt die Geschlechtsteile betreffen, also Filzläuse, Hepatitis, Herpes, Amöbiasis, Prostata- und Harnröhrenentzündung, Krätze sowie Feigwarzen.

FEIGWARZEN

Feigwarzen gehen auf ein Virus zurück, das oft beim Sex übertragen wird, und können sich am After oder am Penis bilden.

Die Warzen selbst sind für gewöhnlich nicht schmerzhaft, aber sie können gereizt werden und das Bumsen unangenehm machen. Wenn du und ein regelmäßiger Sexpartner oder Freund Feigwarzen haben, dann macht keinen Sex mehr, bis ihr beide geheilt seid. Der Ansteckungsgrad der Warzen führt sonst zu einer ständigen Neu-Infektion. Heute werden Warzen mit Laserstrahlen, elektrolytisch oder mit einer ätzenden Tinktur behandelt.

GONORRHÖE

Gonorrhöe oder „Tripper" ist eines der größten Gesundheitsprobleme bei Schwulen. Etwa 15% der Betroffenen entwickeln *keine* Symptome, und die anderen manchmal erst nach Wochen. Das erschwert eine Diagnose. Solche Kranken können ihre Gonorrhöe übertragen, ohne es zu wissen. Männer, die unsafen Sex machen, sollten deshalb alle 6 Monate eine Routineuntersuchung auf Geschlechtskrankheiten vornehmen lassen (alle 3 Monate, wenn man mit vielen Leuten Sex hat). Dazu gehören sowohl ein Abstrich als auch eine Urinanalyse auf Tripper und ein Bluttest auf Syphilis.

Durch einen Bluttest allein läßt sich Gonorrhöe nicht feststellen. Selbst, wer sich regelmäßig untersuchen läßt, sollte nicht vergessen, daß er unwissentlich schrecklich viele Menschen anstecken kann, ehe er seinen Tripper bemerkt.

Einen Schwanztripper kann man sich holen, wenn man ohne Gummi bumst oder sich von jemandem einen blasen läßt. Tripper wird durch Bakterien ausgelöst, die die Zellen der Harnröhre befallen. Verzögert sich die Behandlung, so breitet sich die Infektion durch die ganze Harnröhre aus. Symptome treten normalerweise irgendwann während der ersten 5 Tage nach der Ansteckung auf, manchmal schon nach 24 Stunden. Zu diesen Symptomen gehören vor allem dicker, eitriger Ausfluß und ein Brennen beim Wasserlassen. Wenn du deinen Schwanz „melkst", erkennst du den Ausfluß gleich zu Anfang schon. Außerdem solltest du deine Unterwäsche prüfen – der getrocknete Ausfluß verhärtet sich vorne im Slip.

Wenn du dich ohne Kondom bumsen läßt, kannst du Analtripper bekommen. Im Mastdarm machen sich die Symptome meist langsamer bemerkbar (wenn überhaupt), und eine sichere Diagnose ist nur dann möglich, wenn man einen Abstrich mikroskopisch untersucht. Zu den Symptomen, die du feststellen kannst, gehören Stuhldrang (das Gefühl, daß dein Darm sehr voll ist), Schmerz, Blähungen, Darmblutung, Hämorrhoiden, Blut oder Eiter im Stuhl, Durchfall, Verstopfung und manchmal die Unfähigkeit, zu pinkeln. Letztere Erscheinung tritt auf, wenn Blasennerven von der Gonorrhöe befallen sind. (Aber keines dieser Symptome muß zwangsläufig auf Gonorrhöe deuten; das kann nur ein Test entscheiden.)

Wenn dein Arzt heterosexuell oder mit schwulen Gesundheitsproblemen nicht vertraut ist, dann laß dir keinen Katheter von ihm legen (d.h. kein Röhrchen in den Penis schieben, damit du urinieren kannst). Mach ihm den Vorschlag, daß er dich auf Gonorrhöe im Mastdarm untersucht. Hast du Gonorrhöe, dann solltest du eine Antibiotikaspritze bekommen. Du wirst bald wieder pinkeln können, obwohl es anfangs vielleicht gut ist, ein warmes Bad zu nehmen und, wenn möglich, in das heiße Wasser zu pinkeln. Genier dich nicht, um einen Analabstrich zu bitten. Manchen Hetero-Ärzten ist es peinlich, dich zu fragen, ob du einen brauchst, und du wirst sie selbst dazu bringen müssen.

Auch beim Schwanzlutschen holen sich Schwule manchmal Gonorrhöe. Oft treten im Rachenraum keine Symptome auf, wenn aber, dann in Form von Halsweh, Husten, Atemnot und anderen erkältungsähnlichen Beschwerden. Eventuell schwellen die Drüsen unterhalb deines Kiefers an. Ein Halstripper ist weniger häufig als ein Schwanz- oder Analtripper, aber das hängt auch von deinem Sexualverhalten ab.

Vom Küssen oder vom Kontakt mit Klobrillen, Handtüchern, Trinkgeschirr usw. kann man *keinen* Tripper bekommen. Die Bakterien müssen ständig mit Kohlendioxyd versorgt werden und sterben an der Luft binnen Sekunden.

Gonorrhöe sollte man immer sofort behandeln. Wenn nicht, verschwinden die akuten Symptome nach etwa 6 Monaten, aber die Krankheit führt zu Arthritis, Herzbeutelentzündung oder einem Emphysem.

Alle diese Dinge muß, gegebenenfalls, natürlich erst dein Arzt bestätigen. Er allein kann eine Therapie verordnen, obwohl du darauf bestehen solltest, daß er nach der Behandlung noch einmal einen Abstrich macht, nur zur Sicherheit.

Syphilis

Syphilis kommt nicht so oft vor wie Gonorrhöe, ist dafür aber gefährlicher und bedarf aufmerksamer Überwachung. Wenn du ein reges Sexualleben hast, solltest du mindestens alle 6 Monate einen Bluttest machen lassen.

Zum erstenmal tauchte diese Krankheit 1494 unter französischen Soldaten auf, die in Neapel stationiert waren. Für die Italiener war es deshalb „die französische Krankheit“, während die Franzosen sie „die neapolitanische Krankheit“ nannten. Als sie in die Türkei kam, bezeichnete man sie als „die Christenkrankheit“ und bei den Chinesen als „die portugiesische“. Schließlich einigten sich alle, Kolumbus und den amerikanischen Ureinwohnern die Schuld zu geben.

Das erste Symptom der Syphilis besteht in einer etwa erbsengroßen rötlichen Wundstelle, dem sogenannten *Schanker,* der aber nicht immer auftritt. Die Haut zerreißt, so daß das Geschwür zum

Vorschein kommt, das vielleicht bald von einem gelben oder grauen Schorf bedeckt wird. Es ist schmerzlos, blutet nicht unbedingt und kann auf deinem Penis, im Mund oder im After auftreten. Bei Nichtbehandlung heilt der Schanker innerhalb weniger Wochen von selbst ab. Leider entwickelt sich die Krankheit aber weiter.

Falls diese Wundstelle erscheint, dann in der Regel rund 3 Wochen nach dem Sexualkontakt (d.h. der Ansteckung), manchmal aber auch schon nach 10 Tagen. Abgesehen davon, gibt es keine Symptome, außer daß die Lymphknoten oft weich werden, sich entzünden und auf Weintraubengröße schwellen.

Das zweite Stadium der Syphilis beginnt 4 bis 6 Wochen nach der Infektion. Man bekommt einen Hautausschlag, der nicht unbedingt jucken muß und für gewöhnlich am ganzen Körper auftritt, mitunter sogar auf den Handflächen und an den Fußsohlen. Der Patient leidet an einem allgemeinen Krankheitsgefühl: Kopfweh, Übelkeit, Appetitlosigkeit und Fieber. Manchmal fallen ihm sogar die Haare aus (aber zum Glück wachsen sie wieder nach). Im zweiten Stadium ist die Syphilis hochansteckend. Sie kann durch sämtliche Schleimhäute übertragen werden, Mund und After inbegriffen. Auch diese zweite Symptomatik verschwindet innerhalb weniger Wochen, doch dann tritt die Krankheit in ein drittes, noch gefährlicheres Stadium.

Mehrere Wochen lang steckt sie unbemerkt im Körper. Wahrscheinlich treten gar keine Symptome auf, obwohl an der Stelle der ursprünglichen Infektion nach ein, zwei Jahren manchmal eine wunde Rötung erscheint. Nach etwa einem Jahr ist der Patient nicht mehr ansteckend. Manche fortgeschrittenen Fälle treten dann in das dritte Stadium der Syphilis ein. Davon gibt es drei Arten: Die eine, gutmütige, ist durch schwere Verletzungserscheinungen auf Körperfläche und an den Organen gekennzeichnet: die zweite, die Herzgefäßsyphlis, endet oft mit dem Tod durch Herzversagen; die dritte Art, die Parese (unvollkommene Lähmung), führt zum Zerfall des Zentralnervensystems und zur Psychose. Dieses Stadium wird normalerweise 10 bis 20 Jahre nach der Erstansteckung erreicht.

In einem frühen Stadium entdeckt, ist Syphilis mühelos heilbar. Eine gleichzeitige HIV-Infektion jedoch verkompliziert die Behandlung (☛ *HIV-Erkrankung*). Der Bluttest auf Syphilis fällt während der ersten vier, fünf Wochen nach der Ansteckung meist noch negativ aus. Bluttests sind daher nicht immer zuverlässig. Solltest du ungewöhnliche Symptome aufweisen, dann laß einen zweiten Test machen, auch wenn der erste negativ war. Die Behandlung einer frühzeitig erkannten Syphilis erfolgt mit einer hohen Dosis Penicillin, obwohl Menschen, die gegen dieses Medikament allergisch sind, andere Antibiotika erhalten. Und vergiß nicht den zweiten Bluttest, um sicherzustellen, daß du gesund bist!

Filzläuse

Diese kleinen Biester holt man sich oft beim Sex und sind relativ harmlos, jucken aber höllisch. Hauptsächlich gedeihen sie im Schamhaar, auch unter den Armen, auf der Brust und zwischen den Arschbacken findet man sie. Manchmal hängen sie sich in die Beinbehaarung, bis zu den Knien hinunter, und wurden sogar schon auf haarigen Unterarmen, ja, selbst in Bart oder Augenbrauen entdeckt.

Man kann die Filzläuse erkennen, wenn man genau hinschaut. Sie sind dunkelfarbig und leben meist an der Wurzel des Haarbalgs. Auch an winzigen Blutflecken in der Unterwäsche stellt man sie manchmal fest.

Ein bewährtes Mittel dagegen ist Jacutincreme, die du rezeptfrei in jeder Apotheke bekommst. Vielleicht möchte dein Arzt dir aber auch etwas anderes verordnen. Alle Medikamente haben einen Beipackzettel, der die genaue Anwendung beschreibt. Bevor du ein Öl oder eine Salbe aufträgst, zieh dich ganz aus und geh anschließend unter die Dusche; dann wasch gründlich deine Handtücher, Bettzeug, Jeans und Unterwäsche. Sag auch unbedingt deinen Sexualpartnern Bescheid, daß sie sich gegen Filzläuse behandeln sollen, sonst gebt ihr sie euch noch Monate gegenseitig weiter.

Hepatitis

Diese gefährliche Leberentzündung ist innerhalb der schwulen Gemeinschaft weit verbreitet. Sie wird auf vielerlei Weise übertragen – durchs Küssen, durch Kontakt mit irgendeiner Schleimhaut, durch Essen von infiziertem Schellfisch, durch Arschlecken, durch Sperma (ob anal oder oral aufgenommen) und durch Transfusionen mit infiziertem Blut. Es gibt mehrere Hepatitis-Formen; davon sind am verbreitesten: die „infektiöse" (heute *Typ A* genannt), die „Serumhepatitis" (der sogenannte *Typ B)* und die „non-A-non-B-Hepatitis" *(Typ C),* die der Hepatitis B ähnelt. Von den Symptomen her gleichen sie sich fast alle.

Die frühen Anzeichen ähneln Grippesymptomen: Muskelkater und Schmerzen, allgemeine Abgeschlagenheit, Fieberanfälle, manchmal auch Hautausschlag. Bald aber verschwinden diese Erscheinungen, und man fühlt sich extrem erschöpft. Der Urin wird mahagonifarben und der Stuhl grau-weiß. Rauchern schmecken ihre Zigaretten nicht mehr. Übelkeit und Appetitlosigkeit treten auf. Dann verfärben Augäpfel und Haut sich gelb (die sogenannte *Gelbsucht*). Aber das Schlimmste ist da schon überstanden, auch wenn du nicht gerade danach aussiehst.

Es gibt kein Mittel gegen Hepatitis, nur unterstützende Behandlung. Man muß ärztlich überwacht werden. Vielleicht empfiehlt dein Arzt dir Ruhe, wann immer dir dein Körper sagt, daß du Schlaf brauchst, und rät zu Schonkost. d.h. daß du während des akuten Stadiums völlig auf Fett verzichtest (sonst kriegst du Brechreiz). *Meide noch mindestens 6 Monate nach dem Gesundwerden jeden Alkohol und alle anderen Drogen.* Nimm täglich Vitamine, auch in Form von Kapseln zu dir. Früher wurde während des akuten Stadiums absolute Bettruhe empfohlen, aber es gibt keinen Beweis, daß Körpertüchtigung – in Grenzen – nicht besser ist. Allerdings wirst du mindestens zwei Wochen nicht arbeiten können und während dieser Zeit mehr schlafen als wachsein. Nur in schweren Ausnahmefällen besteht Anlaß zu einer Krankenhauseinweisung, normalerweise genügen Pflege und Behandlung daheim. Dein Wohnungsgenosse oder ein Freund werden für dich Erledigungen machen müssen.

Wenn du einer Hepatitis ausgesetzt warst, dann will dein Arzt dir vielleicht eine Gamma-Globulin-Spritze geben. Die Inkubationszeit von Hepatitis beträgt bei Typ A zwei bis drei Wochen, bei Typ B drei Wochen bis 90 Tage. Gegen Hepatitis A und B gibt es heute Schutzimpfungen, die von der Krankenkasse bezahlt werden.

Herpes

Diese Infektionen werden von demselben Virus verursacht, das auch für „Fieberbläschen“ verantwortlich ist. Meist findet man einen Herpes am Penis, besonders unter der Vorhaut, aber er kann auch überall sonst am Körper, inklusive Gesicht, auftreten. Herpes ist beim Geschlechtsverkehr übertragbar.

Das Herpes-Virus wird man zwar nie wieder los, aber es gibt heute mittlerweile Salben (z.B. Zovirax), mit denen man einen Herpesbefall lindern kann. Wodurch das Herpes-Virus im Körper aktiviert wird, ist nicht klar. Man vermutet – so wie bei anderen Krankheiten –, daß psychologische Faktoren (Streß u.ä.) eine Rolle spielen können.

Krätze

Krätze ist unter Schwulen nichts Ungewöhnliches. Diese winzigen Parasiten (genau gesagt, handelt es sich um Milben) leben direkt unter der Hautoberfläche, meist im Bereich der Handgelenke, aber auch oft an den Knöcheln, in der Lendengegend und unter den Armen. Sie jucken sehr stark, besonders nachts, und werden durch Hautkontakt übertragen, über Bettzeug und Handtücher jedoch ebenfalls. Bei Nichtbehandlung rufen sie zwar keine gefährlichen Symptome hervor, sind aber sehr lästig.

Parasiten

Es gibt zwei Arten von Parasiten, die heute unter Schwulen (und auch bei Heteros) verbreitet sind: *Entamoeba histolytica* und *Giardia lamblia.* Viele Menschen, die zu exotischen Zielen reisen, bringen bei ihrer Rückkehr diese Plagegeister mit, die über verseuchtes Trinkwasser und Essen in den Körper gelangt sind. Beide Parasiten-Arten rufen ähnliche Symptome hervor, die bis zu schwerer Ruhr reichen können. Manchmal fehlen aber auch alle sichtbaren Zeichen. Zwischen diesen Extremen liegen Symptome wie weicher oder stark übelriechender Stuhl, Unterleibskrämpfe, Blähungen, Abgeschlagenheit, Fieber und Schüttelfrost, Appetitlosigkeit, Übelkeit bis hin zum Erbrechen. Parasiten verursachen ein allgemeines Krankheitsgefühl.

Auch anal-oral werden sie übertragen, d.h.: Wenn du jemandem den Arsch leckst, läufst du stark Gefahr, sie dir zu holen. Verlaß dich nicht allzusehr darauf, daß du Safer Sex machst – selbst wenn du nie jemandem den Arsch leckst, gibt es viele indirekte und kaum merkliche Übertragungswege, z.B. wenn du einem anonymen Partner den Schwanz lutschtst. Vielleicht hat dieser Mann gerade vor eurem Zusammentreffen jemanden ohne Gummi gebumst, der von Parasiten befallen war.

Die Diagnose fällt schwer, wenn du nicht einen erfahrenen Parasitologen aufsuchst oder dein Arzt nicht mit einem Labortechniker zusammenarbeitet, der weiß, wonach er zu suchen hat. In Instituten für Tropenkrankheiten kennt man sich mit Parasiten besonders gut aus. Normalerweise wird der Test über eine Stuhlprobe gemacht. Der Parasitologe kann einfach mit einem Wattestäbchen ein bißchen Kot aus deinem Anus entnehmen, es auf einen Objektträger legen und durch das Mikroskop untersuchen. In Zweifelsfällen ist jedoch manchmal ein Test anhand nassen Stuhls notwendig. Es gibt wirksame Heilmittel gegen Parasiten. Die Behandlung dauert von zwei Wochen bis zu ein paar Monaten.

Hämorrhoiden

Hämorrhoiden können nicht übertragen werden, sondern sind eine Volkskrankheit, von der jeder – ob Mann oder Frau – früher oder später befallen werden kann. Sie sind hauptsächlich auf eine Bindegewebsschwäche zurückzuführen und oft erblich bedingt. Unangenehm werden Hämorrhoiden, wenn sie sich entzünden – was beim passiven Analverkehr nicht gerade Freude aufkommen läßt.

Es gibt heute Möglichkeiten, Hämorrhoiden chirurgisch entfernen zu lassen. Ob sie aber nicht wiederkommen, dafür kann niemand eine Garantie geben. Meist werden sie mit entsprechenden Salben behandelt, die vor allem das lästige Brennen und Jucken lindern sollen.

Prostata- und Harnröhrenentzündung

Prostataentzündung ist eine Infektion der Vorsteherdrüse und, streng genommen, keine sexuell übertragbare Krankheit. Aber manchmal können Bakterien, die beim Analsex in die Harnröhre eingedrungen sind, sich bis zur Prostata vorarbeiten und eine Infektion auslösen. Symptome für eine Prostataentzündung sind ein Brennen beim Wasserlassen und ungewöhnlich häufiger Harndrang. Eine Peniserektion ist zwar nicht schmerzhaft, aber manchmal der Samenerguß. Gelegentlich spürt man auch einen Schmerz in oder hinter den Hoden, und immer mal wieder treten in Sperma oder Urin kleine Blutflecke auf. Prostataentzündung kann eine Nebenwirkung von peniler Gonorrhöe („Schwanztripper") sein. Häufiger jedoch liegt die Ursache in explosionsartiger sexueller Aktivität, gefolgt von unregelmäßigen Zeiträumen der Enthaltsamkeit. Wenn deine Prostata geschwollen ist, dann wird dir dein Arzt vielleicht empfehlen, dich vorerst nicht mehr bumsen zu lassen.

Die Hauptursache für eine *unspezifische Harnröhrenentzündung* (also eine, die z.B. nicht wie der Tripper von Gonokokken ausgelöst wurde) sind *Chlamydien.* Chlamydien haben derzeit alle Chancen, die Nummer eins der sexuell übertragbaren Krankheiten unter Heteros zu werden; sie können sich also auch auf Schwule ausbreiten, die Sex mit Heteromännern haben. Rund 60% aller Fälle von Harnröhrenentzündung sind *unspezifisch,* wurden aber vielleicht von Chlamydien verursacht. Die ersten Symptome dieser sehr ansteckenden Krankheit sind ein brennendes Gefühl beim Wasserlassen und ein (meist klarer) Ausfluß. Auch stürmischer, intensiver Sex kann zu einer Überbeanspruchung des Penis führen, die eine Harnröhrenentzündung hervorruft. Außerdem können Irritationen der Harnröhre durch parfümierte Seife und Schaumbäder entstehen. Wenn du irgendwelchen Ausfluß hast, dann gehe zu deinem Arzt und sag deinem Partner Bescheid.

Während Chlamydien behandelbar sind, besteht die Therapie gegen unspezifische Harnröhrenentzündung in strikter sexueller Enthaltsamkeit über mehrere Tage; danach hat sich der Zustand in der Regel gebessert.

SOFTSEX

Softsex wird oft auch „Blümchensex" genannt – von den einen nur beschreibend, von anderen abwertend –, und wie alle Blümchen ist er einfach und beliebt. Der Ausdruck bezieht sich auf Sexualphantasien und -praktiken, die zu den gängigsten und akzeptiertesten gehören, sowohl in der schwulen Welt als auch bei deren heterosexuellen Zaungästen. Ein Schwerpunkt auf Küssen und Zärtlichkeit sowie eine tüchtige Dosis Bumsen und Blasen bilden den Grundbestand dessen, was man als Softsex bezeichnet. Die Menschen, die ihn praktizieren, stehen auf hygienische Körper in frisch gewaschener und gebügelter Kleidung (vor allem in puncto Unterwäsche) und beäugen mit unverhohlenem Mißtrauen jene Schwulen, deren Garderobe, Accessoires und Verhalten düsterer, weniger gefällig und ganz offensichtlich für speziellere Geschmäcker bestimmt ist.

Jemand, dem man Blümchensex nachsagt, kann trotzdem ausschließlich die aktive oder ausschließlich die passive Rolle übernehmen bzw., um flexibler zu sein, je nach Stimmung und Partner die Rolle wechseln. Aber auf die „schmuddeligeren" Varianten körperlicher Liebe steht er nicht. Er meidet starke sexuelle Gerüche, Sexspielzeug (Dildos sind in der Regel okay), S/M-Fetische, die ausgefallenen Reize von Spielszenen, Hinternversohlen oder Piercing. Kleider machen Leute, heißt es, und Softsextypen verkünden dies hauptsächlich durch ein Outfit im College- oder Yuppie-Stil.

Dann und wann allerdings „vergreift" sich so jemand und geht mit einem Mann nach Hause, der sich als leichter oder harter S/M-ler entpuppt, obwohl er wie ein Oberseminarist gekleidet war. Bist du selbst ein Anhänger von Softsex, dann wird es dir nichts nützen, ihm unlautere Werbung vorzuwerfen. Mach deine sexuellen Grenzen klar, und wenn dir der andere ein schlechtes Gewissen einreden oder dich zu einer Nummer drängen will, die dir nicht gefällt, dann sag einfach Nein; notfalls geh bzw. bitte ihn, deine Wohnung zu verlassen (☛ *Abfuhren*).

SPIEGEL

Nicht *die* Spiegel, in die du beim Rasieren schaust oder worin du deine Bügelfalten überprüfst, sind hier gemeint. Spiegel, die man beim Sex benutzt, können jede Form und Größe haben und überall plaziert sein. Ein Spiegel oder mehrere können, ums Bett verteilt oder wenn sie von der Decke herabstarren, den Genuß verdoppeln. Zur unmittelbaren Freude des Zusammenseins gesellt sich eine weitere: die, daß ihr euch selbst zuseht. Man kann so tun, als wäre man ein Pornostar. Spiegel können dir und deinem Partner ganz neue, höchst reizvolle Blickwinkel von etwas zeigen, das vielleicht zu einer Reihe langweiliger Positionen und Praktiken geworden ist. Sie können aus einem Zweier einen illusorischen Vierer machen. Je mehr Spiegel du hast, desto voller sind Einzelheiten und die ganze Szene zu erkennen. Egal in welcher Stellung, werden dir sonst immer ein, zwei Blickwinkel entgehen.

Manche Männer sind derart spiegelsüchtig, daß sie Schlaf-, Ankleide- und Badezimmer verspiegelt haben. Andere fürchten, man stempelt sie zum Narziß ab, und meiden Spiegel deshalb wie der Teufel das Weihwasser. Ein bißchen mehr Narzißmus könnte den meisten Männern mehr Selbstsicherheit in Hinblick auf ihren Körper geben, besonders wenn sie genau anschauen, wie jeder Teil, erregt oder nicht, aus unterschiedlichen Blickwinkeln und in verschiedenen Positionen aussieht.

SPORTSTUDIOS

In Anbetracht des großen Wertes, den die Amerikaner und Europäer auf Fitneß und Gesundheit legen, erfreuen sich Sportstudios eines wachsenden Zuspruchs. Für die 90er wurden sie sogar das, was Kneipen und Discos für frühere Jahrzehnte waren: ein fundamentaler, zentral gelegener Ort, wo sich Schwule begegnen und Kontakte anknüpfen können. Obwohl Sportstudios kein Treffpunkt für Sexkontakte sind, kommt es dennoch zu Bekanntschaften.

Vor 1970 waren die meisten davon von Heteros geführte, rein zweckorientierte Räume mit zitronen- oder senfgelbem Bodenbelag, niedriger Decke und verspiegelten Wänden. Sie befanden sich fast immer im Geschäftsviertel der Innenstadt oder in Mittelstandsenklaven, und ihre Kundschaft waren Polizisten außer Dienst, Feuerwehrleute, der gelegentliche Boxer sowie ein paar verbissene Bodybuilder. Im folgenden Jahrzehnt aber, vor allem nach dem Erfolg des Filmes *Pumping Iron*, gewann das Bodybuilding an Ansehen.

Heute, wo auf jedes schwule Viertel mindestens ein Sportstudio entfällt, trifft man Typen, die sich das Neueste vom Videomarkt anschauen oder den neuesten Klatsch aufschnappen, während sie sich in Form bringen oder ihre Form pflegen. An Freitag- oder Samstagnachmittagen kann die Klientel so rüde sein wie der Feierabendverkehr: Klubmitglieder rempeln und drängen sich an diesen Nautilus-Maschinen, die perfekte Rückenmuskeln versprechen und Brustkästen, für die man über Leichen gehen würde.

Die meisten Männer vertrauen zum Muskelaufbau zwar auf körperliches Training, aber manche nehmen auch Steroide. Diese Mittel, die aus Androgenen bestehen (männlichen Hormonen), bewirken eine Vermehrung der Körpermasse. In starken Dosen führen sie zu Bluthochdruck und Leberschäden, darunter auch Lebergeschwüren. Außerdem lassen sie die Hoden schrumpfen (das kommt, weil die Hoden keine Androgene mehr produzieren müssen, wenn diese dem Körper schon künstlich zugeführt wurden). Wenn dir auffällt, daß dein Bettgefährte Riesentitten und Mini-Eier hat, dann bist du bei einem Steroid-Nehmer gelandet. Weise ihn auf das gesundheitliche Risiko hin.

STELLUNG 69

So genannt, weil die Körper zweier Männer, die nebeneinander liegen und sich gegenseitig einen blasen, die Form der Zahl 69 bilden. Aber es gibt auch Abwandlungen. Ist z.B. einer der Partner sehr stark, dann kann er aufstehen und den anderen mit dem Kopf nach unten halten, während die Beine des anderen ihm den Hals umschlingen. Manch einer bevorzugt weniger athletische Methoden, etwa, daß man flach auf dem Rücken liegt, Fuß an Kopf, und nur Oberkörper, Hals und Kopf sich nach dem Schwanz des Partners strecken.

Früher gab es einen Witz, Princeton-Schüler würden gerne die Stellung 69 machen, weil sie so *fair* sei. Die Fairneß, die „gerechte Teilung“, ist nicht nur das Erregendste und Schönste an dieser Position, sondern auch der Hauptgrund zur Beschwerde. Die meisten nämlich beklagen sich, wie schwierig es sei, sich auf beide Genüsse gleichzeitig zu konzentrieren: jemandem den Schwanz zu lutschen und ihn gelutscht zu kriegen. Das Problem ist quasi ein „Zuviel des Guten“. Für andere wird das durch die eigenen Reize der Stellung 69 mehr als wettgemacht. Wenn jemand es dir besorgt, kannst du so in Ekstase geraten, daß du nie genug bekommst. Aufgrund deiner eigenen Erregung widmest du dich dem Objekt deiner Begierde noch leidenschaftlicher und lutschst den Schwanz deines Partners mit noch größerer Energie, bis der andere ebenso energisch reagiert, was wiederum deine Ekstase steigert, usw. Das Ganze beruht auf vollkommener Gegenseitigkeit, die mit einem wahnsinnigen, durch und durch gehenden (Fast-) Simultan-Orgasmus enden kann.

Durch die Stellung 69 läßt sich jemandem, dem du den Schwanz lutschst, auch sehr leicht zeigen, daß du selbst gern den Schwanz gelutscht haben möchtest. Ist dieser Partner außerdem jung oder unerfahren, ängstlich oder gehemmt, dann kannst du ihm in dieser Stellung deinen Schwanz präsentieren, ohne ihn zu etwas zu zwingen (☛ *Das erste Mal; Verheiratete Männer*). Dadurch, daß du deinen Partner nicht direkt anzusehen brauchst (es sei denn, du willst), läßt du ihm mehr Entscheidungsfreiheit. Ohne schlechtes Gewissen oder das Gefühl, daß man ihn beobachtet, kann er sich fragen: Soll ich es nun probieren und zum erstenmal einen Schwanz lutschen oder nicht?

Viele Schwule geben zu, durch den allmählichen Wechsel in die Stellung 69 seien sie vermehrt zum aktiven Oralsex und schließlich zum gegenseitigen Oralverkehr gekommen. Noch ein Aspekt dieser Stellung ist, daß sie zum Arschloch des Partners hinführt und so in Arschlecken übergehen kann (☛ *Arschlecken; Safer Sex*).

So mancher schwört auf die Stellung 69; mit ihr begann nicht nur die schwule Sexualerfahrung dieser Männer – sie wurde auch zu deren Lieblingsposition.

STRICHER

Es gibt alle möglichen Arten von männlichen Prostituierten (gemeinhein als „Stricher" bekannt). Manche machen die Prostitution zu ihrem Hauptberuf, andere bessern damit nur nachts und am Wochenende ihr Taschengeld auf. Manche gehen auf den Straßenstrich und in Stricherbars, andere bekommen ihre Kunden über einen Escort-Service oder inserieren in schwulen Zeitschriften. Stricher, die man auf der Straße engagiert, sind potentiell am gefährlichsten; am zuverlässigsten dagegen sind meist die, die man über einen Service anheuert (oft auch die attraktivsten und teuersten).

Warum nimmt man sich einen Stricher? Manchmal ist der Freier auf eine ganz spezielle, praktisch schwer durchführbare Nummer aus (Gummi oder die Inszenierung einer sehr detailierten Sexphantasie). Gehört zu dieser Nummer etwas ganz Besonderes oder ist sie sehr ausgefallen, dann wird auch der Stricher mehr verlangen. Andere mieten einen, weil sie ein bestimmtes Aussehen suchen (sagen wir, einen blonden Bubi mit kleinem Schwanz oder einen behaarten Kerl mit Riesendödel) oder weil sie spezielle Sexualpraktiken wünschen (etwa, daß der blonde Bubi sie bumst). Der springende Punkt an Strichern ist, daß man sich eine Sexualphantasie erfüllen kann. So hat vielleicht ein großer, maskulin wirkender Mann die heimliche Sehnsucht, sich einmal restlos zu unterwerfen, doch in der Schwulenszene wird er als „Hengst" abgestempelt. Indem er sich einen Stricher mietet, entgeht er der Rollenvorgabe durch andere und befriedigt seine eigenen Wünsche.

Stricher werden auch von Männern engagiert, die zuviel zu tun haben oder zu berühmt sind, um einen Partner aufzureißen, z.B. Geschäftsleuten bei Tagungen und Kongressen, aber auch von Touristen und Verheirateten oder Bisexuellen, die Aufregung suchen. Und dann gibt es da noch die Freier, die es mehr antörnt, für Sex zu bezahlen, als ihn gratis zu bekommen.

Ein Erlebnis mit einem Stricher kann gesittet und angenehm verlaufen, wenn jedem der beiden Partner klar ist, was sich daraus gewinnen läßt – und was nicht. Der Freier braucht nicht an Liebe und Kameradschaft zu denken, während der Stricher keinen Gönner fürs Leben oder einen allesverstehenden Vater erwarten sollte.

Auf den Strich gehen ist nicht leicht. Man braucht geistige und körperliche Vitalität, um Nacht für Nacht die sexuelle Ware zu liefern. Viele Stricher stehen fortwährend unter Beruhigungsdrogen oder Alkohol. Andere, vor allem die, die schon als Halbwüchsige auf den Strich gehen, können tiefe seelische Narben behalten: Entfremdung vom eigenen Körper und Mißtrauen gegen liebevolle Zärtlichkeit. Auch körperlich kann diese Arbeit gefährlich sein.

Statt sich als Heteros anzupreisen, geben die meisten Stricher heute zu, daß sie schwul sind und alles machen, was ihr Kunde verlangt.

Überleg genau, ehe du einen Stricher nimmst. Ein paar sind wütend, verzweifelt, ja, sogar psychotisch; jedes Jahr werden Schwule von Strichern beraubt und/oder umgebracht, obwohl die Zahl dieser Morde wahrscheinlich nicht höher liegt als die, die nach dem Sex mit Fremden generell geschehen. Wie man sich denken kann, sind einige Stricher HIV-positiv oder haben Aids, teilen dies aber nicht mit, weil sie das Geld brauchen. Wenn du schon einen Stricher haben mußt, dann laß dir einen von Bekannten empfehlen oder ruf, noch besser, bei einem Escort-Service an; dessen Geschäft hängt von deiner Sicherheit ab – und von deinem Vergnügen. Doch egal, wo du dir einen Stricher mietest: *Vergiß nie Safer Sex!*

TEENAGER

Einige Jungen wissen schon in sehr jungen Jahren, daß sie schwul sind. Anderen werden ihre sexuellen Interessen erst mit Beginn der Pubertät klar. Beim Coming-out stellen sich beiden Gruppen schwere Widerstände in den Weg, wobei es nicht die kleinste Schwierigkeit ist, der Verurteilung durch Eltern und anderen Erwachsenen zu entgehen (☛ *Coming-out; Eltern*).

Einige Jungen suchen Sex mit Gleichaltrigen. Der erste Kinsey-Report, der 1948 die Nation schockierte, stellte fest, daß rund ein Drittel aller Befragten schon einmal einen Orgasmus mit einem Geschlechtsgenossen hatten. Vielleicht war das meiste davon nur eine Wichserei zwischen Jungen, denn gemeinsam „Druck ablassen" galt von jeher als akzeptables männliches Verhalten.

Manche Teenager verlieben sich auch in einen Altersgenossen. Hier findet man tiefe Gefühlsverbindungen. Solche Liebesaffären unter schwulen Jungen halten meist nicht sehr lange, weil sie Entdeckung und Strafe ausgeliefert sind. Wehrlos gegen ihre starken Stimmungsschwankungen, enden Halbwüchsige oft in tiefer Depression (☛ *Depressionen*).

Wenn du ein Halbwüchsiger bist, der Sex oder Liebesbeziehungen mit Altersgenossen sucht, dann haben wir für dich zwei Mitteilungen. Eine lautet, daß es in einigen Großstädten jetzt Gruppen für Schwule unter 18 Jahren gibt (die Telefonnummer erfährst du in schwulen Informationsheften und Zeitschriften). In deinem Alter ist es unerläßlich, daß du erfährst, du bist nicht allein. Du wirst neue Freunde finden und aus ihrem Leben, ihren Ängsten und ihren Hoffnungen lernen, die sich vielleicht als haargenau gleich mit deinen eigenen erweisen. Außerdem bieten dir andere schwule Jungs den nötigen Rückhalt, wenn dich der Rest der Welt verachtet und links liegen läßt, nur weil du bist, wie du bist.

Und jetzt die andere Botschaft. Das Coming-out ist gerade heute, in Zeiten von Aids, nicht einfacher geworden. Es bedeutet jedenfalls, daß du mit all deinen Sexualpartnern Safer Sex machen mußt. Kein Mensch sollte sein eigenes Leben oder das eines anderen in Gefahr bringen (☛ *Kondome; Gefährlicher Sex; Gleitmittel; Safer Sex; Abfuhren*).

Manche Teenager haben lieber Sex mit älteren Männern. Dafür gibt es eine ganze Reihe von Gründen. Statt mit gleichaltrigen Bekanntschaften herumzustümpern, wollen sie einen sexuell erfahrenen Mann, der sie geduldig unterrichten wird. Die Suche nach einem Rollenvorbild ist ebenfalls ein Grund. Ein paar andere Jungen, vor allem aus armen oder zerrütteten Elternhäusern, lassen sich von Erwachsenen für Sex bezahlen. Und schließlich gibt es noch jene, die einen liebevollen schwulen Mann als Ersatz für einen lieblosen (oft auch grausamen) Vater suchen.

Wenn du ein Teenager bist, der sich für Erwachsene interessiert, dann magst du so manchem zwar gefallen, aber nur wenige wollen wirklich Sex mit dir machen. Von speziellen Umständen einmal abgesehen, sind die meisten Männer (ob schwul oder hetero) vor dem sexuellen Interesse Halbwüchsiger auf der Hut. Die Gesellschaft kannte im Lauf der Geschichte keine Gnade mit Männern, die als „Kinderschänder" galten. Solltest du also unter 16 sein und gern Sex haben wollen, dann sei dir darüber im klaren, daß dein erwachsener Partner für sehr lange Zeit hinter Gittern kommen könnte.

Viele Erwachsene weisen die Möglichkeit, daß Minderjährige dem Sex mit Erwachsenen zustimmen und dies auch regelmäßig tun, erbost von der Hand. Sie bestehen darauf, daß jeglicher Sexualkontakt zwischen einem Minderjährigen und einem Erwachsenen ein Akt des Mißbrauchs und der Ausnutzung sei – egal, was der Jüngere sich wünscht. Diese Überzeugung bewahren sie sogar angesichts der Tatsache, daß Sex zwischen Angehörigen unterschiedlicher Generationen schon erwiesenermaßen zu langfristigen Liebesbeziehungen geführt hat. Einer der Autoren lernte ein Paar kennen, das bereits 50 Jahre zusammen war; die erste Begegnung der beiden fand im ungewöhnlichen Alter von 11 bzw. 21 Jahren statt. Wie viele Dauerbeziehungen zwischen Angehörigen unterschiedlicher Generationen es heute gibt, ist unbekannt.

Die meisten Teenager machen sich mehr Sorgen um ihr Coming-out gegenüber Eltern und Geschwistern als um den Sex (☛ *Eltern*). Eltern haben heutzutage mehr Verständnis und Mitgefühl für ihre schwulen Kinder als je zuvor. Viele dieser aufgeklärten Eltern heißen auch den festen Freund ihres Sohnes zu Hause willkommen. Aber einen Tip laß dir geben: Deine Eltern werden sich große Sorgen wegen Aids und deiner Gesundheit machen. Wenn du ihnen sagst, daß du schwul bist, dann sei auch darauf vorbereitet, über Safer Sex zu sprechen und ihnen zu versichern, daß du vorhast, gesund zu bleiben (☛ *HIV-Erkrankung; Sexuell übertragbare Krankheiten*). Leider werden manche schwulen Söhne von ihren Eltern verstoßen oder vor die Tür gesetzt. Und es gibt viele, die ausgerissen sind, weil ihre Eltern sie beschimpft, mißhandelt oder sexuell belästigt haben. Meist wird berichtet, daß der Rausschmiß noch das einfachste war, weil das Leben daheim zu einer solchen Horrorshow geworden sei. Aber als Ausreißer hat man es sehr schwer. Es gibt psychopathische Erwachsene, die solche Jungen mißbrauchen, indem sie sie mit Drogen und Prostitution bekanntmachen. Und selbst wenn es Ausreißern gelingt, sich zu einer Gruppe zusammenzuschließen, ist das Überleben ohne Geld und ohne ein Zuhause sehr schwer. Krankheit und Verzweiflung können die festeste Freundschaft zerstören.

Die größten Städte, in die es Ausreißer am häufigsten zieht, haben auch die meisten Projekte, um minderjährigen Ausreißern zu helfen. Diese Projekte sind nicht vollkommen und stets unterfinanziert, aber man kümmert sich aufrichtig um seine Schützlinge.

TELEFONSEX

Die Telekom ist über ausländische Telefonsex-Anbieter ins Sex-Business eingestiegen. Jede schwule Zeitschrift hat Anzeigen, in denen man aufgefordert wird, sich geile Sex-Stories anzuhören oder live dabei zu sein, wenn andere Anrufer sich gegenseitig anmachen. Für „nur“ ein paar Mark die Minute soll jeder einen fleischgewordenen Traum finden, der ungeduldig auf ihn wartet. Die Wahrheit ist, daß dir die Telekom hierzulande für jede Minute Telefonsex DM 3,12 abknöpft. Tagtäglich rufen Tausende bei solchen Telefondiensten an. Aus zwei Gründen: Der eine will sich bloß einen runterholen, der andere möchte Männer kennenlernen.

Das Wichsen am Telefon hat viele Vorteile. Es versteht sich von selbst, daß man nicht spitzenmäßig aussehen muß, und niemand braucht sich um Safer Sex zu kümmern. Die größte Selbstsicherheit gibt wahrscheinlich der Schutz der Anonymität. Telefonsex scheint völlig risikolos, und obwohl man auch einmal abblitzen kann, wirkt das doch weniger schmerzhaft, als wenn es im persönlichen Zusammensein geschieht. Irgendeinen gibt es immer zum Reden. Und nachdem die Angst vor Zurückweisung weitgehend abgebaut ist, können Schwule ihrer Phantasie ungehemmten Lauf lassen.

Vielleicht lernt man beim Telefonsex sogar Geheimnisse des Eros’ kennen, an die man vorher nicht einmal gedacht hat. Liebst du helle, knabenhafte Stimmen und wirst abgetörnt von tiefen, männlichen, die nach dem kalten Generalstabston deines Vaters klingen – oder zitterst du und wirst weich in den Knien, wenn die Stimme eines Typen Elmar Gunschs warme Gelassenheit verströmt? Erfüll dich ein süddeutscher Akzent mit Gedanken an eine Alpenwiese, wo du dich mit einem strohblonden Hütebuben im Gras wälzt (obwohl zu dieser Stimme der Körper eines protestantischen Mittelständlers gehören mag, der im dreiteiligen Anzug arbeitet)? Oder törnt sie dich ungerechterweise, aber unweigerlich ab, weil du dabei an schwulenfeindliche Bauern denken mußt?

Hinter den vollmundigen Versprechungen am Telefon steckt oft kein Fünkchen Wahrheit. Fast jeder preist sich mit übertriebenen Vorzügen an – übrigens auch beim ☛ *Computersex.* Jeder Schwanz zwischen 10 und 18 Zentimetern Länge wird als 20-cm-Rohr beschrieben und rasiert oder unrasiert sein, je nachdem, was du nach Meinung seines Eigentümers hören möchtest. Mißt das Ding wirklich 20 cm, dann wird sein stolzer Besitzer es auf atemberaubende 25 verlängern. Vielleicht hat er ihm auch einen Namen gegeben, der imponierenden Größe zu Ehren (unseres Wissens hat aber bisher niemand die Kosenamen von anderer Leute Schwänzen katalogisiert). Was bei der Schwanzgröße hinzuaddiert wird, das wird beim Alter abgezogen. Als Faustregel gilt offenbar eine Verjüngung von fünf Jahren, so daß sich ein 30-jähriger als 25er, ein 40-jähriger als 35er ausgibt, usw. Umgekehrt machen sich Teenager, bis etwa Anfang 20, manchmal ein paar Jahre älter, damit sie reifere Herren (diejenigen über 30) nicht verschrecken.

Andere körperliche Daten entsprechen oft genauso wenig der Wahrheit. Ein Mann, der sich als Fußballspieler beschreibt, hat wahrscheinlich Übergewicht. Die Gesprächspartner, die einen Schwimmerkörper für sich beanspruchen, darf man sich dünn, vielleicht sogar sehr dünn vorstellen – ganz anders als Wettkampfschwimmer heutzutage.

All diese Übertreibungen und glatten Lügen sind vollkommen okay, ja, sogar besser als die Wahrheit, wenn du die Absicht hast, dir am Telefon einen runterzuholen. In diesem Fall laß dich von deinen sonstigen Hemmungen nicht daran hindern, dich als den absolut perfekten Mann zu schildern (was immer das für dich heißen mag). Sowohl du als auch dein Gesprächspartner können davon nur profitieren. Und natürlich darfst du dich nicht fragen, ob die Beschreibung stimmt, die er dir von sich gegeben hat! Alles ist Phantasie, Illusion, Spiel – alles nur mit dem Ziel, eine Ladung loszuwerden.

Andererseits gehörst du vielleicht zu der Sorte, die übers Telefon gern neue Leute wirklich kennenlernen möchte. In diesem Falle raten wir dir, dich deinem Gesprächspartner wahrheitsgemäß zu beschreiben. Wenn du morgens um drei an jemandes Tür läutest, während der Regen dich durchnäßt, und hast dich als einen Tom Cruise geschildert, obwohl du eigentlich mehr ein Helmut Kohl bist, dann rechne nicht damit, daß man dich reinläßt. Es hat keinen Sinn, jemandem am Telefon etwas vorzulügen, wenn man persönliche Bekanntschaften sucht. Erstens lassen solche Lügen vermuten, daß du in irgendeinem Punkt deines Aussehens unsicher bist – das törnt ab. Zweitens lernst du per Telefon vielleicht jemanden kennen, den genau das an dir anmacht, was dir „stinkt". Suche diesen Mann, dann wirst du nicht nur deine Freude haben – du wirst dich am Ende auch wohler fühlen.

Es kommt auch darauf an, *wann* man anruft. Nehmen wir uns zuerst die Werktage vor. Von 7 bis 9 Uhr früh ist Wichsen angesagt. Wahrscheinlich wirst du in dieser Zeit jemanden fragen hören: „Darf ich mich um deine Morgenlatte kümmern?" Dann geht es an die Arbeit, wie überall. Auch am Nachmittag kann Wichszeit sein, aber für eine andere Personengruppe: der geile Künstler, der Selbständige und der gefrustete Kellner greifen jetzt zum Telefon. Am frühen Abend dann herrscht Telefonsex-Flaute. Man erledigt seine Privatsachen, trifft sich mit Freunden und Bekannten, ißt zu Abend oder geht ins Kino. Die „rush hour" kommt zwischen 23 und 2 Uhr. Das sind die „gnadenlosen Stunden". Um diese Zeit ruft an, wer mit etwas Heißem zu Bett gehen will. Vielen macht es auch keinen Spaß, in verqualmten Kneipen herumzustehen und ein Bier nach dem anderen zu kippen; darum benutzen sie das Telefon, um Bekanntschaften zu schließen. Anders ausgedrückt: In dieser Zeit geht es mehr ums Kontaktknüpfen als ums Wichsen.

Von 2 bis 6 Uhr früh kann man an Typen geraten, die die ganze Nacht durchgemacht haben. Ecstasy-berauschte Discoschwärmer sind um diese Zeit, wenn die letzten Kneipen dichtmachen, am Apparat. Sie rufen an, weil Alkohol und andere Drogen sie künstlich aufgegeilt haben. Gleichzeitig werden sie durch die Drogen impotent. Sie kriegen keinen mehr hoch und bieten bei direktem Kontakt

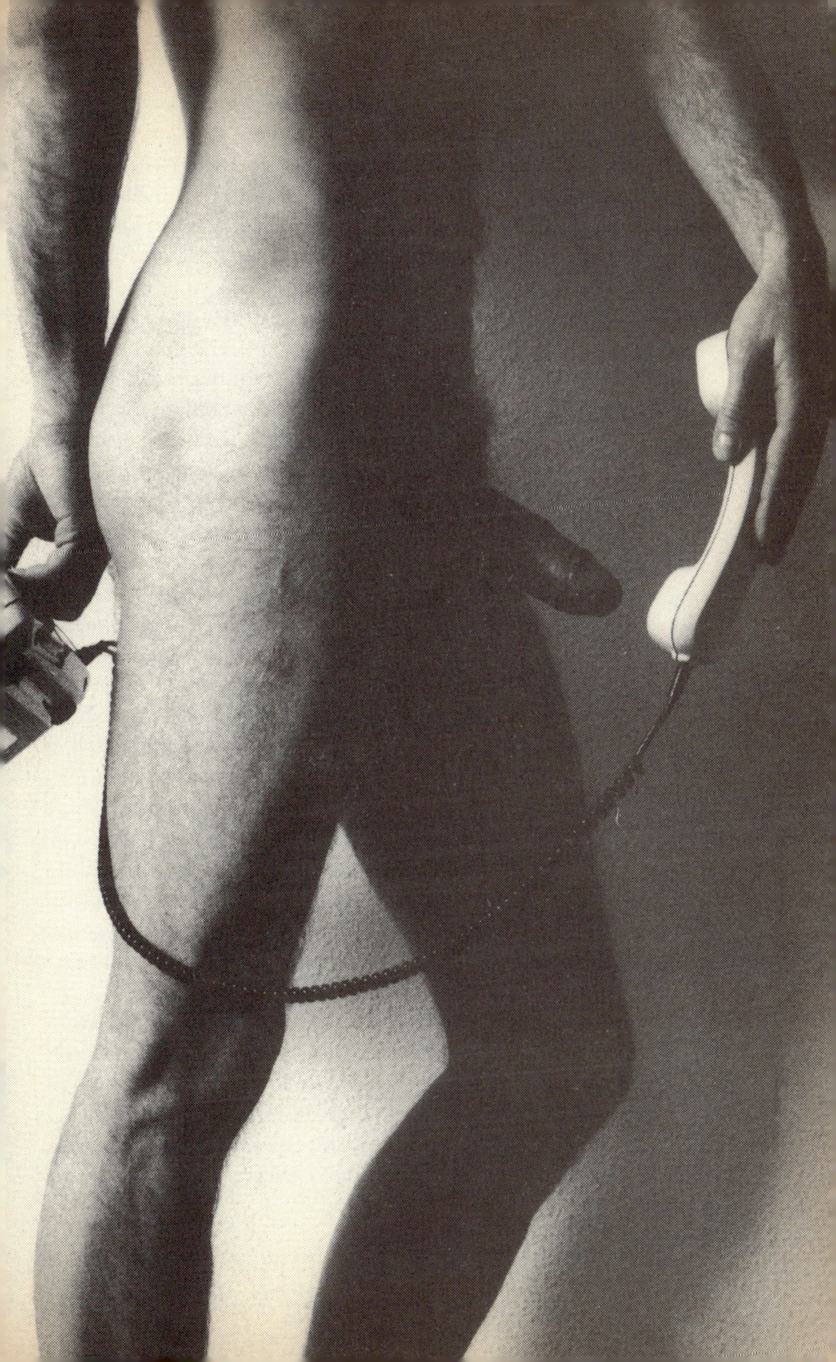

ziemlich jämmerlichen Sex. Am Telefon aber nicht unbedingt. Soviel zu werktags.

Abends am Wochenende geht es oft nicht um Sex am Telefon, sondern ums Kontakteknüpfen und Dates. Solche Leitungen sind zu diesem Zeitpunkt heiß begehrt, so daß es in der Regel bei kurzen, eiligen Mitteilungen bleibt. Auch Freundespaare suchen auf diesem Weg einen Dritten, um etwas Pep ins traute Heim zu bringen.

Wenn du jemanden zu dir einlädst, den du noch nie gesehen hast, dann schau durch deinen Spion, ob auch nur *eine* Person aufkreuzt. Ist es mehr als eine, dann laß sie nicht rein, außer wenn ihr es so vereinbart habt. Manche Männer glauben, sie vermindern das Risiko, wenn *sie* zu dem Treffen gehen. Andere bevorzugen einen neutralen Ort wie eine Straßenecke oder ein Café, damit sie den Typen sehen und mit ihm reden können, ehe sie ihn mit heim nehmen.

Rein technisch gesehen, sind solche Telefonkontakte nicht schwer. Wähle die Nummer. Wahrscheinlich hörst du eine Tonbandansage, die dir die verschiedenen Möglichkeiten – Zweier- oder Gruppenleitung – bietet. Das Tonband sollte dir auch die Kosten mitteilen (wenn nicht, leg sofort wieder auf!). Dann sagt dir ein Piepssignal, daß du verbunden bist. Fang an zu sprechen, vielleicht: „Was gibt's?" oder „Was suchst du?" Es wird jemand antworten. Du möchtest ein paar Sachen herausfinden: ob er sich fürs Wichsen oder für einen persönliche Kontakt interessiert; ob ihr euch treffen wollt; wenn ja: wo er wohnt. Frag unbedingt danach, denn möglicherweise möchtest du ja nicht in diese Gegend, oder der Weg dorthin ist zu umständlich. Worauf der andere steht, willst du gern wissen, was für eine Art Sex ihn anmacht und ob diese mit deinem eigenen Geschmack zusammenpaßt. Vielleicht interessiert es dich auch, was er anhat. Kleidung (bzw. deren Fehlen) ist äußerst wichtig für Männer, die auf Jocks, Unterwäsche oder Leder stehen.

Um Gesprächsgebühren zu sparen (die können nämlich astronomische Höhen erreichen, wenn du nicht aufpaßt), geben manche Männer ihre Telefonnummer an. Dann sei aber darauf gefaßt, daß du *zu jeder Tages- und Nachtzeit* Anrufe bekommst.

Das Auftreten gegenüber dem anderen spielt eine wichtige Rolle. Der Lohn für Frechheit, Dreistigkeit oder Aggressivität ist gewöhnlich der, daß man auflegt. Andererseits kann ein herrischer (bzw. dominanter) Tonfall genau das sein, was dein Gesprächspartner sucht. Sei sehr wortreich. Verwende viele Adjektive, wenn du dich und deine Lieblingsnummer beschreibst. Deine Schilderungen sollten dem anderen helfen, sich ein Bild zu machen. Gib dem Ganzen noch den richtigen Kick durch einen erotischen Tonfall. Falls deine Stimme hell ist, übe, damit tief und gedämpft zu sprechen.

Weil ihr einander nicht könnt abspritzen sehen, werden die Laute und Geräusche, die du von dir gibst, deinem Gesprächspartner ein lebendigeres Bild vermitteln. Halt dich nicht zurück! Wenn du normalerweise eher leise kommst, dann laß es wie eine Explosion klingen. Wenn dein Sperma sonst eher nur tröpfelt, dann tu so, als würde es an die Wände klatschen oder dir das Gesicht einkleistern. Und am Telefon sollte dein Orgasmus viel länger dauern als in Wirklichkeit. Diese Übertreibungen erhöhen nur das Vergnügen.

Kann sein, daß manch einer mittendrin auflegt. Nimm dir das nicht zu Herzen. Die nettesten Typen sagen noch Ciao aber andere nehmen sich gar nicht die Zeit dafür, denn beim Telefonieren ist Zeit Geld. Wahrscheinlich legt so jemand nur auf, weil du nicht seiner Wunschphantasie entsprichst oder weil er jemanden kennenlernen möchte, der in seiner Nähe wohnt.

Schaden solche Telefonkontakte, psychologisch gesehen? Wenn du dadurch nur ab und zu deinen Druck loswerden und dir einen runterholen willst, dann sind sie eine harmlose kleine Zerstreuung, nichts weiter. Aber Telefonsex kann zu einer kostspieligen Sucht werden, zumal, wenn er dich davon abhält, Leute persönlich kennenzulernen und Partnerschaften einzugehen. In manchen Fällen spezialisiert man sich auch so sehr aufs Wichsen am Telefon, daß es dem Aufbau einer direkten persönlichen Beziehung im Wege steht. Wenn du deine Telefonphantasien nicht in Liebesbeziehungen eingliedern kannst oder wenn diese Telefonitis dich an Gefühlsverbindungen hindert, dann solltest du sie dir wohl abgewöhnen. Am Telefon kann man einfach auflegen, aber ein Konflikt mit einem Menschen, der dir persönlich gegenübersteht, läßt sich nicht auf diese Art lösen. Konflikte löst man nämlich bei jemandem, der einem etwas bedeutet, indem seine verwundbaren Seiten zeigt – *eine* Verhaltensweise von vielen, die man am Telefon geflissentlich meidet.

Versuch durch diese Gespräche nicht, Intimität oder echten menschlichen Bindungen aus dem Wege zu gehen. Die Plagen und Kümmernisse, wenn man einem Typen Auge in Auge und Schwanz an Schwanz begegnet, lassen sich beim Telefonsex zwar vermeiden, aber vergiß nicht: Das Telefon ist ein lebloser Gegenstand und langfristig kein Ersatz für wirkliches Schmusen, Küssen, Blasen, Bumsen und ein echtes, klopfendes Menschenherz.

TESTAMENTE

Die alten Ägypter waren auf den Tod gut vorbereitet. Man packte in ihr Grab Möbel, Lebensmittel, Schmuck und alles, was einem für das Leben nach dem Tode nötig schien. Sie glaubten, es mitnehmen zu können – eine merkwürdige Einstellung für uns Westeuropäer, deren Köpfe voll Todesangst und christlicher Reue stecken. Wir wissen, daß wir nichts mitnehmen können, und viele machen sich Sorgen, wohin es nach dem Tode mit uns geht.

Verständlicherweise widerstrebt es zahlreichen Menschen, über ihr Testament nachzudenken. Wir alle legen zwar Lippenbekenntnisse ab, daß es sowieso einmal mit uns aus sei, aber insgeheim glauben wir an unsere Unsterblichkeit und vermeiden es, dem Tod ins Auge zu sehen. Dazu führen wir mehr oder weniger rationale Begründungen an. Die häufigste lautet: „Ich hab' ja doch nichts zu vererben." Kann sein, daß du kein Rockefeller bist, aber du wärst überrascht, wie viele Dinge von Wert du besitzt. Vielleicht würde es sich einmal lohnen, wenn du zu Hause alles durchgehst und eine Liste deiner Habseligkeiten aufstellst. Tu das, bevor du ein Testament machst, und ganz nebenbei kannst du vielleicht entscheiden, was du deinen diversen Freunden und Verwandten hinterläßt.

Aber bei einem Testament geht es nicht nur um Geld und anderes Vermögen. Es geht auch darum, wie deine Freunde und Familie dich in Erinnerung behalten sollen. Schließlich dürfte dies das einzige Dokument sein, das dich nach deinem Tode vertritt, und das ist besonders wichtig für Schwule; wir genießen ja selten den Schutz des Gesetzgebers. Wenn du kein Testament machst, dann kann es sein, daß man deine Wünsche hinsichtlich deines Besitzes (darunter auch Dinge von großem persönlichem Wert) und die Art, wie du bestattet werden willst, nicht beachtet.

Die Aids-Krise hat Testamenten auf drastische Weise wieder Bedeutung verliehen. Manche Eltern und Angehörige haben Verständnis für ihren schwulen Sohn und heißen seinen Freund in der Familie willkommen. Aber andere sind gehässige, selbstsüchtige Menschen, die weder Wärme noch Mitgefühl aufbringen können. Sie betrachten die Homosexualität ihres Kindes nur als rufschädigend (☛ *Eltern*). Oft weigern sich solche Eltern, ihren HIV-kranken Sohn zu besuchen oder Kontakt zu seinem festen Freund aufzunehmen. Wer schwul ist, weiß um seine Situation. Darum muß gerade er sich und seine Erben, besonders seinen Lebensgefährten oder seine Kinder, vor Eltern wie diesen schützen. Das sind Sinn und Zweck eines Testaments.

Wenn du ein Testament machst, wird der Anwalt dich um Folgendes bitten:

❶ eine Vermögensaufstellung über Geld und sonstige Werte

❷ eine Aufstellung aller Besitzgegenstände von ideellem Wert

❸ Angaben hinsichtlich der gewünschten Bestattung

❹ falls du minderjährige Kinder hast: wen du zu ihrem Vormund bestimmst.

❺ wen du zum Nachlaßverwalter ernennst.

Abgesehen von diesen Punkten haben nur wenige HIV-kranke Schwule Sonderverfügungen in ihrem Testament getroffen, z.B. daß man eine Gedenkfeier abhält (es könnte sogar eine Party sein!). Meist wird ein Freund zum Organisator dieser Feier bestimmt, und die Kosten begleicht man aus dem Nachlaß. Dies und die Summe, die du dafür anberaumst, sollten klipp und klar im Testament festgelegt sein.

Vielleicht willst du dein Testament auch mit Eltern und Verwandten besprechen, aber tu das *nur*, wenn du ein gutes Verhältnis zu ihnen hast. Vielleicht möchtest du ihnen sogar eine Abschrift des Testaments geben. Dadurch unterrichtest du sie von vornherein über deine Wünsche. Wenn du einen festen Freund hast, könnte auch er an diesen Besprechungen teilnehmen. Es kommt oft vor, daß Schwule, die sich von ihrer natürlichen Familie verstoßen fühlen, ihre engsten Freunde als Familie betrachten. Eventuell halten sie sich an diese neuen „Angehörigen“, wenn sie Nachlaßverwalter ernennen und Erben einsetzen. Vielleicht ist es ganz klug, deinen Eltern und/oder Geschwistern mitzuteilen, daß ein Freund oder sonst jemand, den du namentlich ernennst, als dein Nachlaßverwalter fungieren wird und du deine Wünsche ausführlich mit ihm besprochen hast. Andererseits: Hüte dich vor Informationen (oder überhaupt welchen), wenn deine Eltern gegen dein schwules Leben sind und nach deinem Tod garantiert Probleme machen werden. Solche Fragen solltest du mit deinem Anwalt besprechen.

Können Eltern oder Geschwister dein Testament anfechten? – Ja. Jedes Testament ist anfechtbar, aber in der Praxis halten 99% einer gerichtlichen Überprüfung stand. Nur willst du ja nicht, daß deine Erben das ganze Gezänk und den zusätzlichen Zeit- und Finanzaufwand haben. Traditionell läßt sich ein Testament auf dreierlei Weisen anfechten:

❶ Wenn es nicht korrekt aufgesetzt war. Meist fallen handschriftliche unleserliche Testamente in diese Kategorie. Jeder Anwalt, der oft mit schwulen Menschen zu tun hat, weiß, wie man ein juristisch einwandfreies Testament macht.

❷ Wenn das Testament unter unzulässiger Beeinflussung entstand. Das war früher die beliebteste Methode, um das Testament eines schwulen Sohnes anzufechten, der sein Gesamtvermögen oder dessen größten Teil seinem Freund hinterließ. Die – heute vor Gericht nicht mehr anerkannte – Begründung hieß, dieser Freund hätte den Sohn zur Homosexualität verführt.

❸ Wenn der Betreffende zum Aufsetzen seines Testaments nicht mehr fähig war. Dieses Argument kann angeführt werden, wenn jemand geistig oder körperlich außerstande war, die Anforderungen, die ein korrekt aufgesetztes Testament stellt, zu verstehen. Mit anderen Worten: Mach dein Testament, solange du geistig noch dazu in der Lage bist.

Beachte außerdem, daß die Behörden, wenn jemand kurz nach Verfassen seines Testaments verstirbt, die Testamentsvollstreckung aufschieben können, bis alle Todesumstände gründlich geklärt sind.

Du kannst deinen Lebensgefährten, deine Kinder und deine Freunde aber nicht nur durch ein Testament schützen. Das geht z.B. auch über Versicherungsabschlüsse, Bankkonten, gemeinsamen Grundbesitz und nicht anfechtbare Vermögensinvestitionen (☛ *Versicherung; Patientenverfügung*). Freundespaare müssen sich unbedingt über ihren gemeinsamen Kapitalbesitz unterhalten und in Rücksprache mit einem Rechtsanwalt Vorsorge treffen, um sich (und gegebenenfalls ihre jeweiligen Kinder) zu schützen, wenn einer von ihnen stirbt.

Du mußt dir darüber im klaren sein, daß jeder größere Vermögenswert, der auf deinen Namen läuft und den du jemand anderem vermachen willst, manchmal zu einem Justizverfahren führen kann. Dabei geht es sowohl um die Bestätigung deines Vermögens und deines Testaments als auch um die Erbberechtigung. Dein eigener Besitzanspruch, der Wert des Besitzes sowie alle anderen Gesichtspunkte deines Testaments werden überprüft. Im allgemeinen ist das bei Häusern, Eigentumswohnungen, Kraftwagen und Bankkonten erforderlich und kann von mehreren Monaten bis zu einem Jahr dauern. Es gibt Bücher darüber, wie man diese Umstände vermeidet. Wenn für dich und deine Erben der Zeitfaktor eine Rolle spielt, dann lies dort nach; vielleicht möchtest du ja noch zu deinen Lebzeiten eine Schenkung machen oder den Besitz für einen symbolischen Betrag sogar „verkaufen“.

TRANSVESTITEN, TRANSSEXUELLE UND TRAVESTIE

Daß Frauen in Männer- und Männer in Frauenkleidern auftreten, ist nichts Neues. Das hat es schon immer gegeben. Jeanne d'Arc z.B. war der prominenteste „Transvestit" des 15. Jahrhunderts, da sie sich wie ein Mann anzog, um zu kämpfen.

In Frankreich gab es viele Transvestiten, von denen manche dem Königshaus angehörten. Der berühmteste war wohl „Monsieur", der Bruder Ludwigs XIV. Dieser brillante Feldherr trug volle Frauenkleidung unter seiner Rüstung und kämpfte auch darin, klagte aber gleichzeitig, daß der Rauch der Schlacht sein Make-up zerstöre. Der Ritter d'Eon de Beaumont wurde im 18. Jahrhundert (zur Zeit Ludwigs XV.) von einem politischen Feind als „Zwitter" denunziert. Am Hof war man über das wahre Geschlecht des Chevalier so stark im Zweifel, daß man Wetten abschloß und eine Entführung plante, um diese Frage zu klären, aber Beaumont entkam. Als er dem König gestand, er sei eine Frau, erhielt er den Befehl, für den Rest seines Lebens Frauenkleidung zu tragen. Danach wurde er Fechtlehrer – im Frauengewand. Bei seinem Tod im Jahre 1810 stellte sich heraus, daß er ein Mann war, mit allem, was dazugehört.

Obwohl Transvestismus und Transsexualität oft in einen Topf geworfen werden, handelt es sich doch um grundverschiedene Dinge.

Transvestiten sind im ursprünglichen, pathologischen Sinn Männer, die sich wie Frauen anziehen, um sexuell stimuliert zu werden. Die Mehrheit aller Transvestiten besteht aus Heterosexuellen ohne ein sexuelles Interesse an anderen Männern. Ihre Bezeichnung wurde in unserem Jahrhundert von dem berühmten deutschen Sexualforscher Magnus Hirschfeld geprägt.

Schwule Transvestiten nennt man abfällig oft „Fummeltunten" oder „Fummeltrinen" (wie übrigens auch Lederfetischisten als „Ledertunten" oder „Ledertrinen" bezeichnet werden). Der Großteil der männlichen Allgemeinheit behandelt sie mit Verachtung. Nicht nur von Heteros müssen sie Spott und Hohn über sich ergehen lassen, sondern auch von seiten anderer Schwuler – es sei denn sie betätigen sich als Travestie-Künstler à la Mary & Gordy oder Bob Lockwood. Manchmal werden in der Szene Transvestiten engagiert, um eine Show zu moderieren oder ein Playback von Marlene Dietrich, Zarah

Leander oder Barbra Streisand zu liefern. Als Teil der Gesellschaft halten sie oft ganze Gruppen zusammen. Sie sind ein herausragender Bestandteil von Schwulenparaden.

Schwule Transvestiten leben die Frauenrolle unterschiedlich aus. Manche tun es nur daheim oder auf Privatparties. Andere führen ein Doppelleben. Sie tragen im Berufsleben Männerkleidung und sonst immer nur Damengarderobe. Außerdem gibt es Transvestiten, die solche Vollkommenheit in Kleidung und Verhalten erreicht haben, daß sie ganz offen als Frauen leben, wie z.B. Charlotte von Mahlsdorf alias Lothar Berfelde, die in ihrem Buch »Ich bin meine eigene Frau« das Thema auf den Punkt bringt.

Für einige Transvestiten ist *das* große Ereignis des Jahres ein Tuntenball. Viele verwenden viel Zeit und Geld für die Kostüme, die sie für diesen Anlaß entwerfen und zusammenstellen. Das können wahre Wunderwerke der Phantasie sein.

Paris Is Burning, ein hervorragender, preisgekrönter Film über Transvestiten und Fummelbälle, zeigt mit viel Stil, Schwung, Humor und Verständnis dieses Leben, besonders unter Latinos und Afro-Amerikanern. Ihre Tuntenbälle sind überaus kreativ, und genauso oft wie Damengarderobe werden dort auch Büroanzüge als Kostüm vorgestellt. Veranstalter dieser Bälle sind sogenannte „Häuser" – familienähnliche Verbände, deren Angehörige das Haus beim Wettbewerb vertreten. Und wie nicht anders zu erwarten, hat jede Familie auch zwei Elternteile, die andere Mitglieder anleiten und beraten.

Transvestismus hat wenig mit dem Sexualverhalten zu tun. Schwule Transvestiten können beim Sex erstaunlich aktiv sein oder flexibel, wenn es darum geht, wer bumst und wer sich bumsen läßt.

Einige leben als Ehefrauen, im sozialen wie im sexuellen Sinne, mit „kerligen" Männern zusammen. Manche Transvestiten folgen einer herkömmlichen Moral, während andere Prostituierte sind.

Daß Fummeltrinen „zarte Geschöpfe" sind, ist ein Märchen. Davon zeugen die militanten Transen, die zusammen mit Strichern die Stonewall-Krawalle vom Zaun brachen (☛ *Schwulenemanzipation*). Danach gründeten die TVs (wie sie sich manchmal nennen) die Organisation STAR *(Street Transvestite Action Revolutionaries)*, eine der couragiertesten Gruppen bei politischen Schwulendemos. Fummeltrinen sind mit Recht sauer, daß man ihre oft geleisteten Beiträge nicht dankt und anerkennt und daß viele Schwule, die mehr hetero wirken, sie sogar für ein Hindernis im schwulen Befreiungskampf halten. Und dabei sind es gerade die Tunten, die oft an vorderster Front stehen. In Berlin z.B. sind Aids-Projekte wie H.I.V. e.V. und Lighthouse-Berlin den Tunten aus dem Berliner Schwulenzentrum zu verdanken.

Transsexuelle dagegen sind der felsenfesten Überzeugung, das Schicksal habe ihnen einen schrecklichen Streich gespielt, als es sie in Männergestalt auf die Welt schickte. Manchmal fühlen sie sich im „falschen Körper" gefangen und sehnen sich nach Befreiung. Mehrere medizinische Zentren, sowohl in den USA als auch in anderen Ländern, haben diesen Menschen bereits geholfen, den Wechsel vom Mann zur Frau zu schaffen.

Unseres Wissens wurde die erste dokumentierte Geschlechtskorrektur 1882 an Sophia Hedwig vorgenommen, die ihren Namen in Herman Karl änderte. Mit ärztlicher Hilfe wuchs ihr ein Bart, und man versuchte auf chirurgischem Wege, ihr Hoden, Hodensack und einen Penis zu machen. Wir wissen nicht, ob diese Operationen erfolgreich verliefen und wie Sophia Hedwigs Leben weiterging. Der Ausdruck „transsexuell", geprägt von Cauldwell in der Zeitschrift *Sexology*, taucht in der wissenschaftlichen Literatur erstmals 1949 auf. Damals wurde Dr. Harry Benjamin zu dem namhaftesten Fachmann auf diesem Gebiet.

Wegen seiner gesellschaftlichen, seelischen und körperlichen Tragweite und weil man ihn nicht wieder rückgängig machen kann, dauert der ganze Prozeß einer Geschlechtskorrektur oft Jahre. Zuerst erhält der Patient eine gründliche psychologische Beratung und muß für eine lange Zeit in der Frauenrolle leben. Seinen Bart entfernt man durch Elektrolyse, und er selbst erhält weibliche Hormone (die er von da an nie mehr absetzen darf). Die Hormone lassen ihm in den meisten Fällen einen Busen wachsen, machen die Körperformen sanfter und geschmeidiger und die Hüften breiter. In der Regel dauert das ein, zwei Jahre. Während dieser Zeit bewerten Patient und Therapeut die Fortschritte in der Umwandlung vom Mann zur Frau. Manche Transsexuellen beschließen, über die Hormonbehandlung nicht hinauszugehen. Aber die meisten wünschen auch den endgültigen Schritt: die operative Geschlechtsangleichung. Durch mehrere, tiefe Eingriffe werden sowohl Hodensack als auch ein Großteil des Penis entfernt; die sensible Eichel und Harnröhre bleiben erhalten, um die Klitoris und die obere Innenwand der Scheide zu bilden. Weitere Maßnahmen bestehen u.a. in kosmetischen Gesichtsoperationen – z.B. dem Abtragen des Adamsapfels –, um das Erscheinungsbild weicher und weniger maskulin zu machen. Auch Silikonspritzen oder -implantate helfen, ein weiblicheres Aussehen zu erreichen. Wenn alles gutgeht, sieht der geschlechtskorrigierte Mann wie eine Frau aus und reagiert auch sexuell als solche. Für Transsexuelle ist es besonders wichtig, daß ihr Personenstand und der Name geändert wird. In Deutschland ist dies möglich, auch ohne eine operative Geschlechtsumwandlung vorzunehmen.

Das gesamte „Korrektur"-Verfahren, von der ersten Beratung bis zur letzten Operation, hat sowohl finanziell als auch psychologisch einen hohen Preis. Die Krankenkasse wird nicht immer alle Behandlungsschritte übernehmen, und es ist mit erheblichen Arbeitsausfällen zu rechnen. Zu den psychologischen Problemen gehört, daß man die Beziehungen zu Familie, Freunden und Bekannten neu erarbeiten und sich mit den seelischen Schwierigkeiten abfinden muß, die eine Geschlechtskorrektur mitbringt. (Siehe dazu das Buch *Im Rock* von Waltraud Schiffels.)

Es gibt die Meinung, daß Transsexualität verdrängte Homosexualität ist, so daß Transsexuelle zu einer Minderheit in einer anderen sexuellen Minderheit werden.

Wer davon überzeugt ist, seine wahre Identität als Frau zu haben, und die Zähigkeit besitzt, den ganzen Weg durch die Instanzen zu gehen, hat durchaus gute Chancen, mit der neuen Identität Zufriedenheit zu finden.

TRAUMTYPEN

Wir vergessen oft, daß die meisten Menschen einen ausgesprochenen Traumtypen haben. Dieser Vollbarttyp, auf den du so geil bist, hat dir vielleicht wegen deines rasierten Gesichts einen Korb gegeben. Beobachte ihn ein paar Abende lang. Wahrscheinlich stellst du dann fest, daß er bloß mit anderen Bartmännern davonrauscht. Dieser Cowboy-Typ, der dich hat abblitzen lassen, tat dies vermutlich nur, weil du groß und dunkelhaarig bist. Beobachte auch ihn; bestimmt wirst du dann sehen, daß er immer einen kleinen Blondie im Schlepptau hat. Der kultivierte Ballettfan, mit dem du so angenehm über Baryschnikow und Maurice Bejarts neueste Choreographie gesprochen hast, ging höchstwahrscheinlich deshalb nicht mit dir nach Hause, weil er nur auf einsilbige Vollidioten abfährt.

Spar dir den Kummer und sieh ein, daß nicht jeder vor dir dahinschmilzt wie Butter in der Sonne, so attraktiv du auch sein magst. Selbst deine persönlichen Trümpfe können dir zu Fallstricken werden: Dein perfekt geschnittenes Gesicht und dein mächtiger Bizeps schüchtern vielleicht jemanden ein, der sich bei Durchschnittstypen wohler fühlt. Und umgekehrt kann das, was du als Schönheitsfehler betrachtest, für andere den größten Reiz ausmachen: Dein Bartwuchs ist zweifarbig, rötlich und schwarz; du hältst das für eine Tragödie, manch anderem aber scheint es unwiderstehlich, besonders, wenn er auf „Bärentypen“ abfährt (☛ *Neues Macho-Image*).

Doch das Thema „Traumtyp“ hat noch eine weitere Dimension: Wie willst du vermeiden, daß man dich selbst in eine Schublade steckt? Sexuelle Vorlieben und äußere Erscheinung sind selten identisch. Ein kleiner, kuschliger Bubi ist im Bett vielleicht gerne dominant. Ein muskulöser Typ mit Übergröße hat es vielleicht einmal satt, daß immer er seine kleineren, schmächtigeren Partner beglücken muß, statt umgekehrt. Eventuell will ein zierlicher Asiat nicht immer die Geisha spielen und ein gestandener Sechziger nicht jeden Abend den Daddy. Wenn du merkst, daß dich andere in eine zu enge Schublade stecken, dann ist es eindeutig das beste, du sprichst oder signalisierst deine Wünsche ganz klipp und klar. Andererseits mußt aber auch du bereit sein, dich nicht mehr so zu kleiden und zu verhalten, daß falsche Vorstellungen geweckt werden. Solange du wie ein niedlicher Bubi aussiehst, bekommst du jede Menge Aufmerksamkeit. Hängst du diesen Look einmal an den Nagel, bist du vielleicht weniger begehrt. Egal! Wozu falsche Gelüste in anderen wecken? Nimm all deinen Mut zusammen und „mach einen auf Kerl“, wie es deiner wahren sexuellen Persönlichkeit entspricht. Selbst wenn du auf der Straße oder in den Kneipen nicht mehr so einschlägst, ist es mehr als wahrscheinlich, daß du genau den niedlichen Bubi kennenlernst, den du suchst und für den früher jeder dich gehalten hat.

Die Frage nach dem Traumtypen hat noch eine dritte Seite: daß man sich am Beginn einer Beziehung oft selbst im Wege steht. Wenn du immer nur mit kleinen stämmigen Südländern abziehst, die dich mit orientalischem Schlafzimmerblick betrachten, dann stehst du vielleicht jetzt vor einem schlaksigen, blauäugigen Collegetypen, den du eben kennengelernt hast und der dir nicht mehr von der Seite will. Merkwürdigerweise scheint er dir sogar sympathischer – und attraktiver – als die übliche Sorte. Nur wenn du bereit bist, mit deinen starren Typvorstellungen zu brechen, wirst du herausfinden, ob dieser Mensch eine potentielle Affäre oder gar der Mann fürs Leben ist.

Dann gibt es auch noch die Nationalitäten- und Rassenfrage (☛ *Rassismus*). Selbst die intelligentesten und liberalsten von uns hegen Ängste und Haßgefühle, die die Dümmeren und Bigotteren um uns herum in jahrelanger Arbeit erschaffen haben. Diese Gefühle können uns bei der Auswahl unserer Sexpartner stark beeinflussen. Sei dir dessen bewußt und bleibe aufgeschlossen! Versuch', mit jemandem in Kontakt zu kommen, der das genaue Gegenteil zu deinem sonstigen Typ ist. Du könntest eine sehr freudige Überraschung erleben. Vielleicht hast du danach nie wieder einen Lieblingstypen.

TRENNUNGEN & PARTNERVERLUST

In Orwells Roman *1984* fragt O'Brien: „Was ist das schlimmste auf der Welt?" Für die meisten von uns hieße die Antwort: das Gefühl, ungeliebt und alleingelassen zu sein – die vorherrschende Stimmung beim Bruch einer Partnerschaft. Manchmal waren beide Teile schon seit Jahren zerstritten. Bei anderen Paaren kommen Monate oder Jahre stummer Distanz jäh zu einem Ende, wenn einer der Partner erklärt, daß die Beziehung vorbei sei. Egal, wie lange sie gedauert hat und egal, was das Ende herbeiführt, ist es für beide Beteiligten schmerzhaft – für den einen aber manchmal eine Katastrophe.

Manche Menschen können nicht von der Vergangenheit loslassen. Verbissen und selbst im Angesicht überwältigender Beweise für das Gegenteil klammern sie sich an die Überzeugung: „Er liebt mich immer noch", und jedesmal ist der Betreffende in einem solchen Fall davon besessen, Beweise für diese Überzeugung zu finden. Seine Indizien entpuppen sich als krasse Verzerrungen. Persönlichkeit und Charakter des Geliebten werden so umgedeutet, daß er fast einem Heiligen gleicht. Unhöfliches oder grobes Verhalten interpretiert man als Güte; sogar Beschimpfungen und handfeste Gewalt lassen sich als Liebe verstehen (☛ *Gewalt in der Partnerschaft*). Diese *besessene Liebe* und ihre Folgen sind immer schädlich.

Mitunter klappt eine Beziehung nicht (☛ *Paare*). Dafür kann vielleicht keiner etwas. Zwei Männer haben sich befreundet, weil sie sexuell zueinander passen, und mißverstehen das als Liebe. Im Laufe der Zeit verlieren einer oder beide womöglich das Interesse, oder der eine verändert sich auf einschneidende Weise, der andere dagegen nicht. Wenn es dann aber zur Trennung kommt, werden wahrscheinlich beide deprimiert sein (☛ *Depressionen*).

Während Freunde und Bekannte, die mit der Lage vertraut sind, nur den Kopf schütteln können, jagt der „Besessene" seiner verlorenen Liebe hinterher, den Geliebten jedoch ärgert vielleicht diese ständige Verfolgung. Es ist sinnlos, jemandem zu sagen, „die Sache ist vorbei", wenn er einfach nicht daran glauben will oder kann. Würde er diese Absage einfach hinnehmen, so wäre das für ihn wie ein Eingeständnis, er sei nichts als ein kleiner Junge, der sich im Wald verirrt hat.

Gegen solche Besessenheit durch einen früheren Geliebten oder eine unglückliche Liebe ist kein Kraut gewachsen. Die Psychologen mußten einsehen, daß Obsessionen dieser Art die hartnäckigsten und am schwersten zu „heilen" sind. Der „besessene" Liebhaber weist die Welt nämlich zum großen Teil von sich und konzentriert seine Aufmerksamkeit ganz auf den Geliebten. Diese Besessenheit geht erst vorbei, wenn der Betreffende sein Leben für neue Bekanntschaften öffnet. Freunde können bei diesem Prozeß stark mithelfen.

Der Geliebte seinerseits kann die Sache besser oder schlimmer machen, je nachdem, wie er die Partnerschaft beendet und wie er sich anschließend verhält. Wer eine Beziehung „kündigt", der sollte seinem Freund den Grund dafür nennen. Überlaß das nicht seiner Phantasie. Formulier deine Kritik so klar wie möglich. Wenn ihr beide dazu bereit seid, dann probiert es mit Partnerschaftstherapie – aber nicht, wenn du tief in deinem Herzen weißt, daß du von deinem Freund frei sein willst. Sonst schaffst du nur neue Verstimmungen. Mach möglichst klar, welche Art von Kontakt du dir künftig mit ihm wünschst. Vermeide mehrdeutige Aussagen, denn die wecken falsche Hoffnungen. Wenn du gar keinen Kontakt mehr haben willst, dann heraus damit! Sprich es aus und mach klar, daß du auch keine Bekannten als Mittelsmänner dulden wirst.

Das Problem bei unglücklicher oder unerwiderter Liebe ist ähnlich gelagert, aber nicht das gleiche. Die meisten von uns waren schon einmal wahnsinnig in jemanden verknallt, der entweder nie etwas von dieser Leidenschaft wußte oder seinerseits kein romantisches Interesse gezeigt hat. Für gewöhnlich kommt man im Laufe der Zeit darüber hinweg, aber manche Menschen verfolgen das Objekt ihrer Liebe und werden auf Nebenbuhler rasend eifersüchtig (☛ *Eifersucht, Neid &Besitzdenken*). Ein paar bekommen sogar solche Wut, daß sie sich ins Leben des Geliebten einmischen. Natürlich sieht *der* nur die Verrücktheit an alledem: Ein Irrer drängt sich in sein Leben.

Wenn du von einem Ex-Freund oder einem unglücklichen Liebhaber verfolgt wirst, dann tu Folgendes: Mach deutlich klar, daß du keinerlei Interesse an einer Beziehung mehr hast und daß du weder persönlich noch telefonisch mit ihm in Verbindung treten willst. Postkarten und Geschenke, die dir zugeschickt werden, laß zurückgehen. Danach gib allen euren gemeinsamen Freunden und Bekannten Bescheid, sie sollen keinerlei Informationen zwischen euch übermitteln.

Und zum Schluß: Drück beide Daumen und hoff', daß das alles klappt.

Die Trauer um einen verstorbenen Partner oder Freund ist ein besonders schmerzlicher Teil im Prozeß des Loslassens. Aids hat eine Heerschar von jungen Witwern geschaffen, die um den Verlorenen trauern, aber gleichzeitig in der Welt „ihren Mann stehen" müssen wie eh und je. Manchen Hinterbliebenen fällt das furchtbar schwer; sie leiden an einer tiefen, lang andauernden Depression. Ein paar machen sich Selbstvorwürfe, daß sie nicht genug tun, und werden schließlich von schwersten Schuldgefühlen geplagt. Oft kommt es auch vor, daß der Hinterbliebene sich von seinem toten Geliebten im Stich gelassen fühlt und es ihm quasi verübelt, daß er tot ist. Andere weigern sich, irgend etwas vom Besitz des Verstorbenen wegzuwerfen oder zu verschenken. Und schließlich gibt es noch jene, die sich in zahlreiche Sexabenteuer stürzen. All das sind Mittel und Wege, den Schmerz zu bekämpfen oder zu verdrängen.

In einem gewissen Grade können Freunde helfen, doch mitunter fühlen sie sich der Aufgabe nicht gewachsen. Selbsthilfegruppen für

Freunde und Bekannte von Verstorbenen empfehlen manchmal ganz bestimmte Techniken, um den Verlust zu akzeptieren.

Es ist ganz normal, daß Hinterbliebene mit dem toten Freund sprechen. Gegebenenfalls hör also nicht damit auf. Rede mit ihm und sag ihm, wie es dir geht – wie es ist, ohne ihn zu leben. Mach allen Gefühlen Luft, die in dir aufkommen, ganz gleich, ob es solche der Liebe oder der Wut sind. Und weine – oder schmeiß etwas kaputt. Nimm eine Kleinigkeit aus seinem Besitz (nichts mit irgendwelchem Gefühlswert), wirf sie weg und sag ihm dabei, daß du es tust. Sag ihm (und dir), daß dieses Etwas nichts mit deiner Liebe zu ihm zu tun hat. An einem anderen Tag wirf sonst irgendeine seiner Habseligkeiten hinaus oder gib sie fort. Irgendwann, wenn du soweit bist, wirst du den größten Teil seiner Sachen wegschaffen, aber behalte alles, was dich an schöne Zeiten erinnert. Das Wegschaffen ist jedoch noch das Leichteste daran. Schwerer ist es, nicht nur den Tod seines Freundes zu akzeptieren, sondern auch, daß ein Teil von dir mit ihm starb.

TREUE UND MONOGAMIE

Das ist nicht unbedingt dasselbe. Treue zwischen zwei Partnern schließt die Möglichkeit aus, mit einem Dritten Sex zu haben. Monogamie bedeutet, daß zwei liebende Menschen sich zum Paar erklären – eine intime seelische und sexuelle Verbindung. Bei letzterem Verständnis *können* auch Sexabenteuer außerhalb der Beziehung inbegriffen sein.

Kein Wunder, wenn manche Paare, zumal wegen Aids, darauf bestehen, die beiden Worte seien gleichbedeutend: Kein Sex außerhalb der Beziehung.

Streit über Treue bzw. Untreue ist der häufigste Trennungsgrund für Schwule (☛ *Paare*). Sie unterliegen denselben moralischen Kategorien wie heterosexuelle Männer, d.h.: oft halten sie an falschem Besitzdenken fest – daß dem einen der Körper des anderen gehört, genau wie in manchen Ehen der Mann unmittelbare Besitzansprüche an seine Frau stellt (☛ *Eifersucht, Neid & Besitzdenken*). Filme, Bücher, Gedichte – sie alle unterstützen die Vorstellung,

Liebe sei gleich Besitz, und diese Verwechslung liegt Streitigkeiten wegen Untreue oft zugrunde.

Wenn du deinen Freund verdächtigst, daß er „fremdgeht", dann mach dir deine Gefühle ganz genau klar. Eifersucht kann nicht nur die Folge von Besitzansprüchen sein, sondern auch auf mangelndes Selbstvertrauen zurückgehen: Du fürchtest, dein Freund könnte andere Männer aufregender als dich finden. Manchmal ist Eifersucht auch eine Maske für Neid: du glaubst, er sei attraktiver als du und habe mehr Erfolg.

Ein Freundespaar muß Klartext reden, wenn es Regeln aufstellt, die den Bedürfnissen und Verletzlichkeiten beider Partner Rechnung tragen. Das erfordert ehrliche (nicht grausame), womöglich ausführliche (nicht langatmige) Gespräche. In einer Liebesbeziehung gibt es sowohl Pflichten als auch Freiräume.

Es ist immer kompliziert für ein Paar, wenn es Regeln über Sex außerhalb der Beziehung aufstellen soll, denn jeder Partner hat Angst, daß man ihn verläßt. Um so mehr Grund, sich über die Rahmenbedingungen zu einigen. Manchmal vereinbart ein festes Paar, daß es immer gemeinsam nach Hause geht, wenn es abends einmal die Szene besucht. Lernt einer jemanden kennen, der ihm gefällt, dann darf er dessen Telefonnummer notieren und sich verabreden, aber nicht seinen Freund während dieses gemeinsamen Abends stehenlassen. Manche Partner haben die Regel, daß Sex mit Außenstehenden nur in Form von Dreiern stattfindet, d.h. der Freund gehört immer dazu; andere, daß man nur dann „fremdgeht", wenn einer von ihnen außerhalb ist. Wieder andere bestimmen, daß ein Sexabenteuer nicht mit heimgebracht werden darf. Solche Regeln können und sollten sich im Laufe der Beziehung verändern – denn die entwickelt sich unweigerlich fort, je mehr die beiden Partner die Bedürfnisse des anderen erkennen und sich damit arrangieren.

Man sollte noch festhalten, daß es immer schwule Paare gab und gibt, die auf Treue und Monogamie bestehen, weil sie der alten Überzeugung sind, schwule Partnerschaften würden genau wie die Hetero-Ehe Sex außerhalb der Beziehung ausschließen. Obwohl manche es kaum glauben können, gibt es viele Beispiele für sexuelle Treue in schwulen Beziehungen.

Für eine andere Gruppe von Männern bedeutet Fremdgehen ein Gesundheitsrisiko. Sie fürchten, ein Dritter könne das HIV-Virus in die Beziehung einschleppen, und haben Sexabenteuern „bis auf weiteres" abgeschworen.

Ein Paar ist sich in erster Linie gegenseitig verantwortlich, nicht den Maßstäben der schwulen Gemeinschaft oder der Gesellschaft insgesamt.

VATER-SOHN-PHANTASIEN

Die „Daddy"-Nummer ist sehr beliebt. Man findet Pornovideos und Magazine, die sich ganz ihr widmen. In San Francisco gibt es sogar eine „Daddy"-Kontaktmarkt für Computerbesitzer (☛ *Computersex*). Ein paar schwule Fachmänner schrieben kürzlich über die Bedeutung von Vätern für die sexuelle Entwicklung des Sohnes. 1981 veröffentlichte Silverstein das Buch *Man to Man: Gay Couples in America*, in dem er das sexuelle Interesse mancher Jungen an ihren Vätern nachweist. Einige schwule Söhne phantasieren beim Onanieren über Sex mit dem Vater. Ab und zu versuchen Jungen sogar, ihn zu verführen. 1990 legte Richard Isay sein Buch *Being Homosexual: Gay Men and Their Development* vor, in dem er die Bedeutung der erotischen Bindung von schwulen Söhnen an ihren Vater tiefer erläutert.

„Daddys" verfügen über bestimmte körperliche Eigenschaften. Sie haben grau meliertes oder schütteres Haar. Sie haben auch Haare auf der Brust sowie Schnauz- oder Vollbärte. Ihr Gesicht zeigt Reife, und manche „Söhne" stehen auf Daddys mit großen Händen. Ein Daddy muß körperlich nicht in Hochform sein. Für einen „Sohn" gibt es keine Altersbestimmung, aber muß etwas Jungenhaftes ausstrahlen können, sogar etwas Freches. Voll- oder Schnauzbart mag er zwar haben, doch seine Körperbehaarung möchten er oder sein Daddy vielleicht lieber wegrasieren.

Das Ziel von Vater-Sohn-Nummern ist in erster Linie, daß man sich um den Sohn kümmert, ihm (innerhalb einer Sexszene) beim Erwachsenwerden hilft. Mitunter besteht so eine Vater-Sohn-Beziehung auch außerhalb des Schlafzimmers fort.

Für die Vater-Sohn-Nummer gilt meist als Rahmenbedingung, daß der Sohn entweder ein „braver" oder ein „unartiger Junge" ist. Unartige oder böse Jungens werden natürlich bestraft, oft indem sie der Vater übers Knie legt (☛ *Hinternversohlen).* Menschen mit verwöhntem Geschmack gehen sogar so weit, daß sie sich bestimmte Kleidung zulegen und tragen: eine Strickjacke und Pantoffeln für den „Vater", kurze Hosen für den „Sohn". Diese Aufmachung setzt Akzente innerhalb der Sexualität einer Szene. Selbstverständlich ist Kleidung kein Muß; auch zwei nackte Männer können so eine Szene mühelos im Bett abziehen. Söhne lassen sich von ihrem Daddy gern ficken und herumkommandieren. Viele dieser kleinen selbst inszenierten Dramen enden damit, daß der Sohn als „guter Junge" belobigt wird, und dieses Lob wiederum dürfte wohl das Ziel von Vater-Sohn-Nummern sein. Für manche Schwulen, vielleicht solche, die aus lieblosen Elternhäusern stammen, ist es das Nirwana, von Daddy gleichzeitig geliebt und gebumst zu werden.

Die gesamte Sexszene hindurch wird viel geredet, wobei der Vater dem Sohn Anweisungen gibt („Zeig mir, daß Papa auf dich stolz sein kann!") und ihn für richtiges Verhalten lobt. Nicht selten fühlen sich die Beteiligten, besonders der Sohn, nach dem Orgasmus seelisch zutiefst bewegt. Wenn sein Daddy ihn in den Armen wiegt, kann es sein, daß der Sohn über die Wärme und Anteilnahme, die er verspürt, ins Weinen kommt – eine Wärme, die er bei seinem biologischen Vater wahrscheinlich nie gefunden hat.

VERBALEROTIK

Sex ist mehr als lediglich ein Rein-Raus, ein paar Quiekser, Abspritzen und dann die langsame Rückkehr in den friedlichen Alltagstrott. Sämtliche Handlungen des Menschen, die über ein paar Reflexe hinausgehen, wurden durch Erfahrung gelernt. Folglich lassen sich die gleichen erotischen Kombinationen auf hunderterlei Weise deuten, je nach dem Wert, den die Phantasie ihnen beimißt.

Und an diesem Punkt kommt die Verbalerotik ins Spiel. Weil wir Geschöpfe sind, deren Leben sich in einem Netz von Worten abspielt, steigert es unsere Erregung, wenn wir das, was wir da machen, beim Namen nennen. Worte schaffen die Tat, während sie sie beschreiben, denn Worte sind eines der mächtigsten Mittel, um einfachen, ehrlichen Sex in einen Akt der Schändung, einen Lausbubenstreich, eine Obszönität oder ein Ritual zu verwandeln.

Verbalerotik – ob es sich um gelegentliche Ausbrüche in unanständige Worte oder um die Ausbreitung einer detaillierten Phantasie handelt, ob sie völlig einseitig oder in Zusammenarbeit geschieht – fördert die Kommunikation, denn durch sie kannst du deinem Partner deine sexuellen Bedürfnisse mitteilen. Für viele Männer ist nichts geiler, als mit einem Typen im Bett zu landen, der ein richtig dreckiges Mundwerk hat. Wenn es dir schwerfällt, einfach drauflos zu reden, dann versuch Folgendes: Zu Anfang beschreibe deinem Sexpartner einfach, was ihr da tut. Dann lege immer mehr Gefühl in deine Worte. Schon bald wirst du feststellen, daß dein Partner quietscht vor Wonne – und dir selbst ein paar versaute Worte an den Kopf schmeißt.

VERFÜHRUNG

Dieses Wort hat inzwischen einen so schlechten Beigeschmack – Ködern eines Neulings, um ein selbstsüchtiges, böses Spiel mit ihm zu treiben –, daß wir manchmal vergessen, was für ein *aufregendes* Spiel die Verführung für beide Seiten sein kann.

Man muß sich vom ersten Moment an entscheiden, was man will: Sofort-Sex oder eine etwaige Beziehung (☛ *Anmache & Aufriß*). Je nachdem sind kleine Abwandlungen in der Verführungstechnik erforderlich. Eine Beziehung, ob lang- oder kurzfristig, beginnt mit der „Partnerwerbung". Selbst wenn ihr euch in einer Bar und in eindeutiger Aufrißsituation kennenlernt, fragst du vielleicht lieber nach seiner Telefonnummer, als noch am selben Abend mit ihm ins Bett zu gehen. Sex könnte die bestehende Spannung zwischen ihm und dir so zerstören, daß ihr in das Zack-bums-vielen-Dank-Aufwiedersehen-Schema verfallt. Falls du ernsthafte Absichten hast, ist es viel besser, ihn am nächsten Tag anzurufen und ihn zum Abendessen oder ins Kino einzuladen, eventuell gerade am Wochenende, zur besten schwulen Ausgehzeit. Vielleicht wundert er sich, daß du den Sex auf die lange Bank schiebst, aber er könnte es auch höchst interessant finden und sich geschmeichelt fühlen.

Wenn ihr euch seht, frag ihn nach allem, was ihn betrifft, und sprich deinerseits offen und zwanglos über dich selbst. Kehr dabei nicht deine Schwächen und Unzulänglichkeiten hervor. Später, wenn ihr euch näherkommt, kannst du aussprechen, was dir an dir nicht behagt, und über deine Probleme reden.

Sprich nicht über irgendwelchen Gelegenheitssex, den du gehabt hast, obwohl du Liebesaffären nicht unbedingt zu verschweigen brauchst. In Sachen Tonfall ist „vertraulich" angesagt, nicht „kumpelhaft", „romantisch", nicht „gesellig". Bezieh die Interessen deines Gegenübers mit ein, halte sie wach und richte dich an seine Hoffnungen, seine dringendsten Wünsche. Zum Beispiel sind die meisten Männer in den Zwanzigern ebensosehr mit ihrer Karriere beschäftigt wie mit der Suche nach einem festen Freund. Mach dich doppelt attraktiv, indem du deinem Partner Gelegenheit gibst, über diese Ambitionen zu sprechen.

Ist dein Ziel ein Sexabenteuer, dann pack die Sache anders an. Sobald du auf einer Party oder in der Disco jemanden kennenlernst, mach deine Absichten deutlich, indem du die Unterhaltung auf das Thema Sex lenkst. Viele sind gekränkt, wenn du genau wissen willst, worauf sie im Bett stehen; sie lassen den Dingen lieber ihren Lauf, ohne Vorbesprechung. Bewahre immer einen flirtenden Tonfall, voller Zweideutigkeiten, und mach deinem Gegenüber etliche diskrete Komplimente, was Sexuelles betrifft. Zweck der Sache ist, eine erotische Spannung zu schaffen, in der einzig und allein ihr beide zählt – und die sich nur durch Sex lösen läßt. Vorher solltest du nichts tun, was die Phantasie, die du sorgfältig um euch beide webst, zerstören könnte.

Manche Männer gehen in ihrer Verführungstechnik noch einen Schritt weiter. Sie brauchen jemanden lediglich mit nach Hause zu schleppen, wo sie ihre erotische Phantasie spielen lassen und eine so verführerische Stimmung schaffen, daß keiner widerstehen kann. Alle Lichter lassen sich herunterdrehen; eine Stereoanlage überschwemmt den Raum mit Klang. Das Bett ist flach, riesengroß und von Polsterkissen übersät; der Teppich ist weich und einladend, falls sich der Sex auf dem Fußboden abspielt. Manche Schlafzimmer sind mit Schaltern ausgestattet, die das Licht dimmen und ein Pornovideo starten lassen (☛ *Pornographie*). Für den Geschmack anderer ist so ein Schlafzimmer allzu durchgetüftelt. Der beste Rat besteht vielleicht darin, daß man versuchen sollte, eine gesunde Prise Humor, ein bißchen Stilgefühl und jede Menge Charme zu entwickeln. Mit diesen Eigenschaften, jeweils in der richtigen Dosierung, werden die Männer auf dich fliegen!

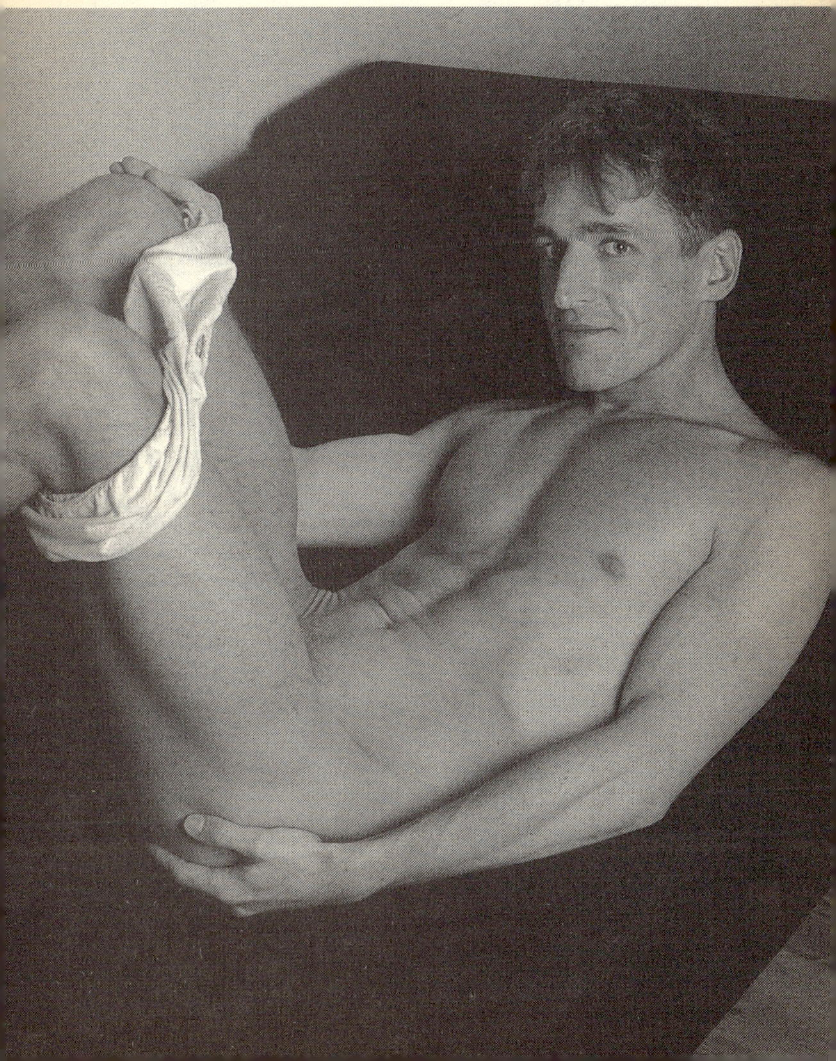

VERGEWALTIGUNG

In den letzten Jahren ist die Zahl der Fälle, in denen Männer andere Männer vergewaltigen, sprunghaft angestiegen. Viele davon sind sogar eine Form des „Schwule-klatschens", das oft durch Banden geschieht.

Feministinnen und Soziologen haben unsere Gesellschaft als eine „Kultur der Vergewaltigung" bezeichnet. Ihre Merkmale seien sexuelle Ungleichheit, kommerzielle Ausbeutung der Sexualität sowie starre Begriffe von Sünde und Bestrafung. Meistens wirft der Vergewaltiger seinem Opfer vor, es habe sich „provozierend" angezogen, verhalten, gesprochen oder die Tat sonstwie „herausgefordert".

„Bei Vergewaltigung geht es um Macht, nicht um Sex" ist inzwischen eine oft gehörte Feststellung. Aber Sex und Macht hängen eng miteinander zusammen. Was Geschlechtsverkehr (im weitesten Sinne) zu einer Vergewaltigung werden läßt, ist weniger der Einsatz überlegener Kraft als das Fehlen von beiderseitigem Einverständnis.

Was uns zu einem der kleinen schmutzigen Geheimnisse des schwulen Lebens führt: *Vergewaltigung einer Neubekanntschaft.* Das war früher unter Männern selten, oft das Ergebnis mißverstandener Signale. So nimmt z.B. ein erfahrener Mann jemanden mit, der gerade erst sein Coming-out hatte, und glaubt, von der koketten Munterkeit des anderen getäuscht, dieser wolle Sex haben. In Wahrheit jedoch sucht der Unerfahrene nur einen Gesprächspartner und Streicheleinheiten. Es kann vorkommen, daß der erfahrene Mann die Grenzen des anderen mißachtet. Überwältigt von einer Mischung aus Verärgerung und Geilheit, nötigt er ihn zum Sex.

Daß sich in den letzten Jahren die Fälle mehren, in denen neue Bekanntschaften vergewaltigt werden, scheint unmittelbar mit der Angst vieler Schwuler vor einer Aids-Infektion zusammenzuhängen. Einerseits haben sie weniger Lust auf sexuelle Aktivität, andererseits reizt sie ihr Gegenüber. Möglich, daß jemand diese Unschlüssigkeit als Anmache deutet, und sollte das Mißverständnis fortbestehen, dann fühlt sich so ein Mann vielleicht frustriert. Wenn er eine entsprechende Neigung hat, kann das mit sexueller Gewalt enden.

In Gefängnissen gibt es Vergewaltigungen von jeher. Viele Haftinsassen zwingen schwächere oder jüngere Männer, ihnen als Ersatz für Frauen zu dienen. In den letzten Jahren hat man potentielle Opfer in besonderen Zellenblöcken untergebracht, um solche Zwischenfälle zu verhindern. Jüngere, schwächere und attraktivere Strafgefangene sollten darauf gefaßt sein, ihr Arschloch verteidigen zu müssen.

Vergewaltigung ist Körperverletzung, sie kann aber auch psychische Schäden hinterlassen. Wer vergewaltigt wurde, sollte dies anzeigen und ärztliche Hilfe suchen. In vielen größeren Städten gibt es eine telefonische Beratungsstelle für Vergewaltigungs- und schwule Überfallopfer. Dort kann man dir auch Tips für den Umgang mit der Polizei, für die ärztliche Behandlung und für eine eingehendere, persönliche Beratung erteilen. Falls es solche Stellen in deiner Gegend nicht gibt, frag im nächsten Schwulenzentrum oder bei der nächsten schwulen Info-Hotline danach.

Egal ob du die Vergewaltigung meldest oder nicht, laß dich ärztlich behandeln. Dazu gehört möglicherweise eine Rektaluntersuchung auf Darmrisse oder innere Blutungen. Wenn du willst, laß dich die nächsten paar Wochen auch auf Krankheiten testen (☛ *Sexuell übertragbare Krankheiten, HIV-Test*).

Zu einer noch schmerzlicheren Art von schwuler Vergewaltigung kommt es, wenn ein Vater (oder Stiefvater) seinen Sohn sexuell mißbraucht. Solche Gewaltakte (mit teilweiser analer oder oraler Penetration) beginnen oft schon vor der Pubertät und wiederholen sich manchmal über Jahre. Söhne, die von einem Elternteil sexuell mißbraucht wurden (gelegentlich ist es auch die Mutter), leiden unter der größten Angst, dieses Geheimnis mitzuteilen. Oft fürchten sie – mit Recht – neue Gewalttätigkeiten gegen sich selbst oder andere Familienmitglieder. Oft drohen Eltern dem Kind damit, seinen Hund oder seine Katze zu töten, wenn es die Sache weitererzählt.

Wenn dich dein Vater vergewaltigt hat, dann behalte es nicht länger für dich. Du bist es *dir selbst* schuldig – und möglicherweise auch den Geschwistern, die noch daheim leben –, dich dem Problem zu stellen. Such dir einen Menschen, mit dem du reden kannst, vielleicht ein Lehrer oder die Eltern eines Freundes. Wenn dir ein Freund etwas in dieser Art anvertraut, dann zeige Verständnis und Mitgefühl. Bringe ihn zu Personen oder Verbänden, die ihm helfen können.

Manchmal haben Schwule Vergewaltigungsphantasien, aber die sind etwas völlig anderes als die sexuelle Ausbeutung, wie wir sie eben beschrieben haben. Einige schwule Männer finden die Vorstellung erregend, daß ein anderer Mann (oder die gesamte Fußballmannschaft des Sportvereins) sie zum Sex zwingt. Sie wichsen dabei und spielen diese Phantasie mit Sexbekanntschaften oder ihrem festen Freund sogar nach. Hab keine Schuldgefühle, wenn sie dich geil macht. Das heißt nicht, daß du tatsächlich vergewaltigt werden möchtest. Wir vermuten, in der Vergewaltigungsphantasie drückt sich nur der Wunsch aus, sich völlig einem anderen zu übergehen.

VERHEIRATETE MÄNNER

Schon seit Jahrhunderten heiraten schwule Männer, damit ihr Name nicht ausstirbt oder um in Beruf und Gemeinde bürgerliches Ansehen zu erlangen. Homosexualität war so lange „die Liebe, die ihren Namen nicht zu nennen wagt", daß eine Familiengründung nötig erschien.

Noch heute heiraten viele Schwule genau deshalb und führen ein Doppelleben.

Aber die Zeiten ändern sich, und mit ihnen die Sitten. Manche Männer informieren ihre Ehefrau über das eigene Schwulsein, um das Eheleben erfüllter und ehrlicher zu machen. Solche Geständnisse sind meist für beide Betroffenen schmerzhaft. Lassen sich die Partner zu übertriebener Enttäuschung, Wut und gegenseitigen Beschuldigungen hinreißen, dann endet die Ehe oft mit einer Scheidung.

Warum heiraten schwule Männer? Es gibt drei Gründe. Erstens haben manche Schwule, schon bevor sie erwachsen werden, eine enge, erotische Beziehung zu einer Frau. Eine erstaunliche Anzahl von „Jugendlieben" fällt in diese Kategorie. Obwohl solche Männer gern mit ihrer Ehefrau schlafen (oder auch nicht, je nachdem), haben sie am „schwachen Geschlecht" sonst kein sexuelles Interesse. Außereheliche Abenteuer suchen sie nur bei Männern. Manche von ihnen haben bloß geheiratet, weil sie sich so sehr Kinder wünschten.

Eine zweite Gruppe bilden jene Schwulen, die ihrer Umwelt zuliebe heiraten.

Und eine dritte sind Männer in psychotherapeutischer Behandlung, die behaupten, sie täten es aus Gefälligkeit für ihren heterosexuellen Therapeuten. In diesem Fall erntet man durch eine Heirat oft großes Lob, denn die meisten heterosexuellen Therapeuten werten sie als Zeichen für einen Behandlungserfolg. Doch dieser „Erfolg" ist auf beiden Seiten ein Trugschluß. Ein heterosexueller Therapeut, der seinen schwulen Patienten zur Ehe drängt, wird damit zum Auslöser menschlichen Leides. So eine Ehe ist nicht zuletzt gegenüber der Frau grausam, die nicht weiß, daß sie weniger geliebt denn als „Therapie" verwendet wird. Manche schwulen Männer versuchen sich, mit oder ohne Therapeut, von ihrer Homosexualität zu „heilen".

Sie alle wissen, daß sie schwul sind: Sie hatten schon vorher schwulen Sex, und ihnen ist völlig klar, daß sie ihn auch nach der Hochzeit noch haben werden. Die Zeit dafür nehmen sie sich, indem sie ihrer Frau Lügengeschichten erzählen, doch wie bei jeder Art von Betrug kommen auch hier Angst und Schuldgefühle auf.

Schwulen Ehemännern stellen sich furchterregende Probleme – besonders solchen, die ihre Homosexualität verheimlichen.

Eine Lösung für den schwulen Ehemann wäre eine Beziehung mit einem anderen. Jedem der beiden ist klar, wo dieses Verhältnis endet. Wenn die Frauen oder die Kinder dieser Männer sich miteinander anfreunden, können sie sogar zusammen in Urlaub fahren und auf Parties gehen. Es stellt sich allerdings die Frage, ob es fair gegenüber den Frauen ist, eine solche Alibi-Ehe einzugehen...

Probleme entstehen manchmal, wenn sich ein verheirateter Schwuler in einen unverheirateten verliebt. Der schwule Junggeselle liegt seinem Freund in den Ohren, daß er mehr mit ihm zusammensein möchte – eine Sache, die zeitlich immer schwer machbar ist. Oder der Verheiratete beschließt, seine Frau zu verlassen. Dieser Schritt ist so schwer, daß er die schwule Beziehung auf eine harte Probe stellen und oft auch zerstören kann. Dem unverheirateten Schwulen sollten die Gefahren eines solchen Verhältnisses einleuchten. Alle Dramen, die je gedreht wurden, scheinen plötzlich schreckliche Wirklichkeit, nicht nur billige Gefühlsduselei, und nichts auf der Welt wird einen dafür entschädigen, daß er jetzt bei *ihr* ist, wenn man ihn bei *sich* haben will.

Die beste Kombination ist wohl der jüngere, sexhungrige schwule Ehemann mit einem etwas älteren, karrieresüchtigen oder sonstwie stark vereinnahmten Single. Diese beiden dürften ihr befristetes Beisammensein am meisten genießen – ohne den Liebeskummer und den komplizierten seelischen Hausputz hinterher.

Heute gibt es Selbsthilfegruppen für verheiratete Männer, wo man in der Regel anonym ist. Sie werden von Schwulenzentren und -verbänden überall angeboten.

VERSICHERUNGEN

Sich über Versicherungen zu informieren mag als etwas Todlangweiliges erscheinen – besonders Schwulen, die über ihren Beruf automatisch Versicherungsschutz genießen. Aber manche haben nicht dieses Glück.

Es gibt drei Arten von Versicherungen, über die wir hier sprechen müssen: Erstens die Krankenversicherung, zweitens die Arbeitsunfähigkeitsversicherung, die eine monatliche Rente bezahlt, wenn du deinen Beruf dauernd oder vorübergehend nicht ausüben kannst, und drittens die Lebensversicherung, durch die der Begünstigte nach deinem Tod eine bestimmte Geldsumme erhält.

Wer einen Versicherungsantrag stellt, muß meist Auskunft über seinen bisherigen Gesundheitszustand geben. Vielleicht verlangt man auch, daß du dich von einem Versicherungsarzt untersuchen oder gar einen HIV-Test vornehmen läßt.

Versicherungsgesellschaften kommen ungern für Schadensfälle auf, die vor Beginn der Versicherung schon abzusehen waren. So verlangen die meisten Versicherer einen HIV-Antikörper-Test, wenn jemand eine Lebensversicherung abschließen will. Fällt der Test positiv aus, kann man davon ausgehen, daß man von dem Versicherungsunternehmen abgelehnt wird. Andere wollen Krebs- oder Herzkranke nicht versichern, und wieder andere machen vielleicht eine „Wartezeit“ zur Bedingung. Genauso wenig kommen Krankenkassen für Arzneimittel und Therapien auf, die sie als „nicht anerkannt“ bewerten – selbst wenn du höchstens noch durch diese Behandlung gerettet wirst.

Man ist immer im Zweifel, ob man falsche Angaben über seinen Gesundheitszustand machen sollte. Einige Schwule meinen: „Was geht das die an?" Diese Frage ist aus vielerlei Gründen nicht leicht zu beantworten. Natürlich können wir dir nicht raten, auf deinem Versicherungsantrag zu lügen – das wäre gesetzwidrig. Wenn du deinen Versicherer belügst, danach Arzt- oder Krankenhauskosten geltend machst und der Versicherer kommt dir auf die Schliche, dann kann er dir Betrug vorwerfen und die Zahlung verweigern. Vielleicht kündigt er sogar deine Versicherung.

Die Deckung vorherbestehender Umstände ist eine heikle Sache. Du mußt dich schon sehr gut mit deinem Hausarzt verstehen und aktiv an deiner Behandlung mitwirken, indem du das medizinischen Gutachten, das er der Versicherung schreibt, mit ihm besprichst. Außerdem empfiehlt sich der Rat eines Versicherungsagenten, der Verständnis und Sympathie für dich hat.

Es ist wichtig, daß du dich an die Aids-Hilfe oder einen Schwulenverband in deiner Nähe wendest. Dort kann man dir wahrscheinlich die Namen von Versicherungsagenturen und Rechtsanwälten geben, die sich auf Versicherungen für Schwule spezialisiert haben. Hör ihnen gut zu, denn die gesetzlichen Bestimmungen für das Versicherungswesen ändern sich immer wieder.

Außereheliche Lebensgemeinschaften werden neuerdings in Deutschland versicherungsrechtlich oft anerkannt. So können zusammenlebende Freundespaare bei einigen deutschen Versicherern gemeinsam eine Hausrat–, Rechtsschutz- oder Haftpflichtversicherung abschließen. Daß Männerpaare *alle* Vergünstigungen erhalten, die man heterosexuellen Partnern einräumt, ist eines der großen Ziele im Kampf um unsere Gleichberechtigung.

Angesichts der Aids-Epidemie solltest du auch ein paar Dinge über Lebensversicherungen wissen, z.B., daß die Gesellschaft nicht zahlen wird, wenn Selbstmord die Todesursache ist.

Halten wir zum Abschluß fest, daß sich viele Gesetze ändern – oft zugunsten oder zu Ungunsten des Verbrauchers. Kein Arbeitgeber darf einen Angestellten entlassen, weil dieser HIV-positiv oder Aidskrank ist. Für uns Schwule ist wichtig, daß wir so oft und so laut wie möglich auf unseren Versicherungsansprüchen bestehen. Das gelingt meist durch Druck auf das Bundesaufsichtsamt für Versicherungswesen und über die Justiz. Wer sich bei Parlamentariern und Abgeordneten um ein schwulenfreundliches Versicherungsrecht bemüht, leistet einen der wichtigsten Beiträge zu unserer Gleichberechtigung.

VORHAUT

Zur Zeit des Römischen Reiches war Vorhaut kosmetisch wichtig, wenn man den herrschenden Schönheitsidealen entsprechen wollte. Bei Sportwettkämpfen wurde verlangt , daß die Teilnehmer eine Vorhaut hatten, welche die Eichel völlig bedeckte. Aber einige Athleten kamen aus Nordafrika und dem östlichen Mittelmeerraum, wo eine Beschneidung üblich war. Sie mußten sich einer Operation unterziehen, bei der mit chirurgischen Mitteln eine neue Vorhaut geformt wurde. Mit dem Untergang Roms endeten auch diese Eingriffe zur Wiederherstellung der Vorhaut.

Die Beschneidung wurde unter den alten Hebräern Sitte, um sich von allen Nichtjuden abzuheben. In den jüdischen und muslimischen Religionen praktiziert man sie bis heute, darüber hinaus in den gesamten USA. Sir Richard Burton, der englische Forscher, berichtet, daß eine Beschneidung nach Ansicht mancher Ärzte von der Onanie abhalte. Und aus eben diesem Grunde wurde die Beschneidung in den Vereinigten Staaten gang und gäbe. Angefangen hat das im 19. Jahrhundert, aber heute dient sie keinem bestimmten Zweck mehr (das Wichsen verhindert sie jedenfalls nicht!). Allerdings wird sie oft als hygienische Maßnahme gerechtfertigt. Kann sein, daß sich ein beschnittener Schwanz etwas leichter sauberhalten läßt, doch Unbeschnittene brauchen auch nur ein paar Sekunden, dann sind sie blitzblank.

Manche unbeschnittenen Männer behaupten, der Verlust der Vorhaut nehme einen Teil der Empfindlichkeit. Man fragt sich, woher sie das wissen wollen. Wenn ein Schwanz steht, ist zwischen Beschnitten und Unbeschnitten kein großer Unterschied, weder optisch noch gefühlsmäßig.

Viele Schwule erklären eine starke Vorliebe für entweder beschnittenes oder unbeschnittenes „Fleisch". Oft sagen Privatannoncen in schwulen Zeitschriften sogar ganz genau, was gewünscht wird (☛ *Kontaktanzeigen*). Für diese Männer spielt das Aussehen eines Schwanzes wahrscheinlich eine wichtige Rolle in ihrer Sexphantasie, obwohl dies das Partnerpotential vermindert. Ein trauriger Gedanke, daß Liebes- oder Lebensgefährten wegen eines Stückchens Haut auf Ablehnung stoßen!

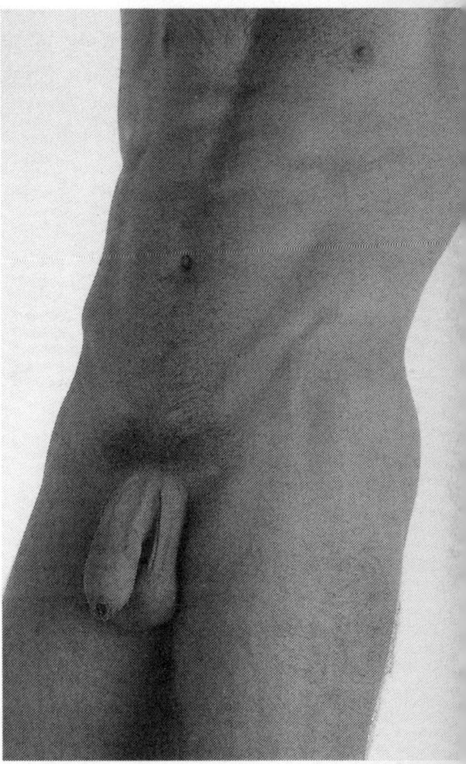

Wir haben ein paar Männer getroffen, die sagen, man brauche eine Vorhaut fürs *docking*: Schwanzspitze wird an Schwanzspitze gelegt, dann rollt man seine Vorhaut über die Eichel des Partners – und schon ist „angedockt"! Wir haben keine Ahnung, wie es weitergeht. Vielleicht mit einer Matrosennummer? Man sollte auch noch erwähnen, daß manche Männer gern Schmuck in ihrer Vorhaut tragen (☛ *Piercing*).

Manchmal wird die Beschneidung nötig, weil die Vorhaut zu eng ist und eine vollständige Erektion verhindert (man nennt das „Phimose" oder „Vorhautverengung"), manchmal auch aufgrund wiederholter Infektionen. Die Beschneidung eines Erwachsenen ist eine ernste und schmerzhafte Sache; sie sollte nicht bloß aus kosmetischen Gründen geschehen. Ab und zu versuchen Männer, auch ohne ärztliche Hilfe ihre Vorhaut wiederherzustellen oder sich zu beschneiden. Das kann mit Verstümmelung oder schweren Infektionen enden.

WASSERSPIELE

Damit sind nicht Badenymphen oder prächtige Springbrunnen gemeint. Kerle, die einander anpissen und ihre Pisse gegenseitig trinken, betreiben Wasserspiele. Ein anderer Ausdruck dafür lautet „Natursekt“ bzw., abgekürzt, „NS“. Auch flüssige Einläufe, entweder aktiv oder passiv angewandt, sind eine, wenngleich seltenere, Form von Wasserspielen.

Pissetrinken ist nicht gesundheitsschädlich, solange der Urin keine Krankheitserreger enthält. Eigentlich machen sich nur wenige schwule Männer überhaupt etwas aus „NS“. Der Reiz von Wasserspielen ist jedoch nicht schwer zu ergründen. Wem sie Spaß machen, der erklärt das so: Im Normalfall kann ein Mann nur zwei-, dreimal hintereinander kommen, aber pinkeln kann man dutzendmal. Trotzdem stehen nur wenige darauf, hochkonzentrierten Urin zu trinken, der sich stundenlang in der Blase gesammelt hat. Wird aber viel Bier getrunken, dann werden Typen auch reichlich pissen müssen, und in diesem Fall schmeckt ihr Urin nicht bitter. Wahrscheinlich ist Pisse nie ein guter Anfang für ein Sexerlebnis. Aber manchmal lutschen sich zwei Männer sehr lang und ausgiebig die Schwänze; wenn sie dann kein Sperma mehr produzieren und keinen Samenerguß mehr haben können, steigen sie um auf Wasserspiele.

Sich anpissen zu lassen oder die Pisse seines Herren zu trinken ist für den Sklaven in einer S/M-Nummer eine Form der Demütigung, die ihm Freude macht. Oft wird die Pisse als Gabe aus dem Körper des Meisters betrachtet. Softsex-Schwule, die etwas gegen S/M haben, finden das zu bizarr, aber es steckt eine eigene erotische Logik dahinter.

Zum Thema Einläufe: Auf manche wirkt die Vorstellung erregend, daß ihr Sexpartner ihnen ein Klistier verabreicht. Das Gefühl, eine Flüssigkeit wiederholt und gewaltsam in den Arsch gespritzt zu bekommen, könne so sein, als würde man wieder und wieder gebumst und dabei geradezu mit Sperma überflutet. Klistierfans haben nicht nur ihre eigenen Lieblingsgrößen, -formen und sogar -modelle von Einlaufspritzen, die sie sich in den Darm einführen lassen, sondern auch eine Lieblingsflüssigkeit, von der einfachsten – warmem

Wasser – bis hin zu Kaffee, alkoholfreien Getränken, Pisse, ja, selbst teuren Wein- und Cognacsorten. Die Verwendung von alkoholischen Getränken führt jedoch zu schneller Aufnahme des Alkohols durch den Körper, was bei größeren Mengen (*wie* groß, weiß keiner) tödlich enden kann. Beachte außerdem, daß durch übertriebene Analduschen der Dickdarm Gefahr läuft, beschädigt zu werden.

WICHSKUMPEL

Das sind Partner beim gemeinsamen Wichsen und bei der Entwicklung von Wichsphantasien. Sie führen obszöne Reden, sie tragen aufreizende Kleidung wie Jockstraps, Lederjacken oder Chaps, und während sie wie ein Wasserfall über Sex brabbeln, wird gewichst – meist getrennt, aber mitunter auch zusammen (☛ *Verbalerotik; Onanie und Phantasie*). Manche Wichskumpel arbeiten auf Langstreckendistanz und holen sich am Telefon einen runter. Sie schildern sich in jeder erotischen Einzelheit, sprechen über ihre Schwänze und ihre sexuellen Wünsche, phantasieren über gemeinsamen Sex (☛ *Telefonsex*). Einige wiederum schicken sich Briefe, Fotos, Tonbänder oder Videos von einander – zuweilen auch ihre spermaverkrustete Unterwäsche.

Zusammen wichsen ist das beliebteste, mitunter einzige sexuelle Ventil mancher Männer (siehe *Computersex; Jack-off-Parties; Telefonsex*), für andere vielleicht eine Art von Vorspiel oder eine aufregende Alternative zum gewohnteren Repertoire.

Gemeinsam wichsen macht Spaß, weil man dabei Phantasieszenen erleben kann, die in der Realität entweder unmöglich oder nur schwer zu bewerkstelligen wären. (Man will doch nicht wirklich seinen Job beim Fernmeldeamt aufgeben, um auf Cowboy „umzusatteln"!) Manche Männer spritzen auf masochistische oder sadistische Phantasien ab, finden S/M als realen Sachverhalt aber schauderhaft; vielleicht ist für sie ein Wichskumpel die perfekte Lösung. Wieder andere waren zum erstenmal geil, als sie sich mit einem Freund zusammen einen runterholten, und diese Form von Sex erinnert sie an ihre hitzige, spritzige Jugend.

Der einzige Haken, wenn gemeinsames Wichsen zur vorherrschenden sexuellen Gewohnheit wird, besteht darin, daß es die größere Nähe und Vertraulichkeit körperlicher Liebe ersetzen kann. Aber trotzdem läßt sich dadurch Verbindung zu einem anderen Mann herstellen und gleichzeitig jedoch Distanz bewahren. Das erklärt wahrscheinlich die neue Vorrangstellung des gemeinsamen Wichsens in diesen Zeiten von Aids. Man kann geil sein, man kann sich sexuell abreagieren und trotzdem vollkommen ungefährlichen Sex genießen.

ZÄRTLICHKEIT

Es gibt Männer, die wollen ganz einfach Sex, aber die meisten von uns wünschen sich mehr – wir wollen Zärtlichkeit. Es gibt Zeiten, da empfinden wir unser Sexualverlangen lediglich als ein Jucken, das gekratzt werden muß, und es ist keine Zärtlichkeit im Spiel. Wenn sie aber ins Spiel kommt, dann ist Sex kein Einzelerlebnis, sondern die Fortführung eines langen, lebhaften Zwiegesprächs.

Zärtlichkeit beruht auf Kommunikation. Wenn du den sexuellen Bedürfnissen deines Partners aufmerksam und bereitwillig gegenüberstehst – und sollte er es auch brauchen, daß man ihn grob anfaßt –, dann bist du zärtlich. Zärtlichkeit *kann* sanft sein, sie muß es aber nicht unbedingt. Ob sanfte oder unsanfte Behandlung, äußert sich Zärtlichkeit, wenn du die Bedürfnisse deines Partners einschätzt, wenn du ihnen entsprichst – und wenn er deinen entsprechen darf.

Stehst du deinem Partner kalt oder gleichgültig gegenüber oder stellst du für euer Zusammensein jedesmal ein enges, mechanisches Programm auf – eines, das seine Stimmungen und seine Lust auf Abwechslung außer acht läßt –, dann bist du nicht zärtlich. Und solltest du dich weigern, deine eigenen sexuellen Bedürfnisse zu äußern – falls du darauf bestehst, nur den seinen zu dienen –, auch dann ist dir ein Mangel an Zärtlichkeit vorzuwerfen (☛ *Lustunfähigkeit*). Grundbedingung für Zärtlichkeit ist, daß du den Rhythmus der sexuellen Leidenschaft begreifst – daß du dich mit

Genuß dem Vorspiel hingibst, daß du Signale auffängst, daß du auf den Geschmack deines Partners eingehst und daß du ihm nach dem Sex deine Zuneigung zeigst. Die diversen Sexpraktiken hat ein Anfänger schnell gelernt. Geduld braucht man hingegen zum Erwerb von Zärtlichkeit. Die allerdings kommt erst mit der Erfahrung.

Guy Kattelhack:
Tanz um den Vulkan
Der große schwule Sex-Report
240 Seiten, kartoniert,
DM 24,95. Bruno Gmünder Verlag.
ISBN 3-86187-110-6.

Guy Kattelhack, Psychonanalytiker, liefert ein leidenschaftliches Plädoyer für einen kreativen, offenen Umgang mit Sexualität: Entdecke Dich selbst, akzeptiere Deine sexuellen Phantasien und lerne sie auszuleben.